"LONGJIANG SILUDAI"
KUANGJIAXIA
HEILONGJIANGSHENG DUIE TOUZI WENTI YANJIU

"龙江丝路带"
框架下
黑龙江省对俄投资问题研究

张春萍 / 著

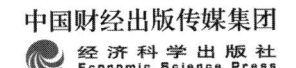

中国财经出版传媒集团
经济科学出版社
Economic Science Press

图书在版编目（CIP）数据

"龙江丝路带"框架下黑龙江省对俄投资问题研究/张春萍著. —北京：经济科学出版社，2019.8

ISBN 978-7-5218-0785-1

Ⅰ.①龙… Ⅱ.①张… Ⅲ.①对外投资-研究-黑龙江省 Ⅳ.①F832.735

中国版本图书馆 CIP 数据核字（2019）第 183289 号

责任编辑：申先菊　赵　悦
责任校对：齐　杰
版式设计：齐　杰
责任印制：邱　天

"龙江丝路带"框架下黑龙江省对俄投资问题研究

张春萍　著

经济科学出版社出版、发行　新华书店经销
社址：北京市海淀区阜成路甲 28 号　邮编：100142
总编部电话：010-88191217　发行部电话：010-88191522
网址：www.esp.com.cn
电子邮件：esp@esp.com.cn
天猫网店：经济科学出版社旗舰店
网址：http://jjkxcbs.tmall.com
北京季蜂印刷有限公司印装
710×1000　16 开　13.5 印张　210000 字
2019 年 8 月第 1 版　2019 年 8 月第 1 次印刷
ISBN 978-7-5218-0785-1　定价：78.00 元
（图书出现印装问题，本社负责调换。电话：010-88191510）
（版权所有　侵权必究　打击盗版　举报热线：010-88191661
QQ：2242791300　营销中心电话：010-88191537
电子邮箱：dbts@esp.com.cn）

前言
PREFACE

当今世界正发生复杂深刻的变化，国际金融危机深层次影响继续显现，世界经济缓慢复苏、发展分化，国际投资贸易格局和多边投资贸易规则酝酿深刻调整，各国面临的发展问题依然严峻。在这样的时代背景下，2015年3月，中国《推动共建丝绸之路经济带和21世纪海上丝绸之路的愿景与行动》（以下简称《愿景与行动》）正式发布。共建"一带一路"顺应世界多极化、经济全球化、文化多样化、社会信息化的潮流，秉持开放的区域合作精神，致力于维护全球自由贸易体系和开放型世界经济。共建"一带一路"旨在促进经济要素有序自由流动、资源高效配置和市场深度融合，推动沿线各国实现经济政策协调，开展更大范围、更高水平、更深层次的区域合作，共同打造开放、包容、均衡、普惠的区域经济合作架构。共建"一带一路"符合国际社会的根本利益，彰显人类社会共同理想和美好追求，是对国际合作以及全球治理新模式的积极探索，将为世界和平发展增添新的正能量。

"一带一路"倡议自提出以来，中国不断拓展合作区域与领域，尝试探索新的合作模式。发展对外投资、实施"走出去"战略是"一带一路"建设的重点内容，是中国企业开拓全球市场的重要途径。2017年8月，国务院发布了《关于进一步引导和规范境外投资方向的指导意见》，重点推进有利于"一带一路"建设和周边基础设施互联互通的基础设施境外投资，鼓励境内企业参与"一带一路"建设和国际产能合作。截至2017年末，中国对"一带一路"沿线国家的投资存量为1543.98亿美元，占中国对外投资存量的8.5%。其中，2017年中国境内投资者对"一带一路"沿线的57个国家近3000家境外企业进行了投资，涉及国民经济共17个行业大类，当年累计投资201.7亿美元，同比增长31.5%，占同期中国对外投资流量的12.7%；中国企业对"一带一路"沿线国家并购项目76起，并购金额162.8亿美元，占并购总额的13.6%。在对外承包工程方面，中国企业与"一带一路"沿线61个国家新签对外承包工程项目。新签合同7217份，合同额1443.2亿美元，占同期中国对外承包工程新签合同额的54.4%，同比增长14.5%；完成营业额855.3亿美元，占同期总额的50.7%，同比增长12.6%。[①]

俄罗斯是"一带一路"沿线最大的国家，也是中国最为重要的经贸伙伴之一。《愿景与行动》中强调要以6条经济走廊为依托，其中3条都与俄罗斯密切相关。从倡议内容来看，俄罗斯是"一带一路"的重点合作对象。目前，中俄处于历史上两国关系最好的时期。俄罗斯是"一带一路"倡议的积极支持者、重要参与者和关键合作伙伴。2015年5月，中俄两国元首共同签署了《关于丝绸之路经济带建设和欧亚经济联盟建设对接合作的联合声明》，从战略高度和长远角度对"一带一路"框架下务实合作做出规划。在"一带一盟"的倡议对接下，中俄双方经贸合作获得了迅速发展，其中，中国对俄投资合作项目成果丰硕，令外界瞩目。例如，中国投资的亚马尔液化天然气项目第一条LNG（液化天然气）生产线正式投产，这是中国提出"一带一路"倡议后实施的首个海外特大型项目，也是全球最大的北极LNG项目。中俄合资建设的华电捷宁斯卡娅燃气蒸汽联合循环供热电站项目目前是中国在俄罗斯最大的电力能源类投资项目，该项目开启了中俄电力全面合作新局面，成为造福两国人民、互利共赢的合作典范。[②]

黑龙江省作为中国对俄经贸合作第一大省，在《愿景与行动》中占据十分重要的位置。《愿景与行动》对黑龙江省进行了明确的定

[①] 中国商务部. 中国对外投资发展报告2018, http：//www.mofcom.gov.cn/.

[②] 王超. "一带一盟"对接合作成绩斐然, https：//baijiahao.baidu.com/s? id =160910240846985768&wfr = spider&for = pc.

位：打造东部陆海丝绸之路经济带，为东部沿海以及日、韩乃至北美提供陆海联运跨境运输。2014 年，为与"一带一路"倡议相对接，黑龙江省提出构建龙江陆海丝绸之路经济带（以下简称龙江丝路带）规划，进一步加深与周边国家尤其是俄罗斯的全方位合作，重点推进运输体系、基础设施、产业对接、配套服务、人文合作五方面的建设，规划内容被纳入国家"一带一路"倡议规划中的"中蒙俄经济走廊"。自此，黑龙江省充分发挥与俄罗斯毗邻的地缘优势和"北开"传统，以对俄合作为开放核心，以东北亚各国为合作对象，着力打造国际商贸物流带、要素集聚产业带、互利共赢开放带，助力黑龙江省构建开放型经济新体制。在新的历史背景下，黑龙江省深度融入共建"一带一路"。相比于对俄开放初期的对俄贸易一家独大，现在黑龙江省的对俄经贸合作正在向纵深方向发展，基础设施建设、农业、林业、矿产资源、油气能源等各个领域的对俄投资发挥的作用越来越重要。

　　本书以"龙江丝路带"框架下的黑龙江省对俄投资发展为研究对象，主要分析了俄罗斯尤其是俄远东地区的投资环境，研究"龙江丝路带"规划为黑龙江省发展对俄投资带来的机遇与挑战，剖析黑龙江省对俄投资对省内经济发展产生的各种经济效应，针对黑龙江省对俄投资的产业布局、地区布局、投资类型与投资方式等重要问题提出建议，提供思路。通过上述研究，将"龙江丝路带"建设与发展黑龙江省对俄投资这两个重要课题紧密结合起来，使二者互相促进、共同发展，从而实现黑龙江省对俄开放的转型升级，帮助破解老工业基地开放程度低、活力不足等难题，并为促进新一轮的东北振兴提供新的分析框架和理论思路。

　　本书是黑龙江省哲学社会科学规划项目"龙江丝路带框架下黑龙江省对俄投资研究"（项目批准号：16JYB13）的最终研究成果。同时也受到黑龙江省教育厅人文社会科学项目"黑龙江省对俄境外园区建设与发展问题研究"（项目批准号：12542193）的资助。

目录 CONTENTS

1. 绪论 ·· 1
    1.1 研究背景及研究意义 ·· 1
    1.2 主要内容和基本思路 ·· 5
    1.3 研究目标与研究方法 ·· 7
    1.4 创新之处 ·· 8

2. 理论基础与文献综述 ·· 10
    2.1 理论基础 ·· 10
    2.2 上述理论对中国对外投资的适用性分析 ···················· 18
    2.3 文献综述 ·· 23

3. 俄罗斯投资环境分析 ·· 31
    3.1 俄罗斯投资环境的构成要素 ·· 31
    3.2 俄罗斯投资环境优劣势分析 ·· 51
    3.3 等级评分法的评估结果 ·· 56

4. "龙江丝路带"框架下黑龙江省对俄投资背景分析 ···· 60
    4.1 东北振兴战略 ·· 60
    4.2 "一带一路"倡议 ·· 62
    4.3 "龙江丝路带"规划 ·· 63

1

4.4　俄罗斯远东地区开发战略 ·· 66
　　4.5　"一带一路"与欧亚经济联盟的战略对接 ··························· 70
　　4.6　东北振兴与俄罗斯远东开发的战略对接 ··························· 71

5. 黑龙江省对俄投资概况分析 ·· 73
　　5.1　俄罗斯吸引外资概况 ·· 73
　　5.2　中国对俄投资概况 ·· 74
　　5.3　黑龙江省对俄投资分析 ·· 80

6. 黑龙江省对俄投资的经济效应分析 ······································ 92
　　6.1　进出口贸易效应 ·· 92
　　6.2　产业升级效应 ··· 102
　　6.3　就业效应 ··· 107
　　6.4　资本形成效应 ·· 112
　　6.5　技术进步效应 ·· 115

7. 黑龙江省对俄投资的战略思路与投资模式选择 ·················· 120
　　7.1　投资区位选择 ·· 120
　　7.2　投资领域选择 ·· 132
　　7.3　投资主体选择 ·· 167
　　7.4　投资方式选择 ·· 170

8. 结论与政策建议 ·· 181
　　8.1　黑龙江省对俄投资面临的风险与障碍 ···························· 181
　　8.2　黑龙江省发展对俄投资的政策建议 ································ 189

参考文献 ·· 200

1.

绪 论

1.1 研究背景及研究意义

1.1.1 研究背景

自实施"走出去"战略以来,中国的对外投资迅速发展。截至2017年底,中国2.55万家境内投资者在国(境)外共设立对外投资企业3.92万家,分布在全球189个国家(地区),境外企业资产总额6万亿美元。对外投资存量达18090.4亿美元,按全球国家(地区)排名,由2016年的第6位跃升至第2位,占比提升0.7个百分点。2002—2017年,中国对外投资的年均增长速度高达31.2%。[①] 随着"一带一路"倡议的加速推进,中国对外投资合作进入全面发展的新阶段,已成为中国与世界各国实现互利共赢、共同发展的重要推动力。2013—2018年,中国企业对"一带一路"沿线国家投资超过900亿美元,年均增长5.2%;在沿线国家新签对外承包工程合同额超过6000亿美元,年均增长11.9%;截至目前,中国企业在"一带一路"沿线国家建设了一批境外经贸合作区,累计投资超过300亿美元,成为当地经济增长、产业集聚的

---

① 中国商务部 2017年度中国对外投资统计公报,http://www.mofcom.gov.cn/。

重要平台，带动东道国就业近 30 万人。①

俄罗斯是"一带一路"沿线最大的市场，也是亚洲基础设施投资银行的重要创始成员国。中俄两国经济结构互补性强，合作潜力巨大。积极发展对俄投资是中国"一带一路"倡议和"走出去"战略的重要内容。2015 年 5 月，习近平主席访问俄罗斯期间，中俄两国签署了《中华人民共和国与俄罗斯联邦关于丝绸之路经济带建设和欧亚经济联盟建设对接合作的联合声明》，俄罗斯在中国"一带一路"倡议中的战略地位日益凸显。

黑龙江省位于东北亚地区的中心地带是欧亚大陆桥的运输枢纽和主通道，也是中国对俄经贸大省和最重要的前沿阵地。为对接国家"一带一路"倡议，2014 年 4 月，黑龙江省提出了构建"黑龙江陆海丝绸之路经济带"的总体设想，2015 年，《愿景与行动》发布，"龙江丝路带"正式纳入国家"一带一路"规划，成为"中蒙俄经济走廊"重要组成部分。作为一条国际贸易物流带，一条要素集聚产业带，一条互利共赢开放带，"龙江丝路带"为黑龙江省的对外开放拓展了巨大的空间。目前，黑龙江省借力"一带一路"倡议，已与 200 多个国家和地区建立经贸关系，与"一带一路"沿线 58 个国家有经贸往来。黑龙江省与"一带一路"国家贸易额的 79.4% 是对俄贸易，与其他国家贸易额仅占 20.6%。2017 年黑龙江省对俄实际投资占全省实际对外投资总额的 38.2%。② 可见，面对新的历史机遇，黑龙江省能否借助政策红利，进一步发挥区位优势，深化与俄罗斯尤其是俄东部地区的经贸合作，是关系到"龙江丝路带"建设成败的关键性因素。

长期以来，黑龙江省对俄经贸合作以对俄贸易为主要内容，合作层次较低，且时常受到俄罗斯经济波动和对外政策调整的干扰，发展极不稳定。而国际投资是国际经贸合作的重要内容，步入 21 世纪以来，黑龙江省开展对俄投资的条件日益成熟：一方面，随着"走出去"战略的成功实施，中国对外投资的政策环境不断完善，企业投资实力不断提升；另一方面，俄罗斯已进入世界最受欢迎的十大投资地之列，与黑龙江省毗邻的远东地区投资吸引力也与日俱增。因此，在"一带一路"倡议和"龙江丝路带"建设背景下，研究如何促进黑龙江省对俄投资的发展、如何推动黑龙江省对俄经贸合作转型升级是当

---

① 央广网．我国对"一带一路"沿线国家投资超 900 亿美元，https//baijiahao.baidu.com。
② 黑龙江省商务厅。

前学术研究面临的重要课题。

1.1.2 研究意义

1. 政治意义

中俄关系经过20多年的发展，目前已步入历史上最好的时期。经贸关系是两国关系中最为重要的一环，当前中俄经贸合作的质量、规模、范围都远远落后于双边政治关系，双方经济利益的融合远未达到战略协作伙伴关系的要求，长此以往，会对中俄协作伙伴关系的根基产生负面影响。虽然中俄两国政府曾多次表态要努力扭转这种局面，但两国"政热经冷"的现状并没有得到根本性的改变。近年来，中俄双方都意识到依靠单一的贸易发展会使双边经贸合作潜力受到限制，所以在积极寻求新的经贸合作方式，尤其是双边投资合作，其中又以中国对俄投资为主，相继从国家层面上提出了大力发展投资合作战略。2012年中俄第17次总理定期会晤期间，中国商务部和俄罗斯经济发展部就开展经济现代化领域的合作签署了协议，其目的是为更深入地推进包括地区层面在内的两国投资合作。可见，深入研究中俄投资合作，对促进中俄经贸关系稳步发展，进一步丰富两国战略协作伙伴关系的内涵具有重要意义。

2. 理论意义

黑龙江省的"龙江丝路带"如何构建、如何在新形势下打造沿边大省对俄经贸合作的新模式，是相关理论研究所面临的重要课题。目前学术界对"龙江丝路带"框架下对俄投资的研究还十分薄弱，成果不多且大多局限于政策性研究与定性研究范围内。本书以国际投资相关理论为指导，通过对"龙江丝路带"框架下黑龙江省对俄投资的产业布局、地区布局、投资方式、经济效应等问题进行深入研究，为"龙江丝路带"建设中的对俄投资发展提供了一个重要的理论分析框架。这不仅为黑龙江省的"龙江丝路带"建设与对俄投资发展提供了坚实的理论支撑，同时也在实践中检验与丰富了相关理论的发展。另外，也为研究中国欠发达地区的经济发展、促进新一轮的东北振兴提供了新的经济学分析框架，为深入推进"一带一路"倡议和中国沿边开放战略提供了有价值的学术参考。

3. 经济意义

本书的研究具有重要的经济意义，主要包括以下几方面。

（1）研究"龙江丝路带"框架下的对俄投资问题，可以将目前黑龙江省对外开放进程中两个最重要的课题紧密结合起来，使其互相促进、共同发展，从而实现黑龙江省对俄开放的转型升级，帮助破解老工业基地开放程度低、活力不足的矛盾。

（2）有助于推动"龙江丝路带"建设。"龙江丝路带"本质上是一条开放、合作、畅联、贯通的经济走廊。黑龙江省深处内陆地区，没有出海口等便利的交通条件，深入研究、积极谋划黑龙江省的对俄投资发展，可以推动黑龙江省的生产加工能力"走出去"，使俄东部地区成为其境外生产加工基地；充分利用符拉迪沃斯托克等远东港口把黑龙江省的商品输送到世界各国，特别是日本、韩国等海上邻国，从而有效助推黑龙江省与"一带一路"沿线国家的经贸合作。

（3）有助于推动黑龙江省对俄贸易的发展，实现对俄经贸合作的战略性调整。在早期阶段，对俄贸易是黑龙江省对俄经贸合作的主要形式。但长期以来，中俄贸易始终在低水平和低层次徘徊，双边贸易结构的初级性、俄方贸易政策的多变性、贸易壁垒的多样性以及灰色清关等痼疾的存在性始终制约着对俄贸易向更高水平发展。2008年爆发的国际金融危机更使黑龙江省对俄贸易遭遇滑铁卢，2009年同比大幅下降49.59%，这在一定程度上反映出黑龙江省对俄经贸合作根基的脆弱性。积极谋划黑龙江省对俄投资的发展，可以使黑龙江省的商品绕开俄罗斯的贸易壁垒，扩大中俄双边贸易的规模，优化双边贸易的结构，还可以使黑龙江省的对俄经贸合作由过去的单纯依赖贸易发展，转变为贸易和投资并重，从而实现战略转型与升级。

（4）有助于振兴龙江经济。黑龙江省与俄罗斯经济结构互补性强，俄罗斯自然资源丰富、科技基础雄厚，发展对俄投资可以促进黑龙江省与俄罗斯东部地区间的要素流动，为黑龙江省的老工业基地振兴提供有效的资源和技术支撑。积极发展对俄投资，可以对黑龙江省的经济发展产生一定的资本形成效应、贸易效应、产业效应、就业增长效应、技术进步效应，从而推动黑龙江省经济持续、健康、稳定发展。

1.2 主要内容和基本思路

1.2.1 主要内容

第一部分是绪论。主要介绍本书的研究背景与研究意义，主要内容与基本思路，研究目标与研究方法以及研究的创新之处。这部分是本书的结构性框架，其作用是使读者能够更好地把握全书。

第二部分是理论基础与文献综述。首先，介绍跨境经济合作理论、国际投资理论等主要国际经济理论，分析各理论对黑龙江省对俄投资的适用性和指导意义。其次，总结、归纳和梳理现有的研究成果，从不同角度、不同层面吸纳已有文献对中国和黑龙江省对俄投资问题的研究精华，找出其中的不足，这是进行下一步深入研究的基础。

第三部分是俄罗斯投资环境分析。主要是对俄罗斯的自然情况、政治、经济、法律、人文等投资环境的影响因素进行分析，在此基础上分析俄罗斯投资环境的优势与劣势，并使用等级评分法构建一个俄罗斯投资环境的评价指标体系。

第四部分是对"龙江丝路带"框架下黑龙江省对俄投资的背景进行分析。重点分析中国"一带一路"倡议、黑龙江省"龙江丝路带"的规划以及俄罗斯远东地区开发战略等战略规划背景，尤其是分析中国"一带一路"与俄主导的欧亚经济联盟、中国东北振兴与俄罗斯远东开发、《中共黑龙江省委黑龙江省人民政府"中蒙俄经济走廊"黑龙江陆海丝绸之路经济带建设规划》及俄联邦《2025年前远东和贝加尔地区经济社会发展战略》进行对接的基础与可能性。

第五部分是黑龙江省对俄投资概况分析。概括性分析俄罗斯的引资情况及中国对俄投资现状，重点分析黑龙江省对俄投资的现状与特点、优势与劣势。从投资规模、地区分布、投资领域、投资主体、投资方式等方面分析黑龙江省对俄投资的特点，指出黑龙江省对俄投资具有地缘优势、资源优势、产业优势、政策优势和社会人文优势；同时也具有与俄罗斯经济结构趋同、地缘政治敏感、俄东部地区经济发展落后、投资壁垒较多、企业对外投资实力有限、面临越发激烈的市场竞争等不利因素。

第六部分是黑龙江省对俄投资的经济效应分析。这部分是本书的研究重点，通过分析黑龙江省对俄投资对本省进出口贸易、产业结构、就业情况、资本形成、技术进步等领域产生的影响，剖析对俄投资在黑龙江省经济增长和经济转型中的贡献。通过深入研究，我们会发现在某些方面，如黑龙江省的资本形成、产业升级、技术进步等领域，对俄投资并没有发挥明显的促进作用；而对就业增长和对俄贸易的带动作用则相对明显。

第七部分探索黑龙江省对俄投资的战略思路与投资模式选择。通过合理规划空间布局实现投资规模扩大，通过遵循产业选择基准优选产业促进黑龙江省内产业升级，通过选择适当的投资方式实现企业运营绩效的提高。总之，通过对投资区位选择、投资领域选择、投资主体选择、投资方式选择等四个方面进行深入分析，实现投资模式的最优化。

第八部分是结论与政策建议。通过上述分析，我们认为在龙江丝路带建设背景下发展对俄投资还面临着一系列难题和风险，主要表现在：俄罗斯的投资环境仍然存在较高风险；黑龙江省对俄投资受双方政策影响大、市场内生性动力孱弱；黑龙江省对俄投资结构不合理、各种经济效应并不明显；对俄投资主体规模小，竞争力低下等。为此，需要进一步做好对俄投资战略规划，制定完善的投资保护机制、投资风险防范机制、金融支持体系，提供必要的信息服务；要重视俄方利益，促进中俄两国民心向通；要调整优化对俄投资产业结构、积极培育一批具有有国际竞争力的市场主体、培养跨国经营人才、灵活运用多种对俄投资和经营方式。

1.2.2 基本思路

首先，是理论构建阶段：在分析跨境经济合作理论、国际投资理论等传统理论的基础上，探讨适用于黑龙江省对俄投资的理论体系，为后续研究构建理论分析框架。其次，是具体论证阶段：介绍中俄两国相关发展战略，作为本项研究的战略背景与政策基础，分析黑龙江省对俄投资的现状、特点、优势与劣势，作为本书的现实基础。再其次，是实证研究及具体应用阶段：研究黑龙江省对俄投资产生的各种经济效应，包括资本形成效应、贸易效应、产业升级效应、就业效应、技术进步效应等；探索"龙江丝路带"建设中黑龙江省对俄投资的重点领域和重点机会，探索今后发展对俄投资的战略思路与最佳模式。最后，是归纳总结并提出对策建议：在上述分析的基础上总结出观点和结论，并分别在宏观层面与微观层面上提出进一步发展的对策建议。

1.3 研究目标与研究方法

1.3.1 研究目标

（1）为政府部门提供决策参考：通过分析对俄投资对黑龙江省资本形成、就业增长、技术进步、对俄贸易、产业升级等领域产生的各种经济效应，探索进一步促进黑龙江省对外开放和经济结构转型的途径，为"龙江丝路带"建设提供必要的思路与参考，帮助破解老工业基地开放程度低、活力不足等矛盾，并对黑龙江省对俄投资的产业布局、空间布局、投资方式等关键问题提出建议，为政府相关部门制定对俄投资决策提供有益的借鉴与参考。

（2）为对俄投资企业提供现实指导：通过对俄罗斯整体和各地方主体投资环境的分析，构建出一个完整的俄罗斯投资环境评价体系，其中包括国家基本信息、投资壁垒、投资经营便利化分析等，力求客观、准确地反映俄罗斯投资经营环境的实际状况，提供中资企业在俄罗斯的投资机会，提示主要的投资风险，最后提出风险应对措施及建议，为黑龙江省企业赴俄投资提供有价值的现实指导。

（3）为科研工作者提供文献参考：以跨境经济合作理论、国际投资理论等基础理论为指导，结合黑龙江省"龙江丝路带"建设和对俄投资发展的具体实践，构建一个有价值的新形势下对外投资理论分析框架，为黑龙江省的

"龙江丝路带"建设与对俄投资研究提供坚实的理论支撑，并在实践中检验与丰富相关理论的发展，为该领域的进一步研究提供文献参考。

1.3.2 研究方法

（1）理论分析与归纳推理相结合：在梳理、分析跨境经济合作理论、国际投资理论等传统理论的基础上，归纳推理出适用于"龙江丝路带"建设和黑龙江省对俄投资实践的理论体系。

（2）实证分析与规范分析相结合：在分析俄罗斯投资环境以及黑龙江省对俄投资的现状、问题与产生的经济效应时，侧重于实证分析；在战略思路设计与提出对策建议时则侧重于规范分析。

（3）静态分析与动态分析相结合：从静态的角度分析黑龙江省对俄投资现有的优势与劣势，用动态分析的方法把握其发展的趋势特征和动态过程。

（4）文献资料分析与实地调研相结合：阅读梳理已有的研究文献资料，并对中国国家统计局、商务部、海关总署、俄罗斯联邦统计局等官方机构相关统计数据进行计量加工，在此基础上，对黑龙江省绥芬河、黑河、同江、抚远等中俄边境地区进行实地调研，从而确保研究成果的科学性、可靠性和可行性。

1.4 创新之处

（1）研究角度具有新意：在中俄经贸关系的研究中，研究双方贸易关系的居多，研究投资合作的较少，单独针对黑龙江省对俄投资问题的研究更少，且多是从能源合作、农林合作或科技合作等某个角度进行研究，而本项研究则是从多角度进行的全面、系统性研究，特别是将黑龙江省对俄投资问题置于"龙江丝路带"的框架下予以分析，创新了对俄投资问题的研究视角，拓展了"龙江丝路带"的研究视野。

（2）研究方法具有新意：运用国别和地区投资环境的指标体系与量化模型，对俄罗斯的投资环境进行系统性的分析与评价；使用了一些经济计量模型以提高分析和判断的准确性，例如对俄投资的贸易效应分析等方面。

（3）研究观点有创新：首先，是拓展了"龙江丝路带"的性质与内涵，指出其本质是一个以黑龙江省为主体、以俄罗斯等国为主要合作对象的跨境经济合作安排，发展对外投资是实现这种制度安排的重要途径。其次，是指出黑龙江省对俄投资的产业选择不能基于简单的比较优势原则，要充分尊重对方国家利益。因此，与油气开发、自然资源开采等领域相比，基础设施建设、交通物流、清洁能源、装备制造业、旅游酒店设施等领域更应成为黑龙江省对俄投资的重点选择，而且这些领域的对俄投资往往具有更强的经济效应。最后，指出黑龙江省企业在对俄投资方式的选择上要做到灵活多样，不断创新。在大型基础设施建设中可以采用公私合营模式（PPP），在部分俄方控制较严领域，可以采用参股、入股方式，而在一些开放性领域则可以采用控股方式参与项目建设和运营。鼓励企业采用跨国并购方式对俄投资。

2. 理论基础与文献综述

2.1 理 论 基 础

从理论和概念上来看,黑龙江省对俄投资合作涉及两个层次,首先,它属于中俄区域经济合作的一部分,即以黑龙江省和俄罗斯远东及西伯利亚地区(以下简称俄东部地区)为主体的中俄次区域经济合作;其次,它属于中俄区域合作中的对俄投资合作。因此研究涉及的理论基础主要包括区域经济合作理论和对外投资理论。其中,区域经济合作理论主要包括区域相互依赖及竞合理论、区域分工理论等;对外投资理论主要包括垄断优势理论、产品生命周期理论、边际产业扩张论、内部化理论、国际生产折衷理论、投资发展周期理论、技术扩张产业升级理论等。

2.1.1 区域经济合作理论

区域经济合作是二战以后在经济全球化日益加深背景下兴起于世界范围内的经济现象,学界对其内涵已形成一定共识,认为区域经济合作是以实现区域经济一体化为最终目标,是两个及以上国家或地区建立区域经济组织,扩大经贸往来,共同谋求经济社会利益,促进商品和要素跨区域自由流动和优化配置。学术界关于区域经济合作的代表性理论主要是区域相互依赖及竞合理论、区域分工理论等。

2.1.1.1 区域相互依赖理论

区域相互依赖理论是专门研究世界各国在经济上互相联系、彼此依赖关系的理论，它产生于20世纪50年代末60年代初。西方经济学家对国家之间的经济相互依赖关系做了大量研究。理查德·库珀（1968）最早提出了国家相互依存理论，他认为区域经济相互依赖是不同国家或地区之间通过经济活动产生双向的、相互的作用和影响。近年来，随着经济全球化不断深入，西方学者们对区域经济相互依赖现象不断进行研究并得出以下结论：一是世界上任何国家或地区之间都是相互依存、彼此关联的，只是存在相互依赖的程度差异；二是各国或地区之间经济发展存在双向传递和影响，应该积极开展经济合作，谋求共同发展；三是区域经济相互依赖的内容不断扩展，随着各国间贸易、投资等活动不断深入，经济贸易结构、政策及目标等都将呈现相互依赖特点；四是区域经济相互依赖的程度不断变化。区域经济相互依赖理论对区域经济合作具有一定的指导意义，区域经济相互依赖使得不同国家或地区之间在许多领域拥有共同利益，而相互依赖所体现的区域关系实质就是合作，所以，在处理区域经济关系时构建区域协调机制显得非常重要，可以设立各种区域性协调组织、政府协作组织及各种非政府组织等。

2.1.1.2 区域竞合理论

随着国际经济相互依赖程度的加深，博弈论被逐步引入该领域并得到了广泛应用。美国哈佛大学教授亚当·布兰登勃格和耶鲁大学教授拜瑞·内勒巴夫在合著出版的《竞合策略》（1996）中，运用博弈论的方法分析不同经济主体之间既竞争又合作的关系，提出了"竞合"理论。此后，意大利学者迪格里尼和布杜拉提出了企业间共同创造价值的"竞合优势"的概念。乔尔·布利克和戴维·厄恩斯特在合著的《协作型竞争》中指出，未来的企业将日益以合作竞争为企业长期发展战略。根据合作博弈与竞合理论的主要观点，在区域经济合作中，由于他国意图的不确定性及国家对安全、利益的理性追求，不同国家因合作目标差异会产生利益一致与相互冲突并存的现象，国家间必然为自己权利或利益的最大化而相互激烈竞争，这需要合作各方相互协调、相互让步而共同获取更大收益。

2.1.1.3 区域分工理论

区域分工理论是将传统贸易理论、新贸易理论应用于区域经济学，可称为传统区域分工理论和新区域分工理论。传统的区域分工理论是针对国际分工与贸易而提出的。亚当·斯密（1776）提出的绝对优势理论认为分工取决于各国的绝对成本差异；大卫·李嘉图（1817）提出的比较优势理论认为各国实现专业化分工生产与产业集聚的贸易格局对彼此均有好处，分工取决于相对成本的高低；赫克谢尔和俄林提出的要素禀赋理论认为各地区的分工取决于各自的资源禀赋差异，这表明要素资源禀赋的优势互补是区域经济合作的基本前提，区域经济合作的一个重要目的是发挥国家或地区的要素禀赋比较优势，通过国际贸易和国际市场来深化国际分工，促进要素资源在更大的市场和地域空间实现优化配置，从而实现跨国跨区域间的优势产业优势互补，提高相关国家或地区的总体福利水平。20世纪80年代，以保罗·克鲁格曼为代表的新国际贸易理论使得区域分工理论得到进一步完善和发展，该理论提出国际分工涉及货物、资本、服务在国家之间的转移，各国地理区位差异影响国际转移成本，进而在很大程度上影响国际分工的空间布局。上述理论均强调一体化市场的存在是分工模式产生的关键。

2.1.2 发达国家对外投资理论

发达国家是国际资本市场上的主体，因此早期的对外投资理论大多是以发达国家作为主要的研究对象，其代表性的理论有垄断优势理论、产品生命周期理论、边际产业扩张论、内部化理论、国际生产折衷理论、投资发展周期理论等。

2.1.2.1 垄断优势理论

1960年，美国经济学家海默在其博士论文《一国企业的国际经营活动：对外投资研究》中，首次提出垄断优势在公司对外投资中的作用。海默认为，解释对外投资，必须放弃传统的国际资本流动理论中的完全竞争假设，从不完全竞争角度来进行研究。海默指出，完全竞争是一种理想状态，但这种状况在现实中并不常见。较多存在的是不完全竞争。在完全竞争的市场结构下，任何公司都拥有获取所需生产要素的平等权利，它们生产同类产品，任何公司不具有强大的市场控制力，不具备垄断优势，不会产生跨国公司，企业没有必要也没有能力进行对外投资。反之，由于一国或国际市场的不完全性，才有可能使企业获得垄断优势，并能通过投资在国外生产产品。海默和他的导师金德尔伯格提出了导致市场不完全竞争的几种情况：产品市场上的不完全竞争，生产要素市场上的不完全竞争，政府经济贸易政策导致的不完全竞争以及规模经济使公司在市场的竞争中处于较有利的地位。垄断优势理论的核心可以表述为：对外投资的形成是以不完全竞争为基本假设前提，以市场不完全为基本条件，以垄断优势为中心。企业特定优势主要包括技术优势、规模经济优势、资本和货币优势和组织管理优势等。

2.1.2.2 产品生命周期理论

1966年，美国哈佛大学教授弗农在垄断优势理论的基础上，创立了产品生命周期理论，对国际投资的动因做了另一种解释：跨国公司只有把企业拥有的技术优势和企业在特定东道国所获得的区位优势结合起来，才会发生投资，才能给投资者带来利润。弗农依据美国制成品建立了产品生命周期三阶段模型。在产品创新阶段，必须具备的条件是高知识的研究开发技能、巨额的研究开发资金和高收入、高消费的市场条件。弗农认为，美国最具备这些条件，所以在创新阶段，美国企业应安排国内生产，不仅满足国内市场，而且出口也享有垄断地位。在产品第二阶段即成熟阶段，市场对产品的需求量急剧增加，新技术日趋成熟，产品的价格弹性也增大，虽然生产厂商可以通过新产品的异质化来避免直接的价格竞争，但降低成本、节省运输费用和关税支出已经显得越来越重要。特别是当国内生产的边际生产成本和边际运输成本超过国外生产的成本时，美国企业就应向拥有产品市场的其他发达国家投资设厂，就近供应市场。如美国的对外投资首先在欧洲、日本建立子公司，满足当地市场，并向其他国家出口。新产品的标准化阶段为最后阶段，新产品生产已实行标准化批量生产，创新厂商需要以价格来维护其产品的国外市场。这一阶段，便宜的劳动力成本和某些资源条件日益成为决定产品竞争优势的重要因素。厂商的生产就进一步向发展中国家转移，以期获得这些分布在不同国家的区位优势。

根据产品生命周期理论，对外投资的产生是产品生命周期三阶段更替的必然结果。根据模型假设，世界分为三种类型的国家：最发达国家、较发达国家和发展中国家。最发达国家如美国，较发达国家如欧洲各国、日本等。随着三个阶段的依次递进，其生产区位选择也依次从最发达国家向较发达国家，再向发展中国家转移。

2.1.2.3 边际产业扩张论

边际产业扩张论又称比较优势论，是日本学者小岛清于20世纪70年代中期根据国际贸易比较成本理论，在对日本厂商的对外投资实证研究基础上提出的。小岛清认为，分析对外投资产生的原因，要从宏观因素尤其是国际分工原则的角度来进行。小岛清的比较优势理论的核心是：对外投资应该从投资国已经处于或即将处于比较劣势的产业即边际产业依次进行，这些产业是东道国具有比较优势或潜在比较优势的产业。从边际产业开始进行投资，投资国的资金、技术和管理经验与东道国的廉价劳动力资源相结合，可以发挥出该产业在东道国的比较优势。

小岛清的边际产业扩张论有以下几个特点。

第一，对外投资企业与东道国技术差距越小越容易转移。这样东道国容易吸收和利用，而投资国保持了技术优势，容易在东道国立足并占领当地市场，且多采用合资的形式，为当地所接受。

第二，较适合中小企业的对外投资。在同一个产业中，可能一些大企业仍能保持较强的比较优势时，而中小企业已经处于比较劣势，中小企业就可能较早地寻求国外生产基地。并且，中小企业转移到东道国的技术更适合当地的生产要素结构，为东道国创造更多的就业机会。同时，中小企业能够小批量生产，经营灵活，适应性强。

第三，边际产业扩张论强调对对外投资的研究应从国际分工的角度来进行，把国际贸易和对外投资紧密结合起来。日本的对外投资与对外贸易的关系体现了互补性。

2.1.2.4 内部化理论

内部化理论是英国学者巴克莱、卡森与加拿大学者拉格曼等对跨国公司内部贸易日益增长的现象进行深入细致的研究后，提出的一种解释对外投资的动机及决定因素的理论。该理论认为，世界市场是不完全竞争的市场，现代跨国公司是市场内部化过程的产物。内部化理论强调企业通过内部组织体系以较低成本在内部转移优势的能力，认为这是企业发生对外投资的真正动因。其主要内容有以下几方面。

第一，内部化实现过程取决于特定产业、区位、国别及企业本身四个方面的相互关系。其强调产业的特定性和企业本身，寻求中间产品市场的稳定性和企业内部组织管理能力的高效性尤为重要。只有这样，并使交易的内部化成本低于外部市场的交易成本，内部化才有利可图。

第二，内部化过程将一个完整的外部市场分割成若干个独立的内部市场，在带来收益的同时必然造成额外成本。显然，当内部化成本高于市场交易费用时，内部化将不可取。从全社会的角度来看，实行市场内部化并不能实现资源的最佳配置，只能在低于最佳经济规模的水平上从事投资和生产经营活动，从而造成资源的浪费。

第三，跨国公司在实行内部化时虽然付出更多的成本，但也获得更多的收益。只要收益大于成本，就是可取的。

2.1.2.5　国际生产折衷理论

国际生产折衷理论是邓宁在1977年发表的《贸易、经济活动的区位和跨国公司：折衷理论的研究》和《国际折衷理论的实证研究》中首先提出的，并在之后的研究成果中不断进行了发展与完善，最终成为对外投资和跨国公司理论的核心理论。

国际生产折衷理论认为，对外投资主要是由所有权优势、内部化优势和区位优势这三个基本因素（以下简称OIL）决定的。所有权优势是指一国企业拥有或能够获得的、其他企业所没有或没法获得的资产及其所有权；内部化优势是指拥有所有权优势的企业，通过扩大自己的组织和经营活动，将这些优势内部化的能力；区位优势是指特定国家或地区存在的阻碍进口而不得不选择投资，或选择投资比出口更有利的各种因素。对于一个拥有所有权优势和内部化优势的企业，如果其生产的区位优势在国外而不在国内，那么企业就应该选择在国外投资。只有同时具备三个优势时，企业才能开展对外投资。

2.1.2.6 投资发展周期理论

投资发展周期理论是国际生产折衷理论的动态发展,其中心命题是一个国家的对外投资倾向取决于经济发展阶段以及该国所拥有的所有权优势、内部化优势和区域优势。并将一国吸引外资和对外投资能力与经济发展水平结合起来,认为一国的国际投资地位与人均国民生产总值成正比关系。

邓宁根据人均 GNP 指标,将他考察的 67 个国家按经济发展水平分成四个阶段:第一阶段,人均 GNP 低于 400 美元,处于这一阶段的国家,是世界最贫穷的国家,几乎没有所有权优势和内部化优势,也不能利用国外的区位优势,对外投资处于空白状态,国外投资的流入处于很低的水平。第二阶段,人均 GNP 介于 400~1500 美元之间,处于该阶段的国家,由于经济发展水平的提高,国内市场有所扩大,投资环境有较大改善,因而区位优势较强,外国投资流入迅速增加,但这些国家企业的所有权优势和内部化优势仍然十分有限,对外投资刚刚起步,处于较低水平。大多数发展中国家处于这一阶段。第三阶段,人均 GNP 在 2000~4750 美元之间,处于这一阶段的国家,经济实力有了很大的提高,国内部分企业开始拥有所有权优势和内部化优势,对外投资迅速增长,这一阶段国际投资的流入量和流出量都达到较大的规模。大多数新兴工业化国家处于这一阶段。第四阶段,人均 GNP 超过 5000 美元,这一阶段的国家主要是发达国家,由于它们拥有强大的所有权优势和内部化优势,并从全球战略的高度来利用东道国的区位优势,因此对外投资达到了相当大的规模。由此可见,一国的经济发展水平决定了它所拥有的所有权优势、内部化优势和区位优势的强弱,三个优势的动态组合及其消长变化决定了一国的对外投资地位。

2.1.3 发展中国家对外投资理论

20 世纪 80 年代开始,随着发展中国家对外投资的兴起,已经有部分学者开始关注发展中国家的对外投资活动,并就发展中国家对外投资相关问题进行研究,其中较有影响的有以下理论。

2.1.3.1 小规模技术理论

最早专门研究发展中国家对外投资理论的学者是美国经济学家威尔斯。他于1977年发表了题为《发展中国家企业的国际化》，对发展中国家对外投资的行为特征进行了分析和总结。他在1983年出版的专著《第三世界跨国公司》中，对相关观点做了更详细的论述。

小规模技术理论指出，发展中国家跨国公司的比较优势来自低生产成本，这种低生产成本是与其母国的市场特征紧密相关的。威尔斯主要从三个方面分析了发展中国家跨国公司的比较优势：拥有为小市场需求提供服务的小规模生产技术；发展中国家的民族产品在海外生产颇具优势，特别是当本国的海外移民数量较大时，这种类型的海外投资更有优势；发展中国家企业对外投资的低管理费用和原材料采购的当地化也是其优势所在。

2.1.3.2 技术地方化理论

英国经济学家拉奥在1983年出版了《新跨国公司——第三世界企业的发展》，提出用技术地方化理论来解释发展中国家对外投资行为。他认为，发展中国家跨国公司的技术特征尽管表现为规模小、使用标准化技术和劳动密集型技术，但这种技术的形成却包含着企业内在的创新活动。这导致发展中国家能够形成和发展自己独特的优势，主要表现在以下几个方面：技术知识当地化是在不同于发达国家的环境下进行的，而这种新的环境与一国的要素成本和资源禀赋相联系；发展中国家企业通过对进口的技术和产品进行某些改造，使他们的产品能更好地满足当地或邻国市场的需要，这种创新活动必然形成竞争优势；发展中国家企业竞争优势不仅来自其生产过程，而且来自创新活动中所产生的技术，在小规模生产条件下具有更高的经济效益；从产品特征来看，发展中国家企业往往能开发出不同于名牌产品的消费品，特别是东道国市场较大，消费者的品位和购买能力有很大的差别时，来自发展中国家的产品仍有一定的竞争力；发展中国家的劳动力资源与成本优势以及民族或语言的联系使得发展中国家企业能够形成自己的竞争优势。

2.1.3.3 技术创新产业升级理论

英国学者坎特维尔和托兰惕诺在20世纪90年代初期共同提出了"技术创新产业升级理论"，他们主要从技术累积论出发，解释发展中国家的对外投资行为，从而把对外投资动态化和阶段化。坎特维尔认为，发展中国家技术能力的提高与其国际投资累积增长相联系，技术能力的存在和累积是国际生产活动模式和增长的重要决定因素。根据他们的研究，发展中国家对外投资遵循下面的发展顺序：首先，是在周边国家进行投资，利用种族联系；其次，随着海外投资经验的积累，种族因素的重要性下降，逐步从周边向其他发展中国家扩展；最后，在经验积累的基础上，为获得更复杂的技术开始向发达国家投资。以地域扩展为基础的阶段论说明，发展中国家的海外投资，逐步从关系依赖型走向技术依赖型，而且对外投资的产业也逐步升级，其构成与地区分布的变化密切相关。这个理论由于比较全面地解释了20世纪80年代以后发展中国家特别是亚洲新兴工业化国家和地区对外投资的现象，具有一定的普遍意义。

2.2　上述理论对中国对外投资的适用性分析

上述理论大多是西方学者在研究国际区域经济合作和国际投资迅速发展的基础上发展起来的，并没有专门针对中俄经贸合作和中国对外投资的研究成果，因此用来指导中国对俄投资的实践具有局限性，但其中的部分观点仍然可以对中国制定对俄投资战略起到一定的指导作用。

2.2.1　区域经济合作理论的适用性

区域经济合作是本研究的基本理论出发点。从地缘经济角度审视大国关系的研究由来已久，众多文献也强调了地缘经济在国际关系中的重要作用，指出不管是在战略层面还是在战术层面，国家间都处于一种竞合关系的博弈状态。中俄互为最大邻国，也都是世界上最为重要的大国成员，两国关系必然成为世界上大国关系的典范。黑龙江省与俄罗斯东部地区作为两国毗邻区域，如何谋求中俄区域经济合作框架下的次区域经济合作发展，都可以运用区域经济理论作为理论指导。

区域分工理论的适用性：中俄两国的经济结构具有明显的互补性。俄罗斯是世界上重要的资源大国、科技大国、重工业大国之一，而中国在劳动密集型的消费品、电子产品等轻工产品和部分机电产品的生产上具有全球性竞争优势。两国资源与产业结构的互补性为发展紧密的双边经贸关系奠定了坚实的基础。

区域依赖与竞合理论的适用性：尽管中俄两国经济互补性强，但是两国经贸关系发展却相对缓慢，根本原因在于，在经贸合作当中，两国的利益分歧客观存在。在新的时代背景下，中国发展对俄经贸合作就是要寻找中国"一带一路"与俄主导的欧亚经济联盟、中国东北振兴规划与俄罗斯远东经济发展计划、《中共黑龙江省委黑龙江省人民政府"中蒙俄经济走廊"黑龙江陆海丝绸之路经济带建设规划》与俄联邦《2025年前远东和贝加尔地区经济社会发展战略》对接的基础，设计出中俄两国和两地共同利益的最佳实现机制，减少俄罗斯参与中国"一带一路"建设的顾虑，促进中俄毗邻地区的共同繁荣与发展。

2.2.2 垄断优势理论的适用性

"垄断优势"的概念对于中国进行对外投资时在投资主体、行业布局和区位选择上具有普遍的指导意义。在国际投资领域，几乎总是那些拥有某种优势（如资金、专利、专有技术、特殊的管理技能等）的企业占据主要地位，它们也总是选择一些具有区位优势的东道国进行投资，而国家在制定对外投资产业政策时也会选择对具有比较优势的产业采取激励措施。总之，"垄断优势"的思想在很多领域中被得以运用。同样，中国的对外投资也离不开垄断优势理论的指导，无论是投资主体的选择，还是投资产业和投资区位的选择，都应首先考虑是否具有垄断优势：哪些企业相对于东道国企业更有优势；在企业整体能力不占优势的情况下，是否具备某一优势以补偿其他劣势；在选择的行业内，是否具有竞争优势或在该行业的经营上占优等。实践证明，中国对外投资比较成功的企业也总是那些具有比较优势并能有效地发挥其优势的企业。

其局限性在于以下三点。

第一，忽略了"垄断优势"的潜在性。过分强调既有的比较优势，容易忽略潜在的比较优势。中国政府应该鼓励那些既有优势不多但基本素质好的企业大胆参与竞争，使其潜在优势也能转化为竞争力。

第二，忽略了"垄断优势"的动态性。中国制定对外投资战略应动态地看待"垄断优势"，及时总结出哪些产业的比较优势正在丧失，哪些产业的比较优势正在形成，不失时机地调整投资战略。

第三，忽略了"垄断优势"的相互替代性。邓宁的国际生产折衷理论强调，一个企业必须同时具备所有权优势、内部化优势和区位优势三种优势，才能进行对外投资。实际上，这三种优势具有相互替代性，这种相互替代性起作用，就可能发生优势替代型投资。[①]

2.2.3 边际产业扩张论的适用性

小岛清理论在对外投资主体、投资区域等方面对中国制定对外投资战略具有指导作用。根据小岛清的边际产业扩张论，发达国家通过对外投资向发展中国家实行产业结构转移。发展中国家由于经济发展的不平衡，同样存在着技术结构性差异，因而发展中国家之间也存在着产业结构性转移的可能。目前，在中国产业结构中，劳动密集型制造业比重过高，而高新技术产业和现代服务业的整体比重还较低，因此面临着产业结构调整升级的重要任务。国内一些较为成熟的产业（如轻纺、机械、家电等传统产业）生产能力相对过剩，国内竞争激烈，已处在边际产业的位置，这些产业在其他相对落后的发展中国家应该说具有一定的比较优势。因此，中国通过对外投资将这些产业转移到低技术档次的发展中国家，不但可以解决国内市场这些产业产品供大于求的问题，还可以集中资源发展中国目前仍具备比较优势的产业，实现产业结构调整与升级。

在对外投资目标国的选择上，中国对外转移边际产业的目标国是发展中国家，这些发展中国家数量众多，技术、产业结构也千差万别，不同等级、门类的产业之间有互补性，但总体技术差距较小。该理论强调，跨国公司与东道国企业的技术差距越小越好，这样容易在其他发展中国家找到立足点并占领当地市场；在对外投资主体上，由于中小企业转移到东道国的技术更适合当地的生产要素结构，而且中小企业能够小批量生产，经营灵活，适应性强，比大企业更具优势，因此，中国对外投资的企业不需要一味强调大规模，中小企业按照该理论进行对外投资也能获得成功。在对外投资的条件上，该理论否认垄断优势因素在对外投资中的作用，认为企业比较优势的变化在对外投资中有决定性

---

① 苏丽萍. 对外直接投资：理论、实践和中国的战略选择 [M]. 厦门：厦门大学出版社，2006年.

作用。许多中国企业并不拥有垄断优势，因此根据自身的比较优势开展灵活的投资则更加切实可行。

2.2.4 产品生命周期理论的适应性

根据弗农的产品生命周期理论，到了产品生命周期的第二阶段——成熟阶段，新技术逐渐成熟并在经济发展水平相近的发达国家之间转让（美国向欧洲及日本转让），只有到了产品生命周期的第三阶段——标准化阶段，技术和产品均已标准化，发达国家创新企业的技术垄断优势完全丧失后，该产品的生产才转移到发展中国家进行（发达国家向发展中国家投资）。产品生命周期理论对中国对外投资的指导作用在于以下两方面：其一，揭示了发展中国家跨国公司比较优势所在，即它们拥有的技术是在发达国家已标准化的技术，而这些技术又未被工业化程度更低的其他发展中国家所掌握，以改进的技术适应较小市场的需要和当地原材料的供给，以更加劳动密集型的生产方式适应较低的工资水平。其二，指明发展中国家跨国公司对外投资的区位，是那些工业化程度更低、拥有劳动成本优势且国内市场设置贸易壁垒的其他发展中国家。中国在20世纪80年代开始接受西方发达国家大规模的投资，成为其产业转移的重要基地，经过几十年的发展，许多产业在中国已经处于成熟化和标准化阶段，厂商数量众多、竞争日益激烈，加上国内以劳动力为代表的生产要素成本不断增加，因此产生了向生产要素价格低廉、国内相关产业尚处于起步阶段的国家进行转移的客观需求。

2.2.5 投资发展周期理论的适用性

邓宁的投资发展周期理论是从宏观角度来分析对外投资活动，认为一国的经济发展水平决定了其OIL的强弱，而OIL的强弱决定了一国在国际资本市场上所处的地位，一国的净对外投资与该国的经济发展水平密切相关。按照邓宁的这一理论，中国目前正处于投资发展周期的第三个阶段。改革开放以来，中国国民经济快速发展，到2017年，人均GDP已经接近10000美元，其中东部发达省份的人均GDP已经处于世界中等发达国家的水平，外汇储备达到3万亿美元，位居世界第一。从中国目前经济发展的总体水平来说，全国范围的大规模对外投资条件还不十分成熟，但是一些发达地区和省份已经具备大规模对外投资的能力。该理论的局限性在于：只强调事物发展的普遍性，忽略了特殊性，忽略了对一国经济结构的具体分析。中国的经济发展不均衡，东西部经济发展差距大，兼有发达国家和发展中国家的特征；中国的外汇储备丰富；某些行业如航空航天技术、生物工程技术和微电子技术部门的发展水平较先进。因此，我们不能完全按照邓宁的投资发展周期理论，把对外投资仅仅作为经济发展的结果，更应该把对外投资当做经济发展的手段来使用。①

2.2.6 发展中国家对外投资理论的适用性

小规模技术理论、技术地方化理论、技术创新和产业升级理论等发展中国家的对外投资理论对中国的对外直接实践更具指导意义和适用性。

小规模技术理论认为，发展中国家所生产的产品是在发达国家早已成熟的产品，虽然这些产品的生产技术也具有创新性质，但是这种创新来源于实际生产工艺的某些个别环节的改造，或是对从国外引进的生产技术的调整，使之适于小规模生产。该理论对于分析中国企业走向国际化的初期阶段，怎样在国际竞争中争得一席之地颇有启发。世界市场是多元化、多层次的，即便是那些技术不够先进，经营范围和生产规模不够大的发展中国家，企业参与国际竞争仍有很强的经济动力，它不仅有利于实现企业的经营目的和长期发展目标，而且企业的创新活动大大增加了发展中国家企业参与国际竞争的可能性。

技术地方化理论更强调企业技术引进的再生过程，即发展中国家跨国公司对引进的外国技术不是进行一种被动的简单的模仿和复制，而是对技术进行主动的消化、吸收、改进和创新，正是这种创新活动给引进的技术赋予了新的活力，从而为引进技术的企业带来新的竞争优势。改革开放近40年来，中国通过技术贸易、引进外商投资等途径从欧洲及美、日等科技发达国家引进了大量技术，经过消化、吸收、改进和创新，形成了适应中国国情的技术优势。发展中国家制成品市场的一个普遍特征是需求量有限，发达国家大规模生产的技术在这种小规模的市场中无法获得规模收益，而中国则拥有这种适合小规模生产

---

① 苏丽萍. 对外直接投资：理论、实践和中国的战略选择［M］. 厦门：厦门大学出版社，2006年.

的制造技术，同时，中国企业的生产技术和工艺设备适应中国劳动力资源丰富的国情，大多具有劳动密集型特征，较能满足资金不足、就业机会匮乏的发展中国家的需要。中国不仅在适用技术上具有比较优势，在某些高科技领域也具有先进的技术优势。如中国在超导、航天技术、新材料、基因工程、纳米技术和计算机软件开发等领域达到了国际先进的技术水平，这一优势为中国向发达国家和新兴工业化国家投资创造了条件。此外，中国还具有一些传统的独特技术，例如，中医中药、古典园林、中式菜肴烹调与食品加工等传统技术也是中国开展"民族纽带"式对外投资的技术优势。这些具有鲜明民族文化特色的特殊产品与技术为特定的消费者华人所钟爱，尤其是在国外华人集中的地区，这也是中国发展对外投资的一种特有优势。①

技术创新和产业升级理论分析了发展中国家对外投资在产业分布上受其国内产业结构和内生技术创新能力的影响，其一般规律是：首先，开展以自然资源开发为主的纵向一体化生产活动，然后，开展以进口替代和出口导向为主的横向一体化生产活动。从对外投资的地理分布看，发展中国家企业在很大程度上受"心理距离"的影响，遵循"周边国家—发展中国家—发达国家"的渐进式发展轨迹。从中国对外投资的发展历程来看，随着中国企业对外投资经验的积累和竞争水平的提高，在产业选择上存在着从资源密集型产业向技术密集型产业升级的趋势，在区域布局上，逐渐从发展中国家市场扩散，开始向发达国家逆向投资，以获取先进技术、品牌、管理经验等战略性资产。即中国企业已经不再局限于传统产业的传统产品，开始从事高科技领域的生产和开发活动，在对发达国家的投资中也表现出良好的竞争力。

2.3 文献综述

2.3.1 国外研究综述

国外学者对跨境经济合作的研究由来已久，其中，俄罗斯学者对中俄跨境

---

① 苏丽萍．对外直接投资：理论、实践和中国的战略选择［M］．厦门：厦门大学出版社，2006年。

经济合作以及中国对俄投资等问题均进行了广泛研究。

2.3.1.1 跨境经济合作及中俄跨境经济合作研究

20世纪80年代，新经济地理学的代表克鲁格曼通过研究发现，国家边界的开放有利于增强公司的国际市场影响力，同时经济一体化能够减少国际贸易成本。20世纪末，区域经济一体化的蓬勃发展推动了对跨境经济合作的实践探索。汉森（1996）通过研究发现，区域经济一体化能够使边境地区转变成为更大范围的中心区；尤恩·森姆·弗雷（1997）指出，政治因素是影响德国和波兰跨境经济合作成败的主要因素；布拉特（2000）指出，欧洲国家跨境经济合作的主要影响因素是政府间或非政府协会的制度安排；巴瓦罗·贝拉（2000）以美、墨边境地区合作为例分析了在跨国合作中构建社会认同感的重要性；莫里斯·斯科夫（2002）指出，跨境经济合作要受到与跨境经济合作国家邻国关系的影响。

俄罗斯学者萨姆布罗娃（1995）研究了中俄两国跨境经济合作的模式和基础条件，指出两国应当致力于信息服务、咨询服务和银行服务等中介领域的合作；米亚斯尼科夫（2010）、季塔连科（2011）认为中俄毗邻地区政治关系良好、经济互补性强，同中国合作可以帮助俄远东、西伯利亚地区摆脱经济危机；中俄双方合作的重点应该是交通运输、能源开发、环境保护、军事科技、劳务、旅游等领域（苏斯洛夫，2013；М. В. 亚历山德罗娃，2014）。

2.3.1.2 中国对俄投资问题研究

20世纪末以来，随着中国企业对俄投资的不断增加，很多俄罗斯学者对此进行了相关研究。季塔连科（2011）认为中国在俄罗斯的投资有助于解决俄罗斯的一部分就业问题，促进了俄罗斯工业的发展，同时也能为中国提供稳定长期的能源保障；瓦列里（2011）通过分析指出，中国对俄投资主要通过合资企业形式来实现，中国企业在俄罗斯的投资额一直不低，但持股比重却不高。俄罗斯投资环境的恶化致使中国企业对俄投资有所减少。В. В. 库列绍夫（2014）重点分析了在当今全球经济下行情况下俄中合作的新机遇和挑战，他认为俄中两国的投资合作重点地区应放在俄罗斯的远东地区和中国的东北地区。俄罗斯应优化投资环境，吸引更多中国企业对俄进行投资合作来共同对抗经济下行情况。М. В. 亚历山德罗娃（2014）认为发展俄中投资合作，包括新型区域合作是非常必要的。因此，必须倾听双方意见，尊重双方国家利益。投资合作项目应该成为两国毗邻地区经济共同的增长点。科列斯尼科娃（2015）分析了俄罗斯入世前后中国对俄投资和贸易的情况，指出中国是俄罗斯的重要贸易伙伴和经济合作伙伴，在过去的一段时间内，中国在机电产品、纺织产品、能源产品等行业与俄罗斯有十分紧密的合作关系，随着欧、美对俄罗斯的制裁以及石油及大宗产品价格持续处于低位，中俄之间的投资合作对两国经济发展愈发重要。

中国"一带一路"倡议提出以后，俄罗斯学者普遍认为给中国对俄投资带来了更为广阔的空间。兹科娃（2016）认为，"一带一路"将给中国对俄投资带来广阔的发展前景，中俄双方对利益的需求促成了两国的投资合作。两国的关系处于良好状态而且今后会越来越好。Н. Н. 特洛申（2018）认为，中国的"一带一路"倡议会带动大量投资，俄中投资合作将拥有巨大潜力，也是双边关系的优先方向。尽管在2013—2014年度之后，中国投资者对俄投资的积极性有所下降，主要原因是对俄罗斯不稳定的经济形势怀有顾虑，但是，中国投资者仍然对俄罗斯经济保持着浓厚兴趣，而俄罗斯宏观经济保持稳定，将会显著促进俄中投资合作。安德烈（2017）认为，中国在俄罗斯的投资发展很快，在能源开发、基础设施建设、机电产品生产、科技服务等领域，中俄双方签订了很多投资项目。近几年，两国多次举办的中俄投资促进会议在中俄两国均产生了很大的影响，受到两国领导人的高度评价，有力地促进了两国之间的投资合作。祖延科（2015）认为，作为中俄双边合作的重要一环，中国对俄投资规模远远不够。其中很重要的一个原因是俄罗斯社会对中国资本的不良认知，但是现在俄罗斯对中国投资活动的社会舆论发生了显著变化，从渲染"中国威胁论"转向更加有建设性的态度。因此对中国投资者来说正是投资俄经济的绝佳时机。

2.3.2 国内研究综述

中国理论界对中俄经贸合作进行了广泛而深入的研究，成果丰富，内容涵盖中俄经贸合作的多个阶段、多个领域。在中国"一带一路"倡议提出以后，对中俄经贸合作的研究也步入了新的阶段。

2.3.2.1　中俄经贸合作问题研究

大多数中国学者认为，目前中俄经济关系的质量、规模、范围都远远落后于政治关系，双方经济利益的融合远未达到战略协作伙伴关系的要求。黄宝玲（2004）、田革（2010）、田春生和陆南泉（2011）认为必须不断提高中俄两国之间经济利益的依存度，这是两国最紧迫的战略任务。田春生（2010）认为两国政治与经贸"非成正比发展"的重要原因是中俄经贸中的"利益不对称"；刘爽（2012）和王海运（2014）认为未来构建利益共同体才是中俄经贸合作重要推动力量。还有一些学者从中俄次区域合作的角度进行了研究，唐朱昌（2011）认为中国要实现对俄经贸合作的转型，重点方向之一就是要深化中俄地区合作，尤其是中国东北与俄远东及东西伯利亚地区之间的合作；李光辉（2010）指出跨境经济合作是中国沿边地区对外开放的新模式，是中俄合作的新平台，同时还提出了跨境经济合作实践的具体构想。宣志刚（2013）提出黑龙江省深化对外开放和经济转型的根本途径就是要积极发展对俄跨境经济合作。

2.3.2.2　中国对俄投资问题研究

国内学者们普遍认为发展对俄投资对提升中俄双边经贸关系具有重要意义，加强中国企业对俄投资不仅能够更好地利用俄罗斯的资源，实现中国产业结构升级，同时，也有助于促进中国企业核心竞争力的提升（孙慧娟，2018）。中国在基础设施建设等领域积累有丰富的经验，并拥有必要的资金和技术，而俄罗斯目前面临经济发展的困境，迫切需要吸引外资，因此双方具有很强的合作潜力（高欣，2015；李靖，2015）。但目前中国对俄投资规模不大，对双边贸易与经济增长的拉动作用不明显（张春萍，2013），其主要原因是：中俄两国都还处在经济转型过渡期，自身缺乏足够的资金，因此难以满足相互投资方面的需求；俄罗斯的投资环境还存在诸多不足；双方企业对各自经济发展和市场变化情况适应能力不强（苏娜，2013；高欣，2015；刘晓音，2016）。曹志宏（2011）从投资规模、投资地区与行业分布和投资面临的问题等方面对中国对俄投资进行了分析，发现尽管中国对俄投资存在一些问题，但仍然具有很大的发展空间；龙雪（2017）提出随着中国制造业的飞速发展，中国对能源的需求飞速扩张。俄罗斯拥有丰富的石油、天然气等能源，推动了中国对俄罗斯在自然资源领域的投资，相信随着两国战略伙伴关系的不断升级，两国在各领域的投资合作拥有广阔的前景。研究中国对俄投资的影响因素对促进我国经济发展，尤其是东北地区振兴具有积极意义。

孙慧娟（2018）研究了影响中国对俄投资的经济因素，主要有：投资国的经济发展水平、工资水平、外汇储备水平；东道国的投资自由度、利率水平、贸易发展水平等。此外，政治因素、法律因素、文化因素也对中国对俄投资产生较大的影响。通过格兰杰因果关系检验发现，中国的经济发展水平、外汇储备水平、人均工资水平对中国对俄投资起正向作用；人均工资水平对我国对俄投资起正向作用。其中，我国 GDP 每增长 1 个百分点，能够使对俄投资增长 1.5 个百分点；在其他因素不变的情况下，我国外汇储备的增长能够引起对俄投资的增长，只是影响效果较弱。俄罗斯的利率水平、贸易水平对中国对俄投资起抑制作用，即俄罗斯的利率水平和贸易水平越高，中国对俄投资水平也就越低；俄罗斯经济自由度中的投资自由度对中国对俄投资有促进作用，俄罗斯的投资环境越自由，中国对其投资水平就越高。其中，俄罗斯的贸易发展水平对中国对俄投资的作用与理论预期相反，说明俄罗斯的贸易在一定程度上替代了中国对其投资。

还有学者从中国对俄投资的经济效应角度进行了研究，高欣（2011）通过时间序列数据建立误差修正模型，分析中国对俄投资与中俄两国贸易的关系，得出贸易替代关系和贸易互补关系同时存在的结论；张春萍（2012）利用面板数据模型研究了中国对俄投资的贸易效应，通过与其他国家比较，得出中国对俄投资与对俄贸易有一定的互补关系。宋雨时（2018）通过研究得出结论，短期内我国对俄投资会对贸易总额有替代效应，但从长期来看，我国对俄投资对出口会有创造效应。李鹏（2016）的研究表明，由于中国对俄罗斯进行投资的过程中超过半数以上集中在种植业、建筑业、餐饮业等方面，科技含量较高的领域涉猎较少，因此投资收益较小，产品附加值较低；中国 GDP 总量的增长对中国对俄投资的经济增长起到促进作用，但中俄两国贸易与中国对俄投资的增长幅度不匹配。

有的学者则重点分析中国对俄投资风险。胡明（2016）提出投资风险管理是中国企业对俄投资时必须重视的问题，中国企业应时刻关注俄罗斯国情，分析投资环境和政治经济形势并丰富在俄投资层次，科学性地评估未知风险，总结以往风险问题的起因，提出相应风险对策并记录在案，以供中国企业互相参考，建立完备的风险防范系统，强化中国企业在俄经商能力，增强中国企业参与对俄投资与贸易的积极性。师成（2018）认为中国对俄投资所面临的风险因素较为复杂。从外部风险来看，中俄缺乏共同的文化认同基础，俄罗斯安全环境不容乐观且法律制度与国内差距较大；从内部风险来看，我国缺乏统一有效的对外投资指导与扶持机制，参与对俄投资的私营企业内部管理科学性不足，国有企业则面临大项目的安全性问题。就防范路径而言，一方面，我国政府需要加强"民心相通"与投资支持体系建设，为投资活动构建良好的社会基础。另一方面，企业也要注重本土化经营，私营企业需要加强内部管理的科学性，提高自身抗风险能力，国有企业则要强化大项目的风险管理体系，以增强大项目的安全性。

在黑龙江省对俄投资问题上，邹秀婷（2008）认为黑龙江作为全国对俄经贸合作的桥头堡，应凭借地缘优势在中俄能源合作中发挥重要作用。王兵银（2007）建议黑龙江发展对俄投资要与南方发达省份形成合力，这样不仅可以促进两国贸易的迅速发展，而且能够提高两国贸易商品的质量。

2.3.2.3 对"一带一路"倡议下中俄经贸合作的研究

"一带一路"倡议提出后，李向阳（2014）重点研究了丝绸之路多元化、开放性合作机制，提出了要建设中蒙俄朝韩跨国次区域合作重点，突破东北亚地区的经济合作瓶颈。李建民（2014）认为"丝绸之路经济带"要注重与俄罗斯共同推进沿线区域经济合作，采取国际能源合作示范区、跨境经贸合作区和开发区等务实灵活的合作形式。刘晓音（2016）认为，"丝绸之路经济带"将会促进中俄全方位的贸易投资合作，提升两国在经济现代化领域的合作和发展。项义军、张金萍（2016）指出，目前俄罗斯以欧亚经济联盟为依托的东移战略与中国的"一带一路"倡议对接的时机逐渐成熟，但只有中俄双方的对等发展才会产生战略对接和落实的可能性。

有些学者分析了"一带一路"倡议下中国对俄投资合作的重点领域：李婧（2015）认为，俄罗斯的很多基础设施由于年代久远，且受到高纬度地区恶劣气候的影响，目前正处于年久失修状态。因此中国可以借助"一带一路"政策，与俄罗斯进行基础设施建设领域的广泛合作。另外，于洪洋、欧德卡、巴殿君（2015）指出，俄罗斯的基础设施建设领域急需大量人才，中国的人才优势得以发挥，可借助政策优势向俄输出大量工程师。衣保中、张洁妍（2015）指出，若中国能够通过俄罗斯的油气资源进口改善国内能源进口结构，不仅可以改善能源价格，还将极大提高国家能源安全性，保障国家能源安全和战略安全。卢锋等（2015）详细阐述了中俄能源合作的优势和必要性，从经济逻辑上解释了"一带一路"倡议的重要作用。李峰（2016）认为，中俄在军工、航空航天、互联网科技、新能源等领域的合作将有极为重要的战略意义。许振宝（2016）认为中国可以在农产品育种技术、农业灾害防治等领域对俄罗斯进行帮助，而俄罗斯可以向中国出口良种、优良的木材和农畜产品。在这些与生活密切相关的领域开展合作，可以让人民切实体会到"一带一路"政策的福利和惠民性，为"一带一路"政策的落实积累下广泛的群众基础和舆论准备，为将来与沿线国家开展科技和高新技术领域的合作铺平道路。

2.3.2.4 关于"龙江丝路带"建设的研究

"龙江丝路带"是中国"一带一路"倡议的重要组成部分，它具有为国家对俄合作搭建新平台的作用，它将促进黑龙江省的经济转型与对俄经贸合作的战略升级（刘波，2014；姜振军，2014；曹志宏，2014）。杜颖（2015）认为"龙江丝路带"建设使得黑龙江省在"一带一路"倡议中具有一定的区域优势；张效廉（2015）认为黑龙江省处于东北亚核心区域，"龙江丝路带"的总体设想可以使黑龙江省主动融入"一带一路"的倡议规划，推动发展峰值向黑龙江省转移，"龙江丝路带"将成为提高黑龙江省GDP的新动力。孙浩进、董正杰（2016）认为"龙江丝路带"促进了黑龙江省产业和中国东部地区与世界经济的融合，将会促进黑龙江经济的快速发展。索伶俐、王玉主（2016）对2013—2015年黑龙江和"一带一路"沿线的66个国家的贸易数据进行分析，提出了建设"黑龙江陆海丝绸之路经济带"应该契合"一带一路"倡议的指导思想和行动战略。项义军、田丽（2016）提出要优化对俄进出口商品结构，转变对俄贸易方式，加快建设"龙江丝路带"。孙浩进、周薇（2015）认为"龙江丝路带"面临基础建设落后、产业结构不合理等问题。

综上所述，西方学者很早就对跨境经济合作与国际投资的动因、基础与作用进行了深入而细致的研究，这些理论从微观和宏观的不同层面、从理论到实践的不同角度，为黑龙江省发展对俄投资提供了重要的理论参考，但由于缺少以黑龙江省为研究对象的针对性成果，因此不能为其提供现实指导。国内一些研究成果从不同角度阐述了中国或黑龙江省对俄投资的重要性，分析了其中存在的问题与不足，并提出了促进其发展的对策建议，但总体来看，学术界对中俄投资问题的研究尚处于初级阶段，没有形成系统的研究体系，对中国和黑龙江省对俄投资问题的研究还有待进一步深入和加强。尤其是黑龙江省"龙江丝路带"规划出台时间不长，目前的研究成果多侧重于阐述其战略意义并提出对策建议，具有理论支撑的高水平研究成果较少，对"龙江丝路带"框架下如何发展对俄投资的系统性研究尚未形成。

3. 俄罗斯投资环境分析

国际投资的发展离不开宽松的国际投资环境。深入分析投资目的国的投资环境，对其作出准确评估，是发展对外投资的必要前提。

3.1 俄罗斯投资环境的构成要素

一国的投资环境是一个大的系统，一般由自然环境、政治环境、经济环境和社会文化环境等因素构成。

3.1.1 自然环境

自然环境包括东道国的地理条件、气候、自然资源以及人口状况等因素。与构成投资环境的其他要素相比，自然环境因素具有不可控制性、相对稳定性和行业差异性等特点。

3.1.1.1 地理位置

俄罗斯横跨欧亚大陆，国土面积1709.82万平方千米，东西最长9000千米，南北最宽4000千米，领土包括欧洲的东部和亚洲的北部，是世界上国土最辽阔的国家。俄罗斯国界线长60933千米，其中海岸线长达38807千米，濒临大西洋、北冰洋、太平洋的12个海；陆界长达14509千米，与14个国家接壤，南部和东南部同中国、朝鲜接壤，南连哈萨克斯坦、蒙古、格鲁吉亚、阿塞拜疆，西南连接乌克兰，西部与芬兰、白俄罗斯、爱沙尼亚、拉脱维亚、立陶宛、挪威毗邻而居。加里宁格勒州与波兰、立陶宛相邻。东面与日本和美国隔海相望。领土36%在北极圈内，自北向南为北极荒漠、冻土地带、草原地带、森林冻土地带、森林地带、森林草原地带和半荒漠地带。①

3.1.1.2 行政区划

俄罗斯联邦现由85个联邦主体组成，其中包括22个共和国、9个边疆区、46个州、3个联邦直辖市、1个自治州和4个民族自治区。为维护国家统一，强化总统对地方的管理，俄罗斯联邦主体按地域原则划分为8个联邦区（中央区、西北区、南部区、北高加索区、伏尔加河沿岸区、乌拉尔区、西伯利亚区和远东区）。首都莫斯科是俄罗斯政治、经济、金融、科学、艺术、教育、商业中心，也是欧洲最大的城市，面积为2560平方千米，常住人口1250.65万人（截至2018年1月1日）。俄罗斯主要经济中心城市有：莫斯科、圣彼得堡、新西伯利亚、下诺夫哥罗德、叶卡捷琳堡、萨马拉、鄂木斯克、喀山、车里雅宾斯克、顿河畔罗斯托夫、乌法、伏尔加格勒、彼尔姆等。②

3.1.1.3 气候条件

俄罗斯幅员辽阔，气候复杂多样，总体属于北半球温带和亚寒带的大陆性气候，依其大陆性程度的不同，以叶尼塞河为界分为两部分，西部属温和的大陆性气候，西伯利亚属强烈的大陆性气候。西北部沿海地区具有海洋性气候特征，而远东太平洋沿岸则带有季风性气候的特点。俄罗斯大部分地区冬季漫长寒冷，夏季短暂、温暖，春、秋两季很短。1月份平均气温为 -37℃ ~ -1℃，7月份平均气温为11℃ ~ 27℃，相对湿度30% ~ 80%。

3.1.1.4 自然资源

俄罗斯自然资源十分丰富，种类多，储量大，自给程度高。森林资源：森

---

①② 中国商务部. 对外投资合作国别（地区）指南：俄罗斯（2018年版），http://www.mofcom.gov.cn/。

林覆盖面积8.67亿公顷，占国土面积的51%，居世界第一位，木材蓄积量820亿立方米。能源与矿产资源主要有煤、铁、泥炭、石油、天然气、铜、锰、铅、锌等。储量居世界前列的有：天然气已探明蕴藏量为48万亿立方米，占世界探明储量的21%，居世界第一位；石油探明储量252亿吨，占世界探明储量的5%；煤蕴藏量1570亿吨，居世界第二位；铁矿石蕴藏量650亿吨，居世界第一位，约占40%；铝蕴藏量4亿吨，居世界第二位；铀蕴藏量占世界探明储量的14%；黄金储量1.42万吨，居世界第四至第五位；磷灰石占世界探明储量的65%；镍蕴藏量1740万吨，占世界探明储量的30%；锡占世界探明储量的30%；铜蕴藏量8350万吨。非金属矿藏也极为丰富，石棉、石墨、云母、菱镁矿、刚玉、冰洲石、宝石、金刚石的储量及产量都较大，钾盐储量与加拿大并列世界首位。水力和渔业资源：水力资源丰富，境内有300余万条大小河流，280余万个湖泊；贝加尔湖是世界上蓄水量最大的淡水湖。渔业资源相当丰富，生物资源总量2580多万吨，鱼类为2300万吨。近年来，俄罗斯油气和矿产资源的探明储量每年都有所增加，进一步巩固了其世界第一资源大国的地位。[①]

3.1.1.5 人口分布

人口因素对国际投资的影响非常重要。人口不仅决定了某一产品的需求规模，其结构亦决定需求的种类。截至2018年1月1日，俄罗斯人口为1.47亿人，其中城市人口为1.09亿人（74%），农村人口为0.38亿人（26%）。俄罗斯的人口主要分布在中心城市，约1/5的全国人口和超过1/3的城市人口聚集在莫斯科、圣波得堡、新西伯利亚、叶卡捷琳堡、下诺夫哥罗德、喀山、车里雅宾斯克、鄂木斯克、萨马拉、顿河畔罗斯托夫、乌法、克拉斯诺亚尔斯克、彼尔姆、沃罗涅日、伏尔加格勒15座大城市。截至2018年1月1日，俄罗斯人口超过100万人的城市有15座，人口在50万~100万人之间的城市有22座，人口在10万~50万人之间的城市有134座。[②]

[①②] 中国商务部. 对外投资合作国别（地区）指南：俄罗斯（2018年版），http://www.mofcom.gov.cn/。

3.1.2 政治环境

政治环境是一国吸引外资的必要条件和敏感因素。东道国的政局是否稳定、社会是否安定、国际信誉高低等直接关系到投资者有无保障等问题。只有政局稳定、社会安定、讲求效益的国家才能确保外国投资的安全，并为经营获利创造必要的条件。反之，一个政变迭起、社会动荡的国家，难免会使投资者遭受政治风险带来的巨大损失。一国的政治环境主要包括政治制度、政府状况、政权稳定性以及国际关系等。

3.1.2.1 政治制度

俄罗斯属共和制民主联邦制国家，总统为国家元首，按宪法和法律决定内外政策，并有权解散议会。俄罗斯的政治体制主要包括议会、联邦政府和司法机构。俄罗斯联邦会议是常设立法机构，由联邦委员会和国家杜马两院组成。俄罗斯联邦政府由总理、副总理和各部部长组成，由总统任命，确定政府活动的基本方针并组织政府工作。俄罗斯联邦司法机构主要有联邦宪法法院、联邦最高法院、联邦最高仲裁法院及联邦总检察院，在各自管辖范围内对有关民事、刑事、行政以及其他案件进行审理。法官独立且终身任命。俄罗斯有78个政党，主要四大党派为统一俄罗斯党、俄罗斯共产党、公正俄罗斯党和俄罗斯自由民主党。俄罗斯宪法规定，各联邦主体（共和国、边疆区、州、直辖市、自治州和自治区）的权利、地位平等。

3.1.2.2 政府状况及政权稳定性

俄罗斯保持着一定程度的政治和社会稳定。特别是近两年，俄罗斯经济稳步复苏，为国内政局稳定提供了保障。尽管美、欧加强对俄罗斯制裁，但是普京进一步巩固政治体系，并稳步改善民生、树立良好的政府形象，并顺利赢得了2018年大选。在欧美制裁、俄罗斯加强中东军事实力的背景下，俄罗斯民众民族主义和爱国主义情绪上扬，对普京的执政理念和俄罗斯内政外交政策基本认同。普京顺利连任，其将继续推进既定的治国思想、方针和路线，俄罗斯国内政治、经济、外交政策将继续保持稳定。

3.1.2.3 国际关系

2013年2月18日，俄罗斯总统普京批准了新的《俄罗斯联邦外交政策构想》（简称《构想》），确定了俄罗斯外交的四大优先方向。俄罗斯对外政策的绝对优先目标是苏联地区的一体化。新《构想》对独联体、关税联盟、欧亚经济共同体、集体安全条约组织、俄白联盟等给予特别关注；其次的优先方向是欧盟，德国、法国、意大利和荷兰被称为俄罗斯最重要的欧洲伙伴，他们也是俄罗斯在天然气领域最重要的合作伙伴；接下来是美国，俄罗斯将在对美外交中寻求"反导系统不针对俄罗斯核威慑力量的法律保证"，并要求美国"遵守包括不干涉他国内政原则在内的国际法准则"；发展同中国和印度的"友好关系"也被视为俄罗斯外交政策的"最重要"方向之一，亚太地区被称作"发展最快的地缘政治空间"，"世界经济和政治重心正在向其转移"。

新的《俄罗斯联邦外交政策构想》提出三个关键目标：一是协助拯救世界经济。为此，"俄罗斯将积极促进建立公平、民主的全球经济贸易与货币金融体系"。二是反对干涉别国内政。为此，莫斯科将"确保尊重人权和自由"，但要"考虑每个国家的民族、文化和历史特点"。在国际互联网上，将抵制以干涉内政为目的的新技术的使用。三是坚持联合国的"不可替代性"，即不允许个别国家以负有"保护责任"为借口，对别国"实施军事干预或其他形式的干涉"。[①]

乌克兰危机后，西方国家对俄罗斯实施了涉及政治、能源、金融、军事等领域的多轮制裁。俄罗斯开始实施反制措施，近些年，俄罗斯与西方国家的关系呈现恶化趋势。

3.1.3 经济环境

经济环境是国际投资活动诸多影响因素中最直接、最基本的因素。具体包括东道国宏观经济水平、国内市场、基础设施配套水平、金融环境、对外贸易、劳动力市场、对贸易和投资合作的规定、企业税收状况等诸多方面。

---

① 中国商务部. 对外投资合作国别（地区）指南：俄罗斯（2018年版），http://www.mofcom.gov.cn/.

3.1.3.1 宏观经济

尽管西方国家对俄罗斯经济制裁加剧，但是随着国际油价回升，以及本国经济刺激措施初见成效，自2017年起，俄经济开始逐渐摆脱衰退，从微弱增长转向低速增长。2017年GDP达920819亿卢布，增幅1.5%；2018年GDP为934631亿卢布，增长1.5%，与2017年持平。2018年人均GDP为63.6万卢布，约合9109美元。① 表3-1显示了2013—2018年俄罗斯宏观经济情况。

表3-1　　　　　2013—2018年俄罗斯宏观经济统计

年份	GDP（亿卢布）	GDP增长率（%）	人均GDP（万卢布）
2013	661901	1.3	48.2
2014	714064	0.6	49.7
2015	808043	-3.8	52.8
2016	860436	-0.2	58.6
2017	920819	1.5	62.7
2018	934631	1.5	63.6

资料来源：俄罗斯联邦国家统计局，http://www.gks.ru/。

从经济结构来看，2017年第一产业（农、林、牧、渔业）产值占俄罗斯GDP的4.4%，第二产业产值（采矿业、制造业、电力、燃气及水的生产和供应业、建筑业）占33.4%，第三产业产值占62.2%。俄罗斯最终消费占GDP的比重为70.5%，资本形成总额占比24%，货物和服务的净出口占5.5%。2017年俄罗斯通货膨胀率为2.5%。失业率为5.2%。适龄劳动人口（15~72岁）7610万人，占全国人口总数的52%，其中就业人数为7210万人，失业人数约为400万人。截至2018年1月1日，俄罗斯国际储备（黄金外汇）为4327亿美元。②

3.1.3.2 国内市场

根据俄罗斯联邦国家统计局公布数据，2017年俄罗斯零售贸易总额为

---

①② 俄罗斯联邦国家统计局，http://www.gks.ru/。

29.8万亿卢布，按可比价格计算，较2016年提高1%，居民储蓄达29.5万亿卢布，同比增长14%，其中，银行存款19.6万亿卢布，有价证券4.7万亿卢布，现金5万亿卢布。2017年俄罗斯劳动人口平均月工资为39100卢布，比上一年均值增长7%。但考虑到通货膨胀的因素，俄劳动人口人均月工资比上年实际上涨3.4%。数据还显示，2017年俄居民平均月退休金比上年增长7.4%，至每月13300卢布，但是实际可支配收入下降1.7%。家庭人均月消费支出16300卢布，同比增长3%，其中，食品类支出占38.8%，非食品类支出占35.67%，服务类支出占26.25%。自2014年，俄罗斯对欧盟、美国等一系列国家农产品禁止进口后，国内食品价格继续攀升。①

3.1.3.3 基础设施

俄罗斯幅员辽阔，地理环境复杂多变，公路交通较落后，铁路和航空、水运有一定基础，但多为在苏联时期建造，较为陈旧。根据安永（EY）会计师事务所数据，俄罗斯铁路基础设施水平居世界第33位，道路交通、港口空运等基础设施分别位居世界第111位、82位、87位。虽然俄罗斯政府正大力投资改善基础设施建设，但除莫斯科、圣彼得堡等大型城市外，基础设施陈旧的现状并没有得到根本改变。2017年俄罗斯货运周转量54767亿吨千米，同比增长5.4%，其中铁路运输24930亿吨千米，同比增长6.4%；汽车运输2509亿吨千米，同比增长1.3%；海运459亿吨千米，同比增长6.5%；内河运输645亿吨千米，同比下降4%；空运76亿吨千米，同比增长15.2%；管道运输26149亿吨千米，同比增长5.1%。②

2015年，俄罗斯政府向道路基础设施建设拨款5010亿卢布（约合80亿美元），同比增长26%。其中，向公路建设发展拨款3730亿卢布（约合59亿美元）。2018年3月，普京总统在国情咨文中指出，未来6年内，俄罗斯政府将投入各类资金11万亿卢布，用于国内公路建设和养护，尽快完成欧亚交通大动脉在俄罗斯部分建设；将贝阿铁路、西伯利亚大铁路过货能力增加50%，提升至1.8亿吨。2016年1月，俄罗斯联邦政府拨款43.48亿卢布（约合5503万美元），用于支持并补贴地方发展工业园区基础设施建设。该项资金主

---

①② 中国商务部. 对外投资合作国别（地区）指南：俄罗斯（2018年版），http://www.mofcom.gov.cn/。

要用于俄罗斯地方对工业园交通、通信、水电等基础设施建设、改造、现代化等，创新产业园区建设不在资金规划范围内。2017年1月，俄罗斯政府称，将拨款83亿卢布（约合1.4亿美元），用于建设通往居民点和各种农产品加工生产基地的公路，该措施旨在增加公路网长度，促进农村及农工综合体的发展。此外，俄罗斯政府还将拨款300亿卢布（约合5.05亿美元），用于改善34个50万人口以上城市及城郊的公路，以减少危险路段和事故多发路段的数量。①

公路：截至2016年底，俄罗斯公路网总里程165.9万千米。根据俄联邦公路署数据，目前俄罗斯国内近30%的公路质量不符合养护标准。2017年初，俄政府推行"安全、高质量公路"规划，共投入650亿卢布，对辐射38个城区、约5万千米的公路路段进行维修和养护。俄罗斯公路主要位于欧洲部分，共有25条与芬兰、乌克兰、白俄罗斯、立陶宛等欧洲国家公路相连。此外，仅有少数几条与哈萨克斯坦、中国等亚洲国家相连。②

铁路：根据世界经济论坛发布的《2017—2018年全球竞争力报告》，俄罗斯铁路基础设施水平位居世界第23位。截至2017年底，俄罗斯公用铁路网总运营里程为8.6万千米（仅次于美国，居世界第二位），电气化铁路里程4.4万千米，占比51.2%。为改善铁路运营速度和效率问题，俄罗斯铁路公司成立了高铁项目部，2013年，俄罗斯对2008年出台的《2030年前俄罗斯交通运输发展战略规划》进行修订，计划到2030年，俄罗斯需要建设2万公里新铁路，其中包括5000公里高速铁路。但是，由于俄罗斯经济和国家预算并不支持进行大型基础设施建设，所以高铁项目在国内饱受争议，到目前为止只开通了莫斯科和圣彼得堡、莫斯科和下诺夫哥罗德之间的营运路线。因此，俄罗斯想要发展高铁项目，就必须吸引外国合作伙伴，进行融资和技术共享。目前俄罗斯共有11条国际铁路干线与芬兰、立陶宛、乌克兰、白俄罗斯、阿塞拜疆、蒙古国、中国、朝鲜等国家相连，主要是十月铁路、北高加索铁路、莫斯科铁路、伏尔加河流域铁路、跨西伯利亚铁路、贝阿铁路。2016年8月，俄罗斯、伊朗和阿塞拜疆三国拟采取措施发展国际交通基础设施，其中包括"北—南"国际交通走廊的建设，为此共同计划实施一系列铁路国际互联新项目，

---

①② 中国商务部. 对外投资合作国别（地区）指南：俄罗斯（2018年版），http://www.mofcom.gov.cn/.

提高现有客、货运输能力。2018年普京连任总统后,计划将俄罗斯建成欧亚大陆集装箱过境运输领域的领先国家之一,6年内将贝阿铁路、西伯利亚大铁路过货能力提高50%,可在7天内将集装箱从符拉迪沃斯托克运抵俄罗斯西部边境。[1]

空运:俄罗斯机场总数232个,其中国际机场71个,主要机场有莫斯科谢列梅杰沃国际机场、伏努科沃1号国际机场、多莫杰多沃机场、圣彼得堡国际机场、下诺夫哥罗德机场、新西伯利亚机场、叶卡捷琳堡机场、哈巴罗夫斯克机场等。俄罗斯现有航空公司46家,其中年运力超过100万人次的大型航空公司11家。2017年,俄罗斯航空客运量1.05亿人次,同比增长18.6%,其中国际客运量4248.4万人次,同比增长32.1%;国内客运量6256.8万人次,同比增长10.9%。客运周转量2593.85亿人千米,同比增长20.3%。货运量76亿吨千米,同比增长15.2%。

中国国际航空公司、南方航空公司、东方航空公司、海南航空公司和四川航空公司已分别开通至莫斯科、圣彼得堡、新西伯利亚、伊尔库茨克、符拉迪沃斯托克、克拉斯诺亚尔斯克等城市的直航班机,中俄航空交通顺畅。俄罗斯国际航线已开通上百条国际航线,其中,俄罗斯"空中舰队"航空公司73条、俄罗斯航空公司54条、俄罗斯洲际航空公司46条、俄罗斯西伯利亚航空公司22条、联合航空公司6条。[2]

3.1.3.4 对外贸易

2017年俄罗斯外贸总额为5876亿美元,较2016年增长24.7%,顺差1306亿美元。其中,出口3591亿美元,同比增长24.8%;进口2285亿美元,同比增长24.5%。2017年俄罗斯的主要贸易伙伴排名依次为:中国(870亿美元)、德国(500亿美元)、荷兰(395亿美元)、意大利(240亿美元)、美国(232亿美元)、土耳其(216亿美元)、韩国(193亿美元)、日本(183亿美元)、波兰(155亿美元)、法国(155亿美元)。中国已连续8年成为俄罗

---

[1] 中国商务部. 对外投资合作国别(地区)指南:俄罗斯(2018年版),http://www.mofcom.gov.cn/。

[2] 中国出口信用保险公司. 国别投资便利化状况报告(2017),http://www.sinosure.com.cn/khfw/wytb/tzhzcj/2018/05/188339.shtml。

斯第一大贸易伙伴国。从地区看,欧盟仍是俄罗斯最大贸易伙伴,2017年俄罗斯与欧盟贸易总额为2465亿美元,较2016年增长24.7%,占当年俄外贸总额的42%。俄罗斯与亚太国家贸易总额为1782亿美元,同比增长26.8%,占俄罗斯外贸总额的30.3%;与独联体国家贸易总额为723亿美元,同比增长27.5%,占俄罗斯外贸总额的12.3%;与欧亚经济联盟国家贸易额为508亿美元,同比增长30.3%,占俄罗斯外贸总额的8.6%。

俄对外贸易商品出口结构仍以能源矿产等资源性产品为主,2016年俄罗斯继续保持全球最大石油和天然气出口国地位,俄罗斯石油和天然气出口分别占全球出口总量的13.2%和18.9%。2017年,俄罗斯出口商品结构未有明显改善,矿产资源类产品出口1784亿美元,占俄罗斯出口额的50%。其他各主要出口商品依次为:金属及其制品382亿美元,占比10.7%;化工产品252亿美元,占比7%;食品及农业原料205亿美元,占比5.7%;机械、设备及交通工具175亿美元,占比4.9%;宝石、贵金属及其制品107亿美元,占比3%;木材及纸浆78亿美元,占比2.2%。2017年机电产品为俄罗斯主要进口商品,进口额为932亿美元,占俄罗斯进口总额的40.8%。其他主要进口商品依次为:化工产品398亿美元,占比17.4%;食品及农业原料283亿美元,占比12.4%;金属及其制品151亿美元,占比6.6%;纺织品及鞋132亿美元,占比5.8%;木材和纸浆36亿美元,占比1.6%。[①]

3.1.3.5 金融环境

目前,俄罗斯经济转轨期间面临的政治动荡和宏观经济失控问题已经得到解决,经济恢复到转轨前的水平,金融环境得到很大改善。但2014年俄罗斯经济遭遇很大的外部困难,金融领域遭受西方制裁的强烈冲击,短期内形势难以根本好转。

本币表现:卢布为自由兑换货币。在俄罗斯的任何金融机构、兑换点,卢布与美元、欧元可随时相互兑换。2014年底以后,西方国家对俄罗斯的全面制裁导致卢布兑美元剧烈贬值。2013年、2014年、2015年、2016年、2017年、2018年卢布兑美元平均汇率分别为1美元兑换32.72、37.97、60.66、66.90、

[①] 中国出口信用保险公司. 国别投资便利化状况报告(2017),http://www.sinosure.com.cn/kh-fw/wytb/tzhzcj/2018/05/188339.shtml。

58.33 和 69.82 卢布，2013—2016 年卢布兑美元贬值幅度达到 104%，2017 年卢布升值 12.8%，但是 2018 年继续贬值 19.7%。另外，卢布兑欧元汇率也在持续贬值，2018 年兑欧元贬值 15.5%。[①]

外汇管理：外国人可以在指定银行自由开立外汇账户，存入带进、汇进的资金，接收经营或投资收益、利息等。也可使用账户内的资金支付商品和劳务，用于储蓄生息。账户内的资金可不受限制地汇出境外，包括投资收益和分红。利润为税后部分，可以自由汇出。2006 年 6 月末，俄罗斯联邦政府通过了对《外汇调节及监管联邦法》的有关修订，规定从 2006 年 7 月 1 日起取消对外汇资本流动的有关限制，允许居民自然人和法人开立境外账户，并取消了自然人向境外账户汇款不能超过 15 万美金的限制。根据俄罗斯法律规定，旅客携带外币现钞等值 10000 美元（含 10000 美元）以下出入境，无须填写海关申报单。携带卢布超过俄联邦所规定最低劳动报酬的 500 倍、外币等值 10000 美元（含 10000 美元）以上出入境，需要填写海关申报单，选择"红色通道"，向海关如实申报。

融资服务：俄罗斯海关法和政府税收法规定，外资重点投资项目可以享受优惠；俄罗斯地方政府可以在职权范围内利用地方财政收入或预算外资金向外资提供税收优惠、担保、融资及其他形式的支持。自 2014 年 3 月乌克兰危机升级以来，西方对俄罗斯发起多轮经济制裁，俄罗斯政府提出扩大与其他贸易伙伴国的本币结算，逐步弃用美元。俄罗斯财政部等政府部门着手完善本币结算法律、制度基础，并有意与中国在投资和贸易中开始尝试使用人民币结算。同时，为遏制资本外逃、货币贬值，2014 年俄罗斯央行 5 次加息，使基准利率从 5.5% 升至 17%。但是自 2015 年开始，俄罗斯中央银行又数次降息，至 2018 年 3 月 26 日，俄罗斯中央银行已将基准利率降至 7.25%。

3.1.3.6 劳动力市场

2017 年，俄罗斯适龄劳动人口（15~72 岁）7610 万人，占全国人口总数的 52%，其中就业人数为 7210 万人，失业人数约 400 万人，失业率为 5.2%。

---

① 俄罗斯联邦国家统计局，http://www.gks.ru/。

目前俄罗斯就业市场上从业人员最紧缺的行业是建筑业、制造业、贸易、教育和不动产。2017年，俄罗斯职工月平均工资约合684美元，各行业工资差别很大，垄断行业工资远高于轻纺、服务及加工业职工工资收入。俄罗斯社保政策对企业经营成本影响较大。①

俄罗斯是个劳动力短缺的国家，因此在劳动力资源方面存在较大缺口，其中低素质劳动力的补充主要通过国际移民解决，移民主要来自独联体国家。外来劳务大多为劳动年龄人口，能直接进入劳动力市场，对优化俄罗斯劳动力市场结构起到很大作用。截至2016年底，在俄罗斯的外国劳动移民达960万人，其中820万人来自独联体国家，占比高达85%。近年来，俄罗斯引进外籍劳务数量呈下降趋势，2015年引进外籍劳工配额为275856人，2016年为213929人，2017年为177043人，相当于2016年的83%，2018年为140423人，相当于2017年的79%。俄罗斯劳动部建议大幅削减外国务工者在俄某些行业的比重，如建筑、蔬菜种植和陆路交通等。近年来，俄罗斯移民政策向吸引高技术人员倾斜，为引进高端人才，俄罗斯移民局向外国专家发放2年劳务许可，向高端专业人员发放3年劳务许可。②

据俄罗斯联邦移民局数据显示，在俄罗斯的外国移民中，从中亚地区到俄罗斯的移民主要是低技能工人，来自中国的移民则主要是中级技术工人，高技能专家主要来自德国、英国、美国和法国。在气候恶劣的远东地区，有30%的外国劳动力来自中国。③

3.1.3.7 俄罗斯贸易、投资合作相关规定

1. 贸易管理的相关规定

自1991年起，俄罗斯对外贸管理体制进行了彻底改革，取消了垄断性外贸管理体制，所有在俄罗斯境内注册的企业均有权从事对外经济活动，包括中介业务。除部分商品受许可证、配额等限制外，绝大部分商品已放开经营。

---

① 中国商务部．对外投资合作国别（地区）指南：俄罗斯（2018年版），http：//www.mofcom.gov.cn/。
② 东北网．2018年俄外籍劳工配额数量减少20.7%，http：//zezx.dbw.cn/system/2017/10/27/001232588.shtml。
③ 俄罗斯联邦移民局，http：//www.fms.gov.ru。

进口管理：

（1）配额管理。俄罗斯对食用酒精、伏特加酒、烈性炸药、爆炸品、爆炸器材、烟火制品、原糖、肉类等实行进口配额管理。进口配额的分配主要是通过招标和拍卖进行。

（2）许可证管理。对以下两大类商品实行进口许可证制度。第一类属于特殊商品，包括化学杀虫剂、工业废料和密码破译设备。第二类属于需要按俄罗斯总统和政府规定的特殊程序进口的商品、技术和科技信息，包括武器弹药、核材料、放射性原料、贵金属、宝石、麻醉剂、镇静剂、两用材料和技术、可用于制造武器装备的个别原材料和设备等。

（3）产品标识和认证。俄罗斯境内禁止销售无俄文说明的进口商品。对酒类制品、音像制品和计算机设备等产品，禁止销售无防伪标志及统计信息条的产品。对化学生物制剂、放射性物质、生产废料以及部分初次进口到俄罗斯的产品尤其是食品需在进口前进行国家注册；工业、农业和民用建筑等用途的进口产品需具备卫生防疫鉴定。俄罗斯联邦海关2005年1月发布的《需强制认证的进口产品名单》，规定对动植物及其产品、食品、酒精和非酒精饮料、纺织原料及其制品，机器设备和音像器材等部分进口产品实行强制性认证。

出口管理：

（1）出口配额和出口许可证。俄罗斯对国际协议规定要求限制数量的产品、部分涉及国家利益的特殊产品和国内需求较大的产品三类产品实行出口配额和许可证管理。包括：野生动物、药材、译码器件、武器装备、爆炸品、核材料、放射性材料、贵金属、贵宝石及半宝石、矿产资源及矿床信息、麻醉剂、精神心理药剂、毒性物质、某些可用于制造武器装备的原料、设备、技术、信息等。

（2）对军民两用产品出口实行监督。出口军民两用产品和技术需申领出口许可证，颁发依据为出口产品是否符合俄罗斯承担的有关国际义务。

（3）统一验证制度。俄罗斯对出口产品的数量、质量和价格实行统一的强制性验证制度，目前，只对石油、成品油、天然气、煤、黑色及有色金属、木材、矿肥等产品进行验证。以上程序不适用于食品、兽医用品及壳类产品，此类货品的检疫及签证由国家检疫及卫生部门负责。

进出口商品检验检疫制度：

俄罗斯对各类动植物产品实施进口检疫制度，对动物、动物源性产品、动物药剂、饲料和饲料添加剂等应检产品进口，必须具有俄罗斯联邦农业食品国家植物检疫机关签发的进口检疫许可证。在植物产品进口时，要在许可证上注明经由俄罗斯国境进境的口岸、进口和使用这些检疫物的条件。每批检疫物均应随附输出国植物检疫和植物保护机关出具的植物检疫证书。植物卫生证书应附在该批货物的运单中。没有相应机关的国家除外，但要求检疫物的卫生状况符合进口检疫许可证上的规定。在动物性产品进口时，规定只能从经俄罗斯联邦国家兽医卫生部门检查的并列入可向俄罗斯联邦出口的企业名单的出口国的企业进口应检货物。

关税管理：

2015年1月1日起，欧亚经济联盟正式启动。自2018年1月1日，《欧亚经济联盟海关法典》正式实施，统一了包括俄罗斯在内的联盟成员国海关管理，如规定实施"电子申报""单一窗口"以及"经授权的经营者"制度等。

关税税率：

俄罗斯联邦自2012年加入WTO，根据WTO统计数字（2013年数据）显示，俄罗斯简单平均最终税率为7.7%，其中农产品关税率11.1%，非农产品关税率为7.2%。俄罗斯对WTO成员方承诺的最惠国平均税率为9.7%，其中农产品关税率为12.2%，非农产品关税率为9.3%。俄罗斯对不同类型国家按不同税率征收进口关税。税率表上所标税率为基本税率。凡从享有最惠国待遇的国家进口的商品按基本税率计征关税；凡从不享有最惠国待遇的国家进口的商品按基本税率2倍计征关税。与俄罗斯签有自由贸易协定的独联体国家及联合国贸发会议批准可享受普惠制的发展中国家均可在俄罗斯享受关税优惠。其中对产自与俄罗斯签有自由贸易协定的独联体国家及最不发达国家的商品免征进口关税，对产自发展中国家的商品按基本税率的75%计征关税。根据WTO最新数据，2013年俄罗斯进口类产品征收最终关税最高的为畜产品类，平均关税率为23.1%。其次为饮料和烟草类，平均关税为22.1%。棉布类产品实现零关税。俄罗斯承诺的最惠国税率中，饮料和烟草类承诺关税率最高，平均为26.1%。其次为服装类，所承诺的平均关税为22.7%。棉布类产品承诺关税为零。[①]

[①] 中国商务部. 对外投资合作国别（地区）指南：俄罗斯（2018年版），http：//www.mofcom.gov.cn/.

非关税措施：

在加入世贸组织之后，俄罗斯继续对鲜肉、冷鲜肉或冻肉采取配额措施，其中包括牛肉、猪肉和一些种类的禽肉。还将对牛肉和禽肉单独保留国别配额。对猪肉实施进口配额截至2019年12月31日。对牛肉和禽肉配额实施期限未定。配额取消后，俄罗斯牛肉进口关税不超过15%，禽肉进口关税不超过25%，猪肉普遍为零关税。高品质牛肉不受配额限制，进口关税为15%。

俄罗斯出口产品基本实现零关税，仅对少量的商品（如动物皮张、原木、一些钢铁废碎料、铝废碎料、铅锌废碎料等）征收出口关税。海关关税的承诺包括与欧盟谈判中关于出口关税取得的共识。规定对石油与石油制品采用特殊计算公式确定税率。在此前提下，石油的最高税率计算公式根据俄现行法律确定。天然气关税为30%，并不承诺下调关税。

2. 外国投资的相关规定

（1）对投资行业的规定。

鼓励的行业：俄罗斯政府鼓励外商投资领域大多是传统产业，如石油、天然气、煤炭、木材加工、建材、建筑、交通和通信设备、食品加工、纺织、汽车制造等行业。

限制的行业：目前共有46种经营活动被视为战略性行业，主要包括：核原料生产、核反应堆项目的建设运营，核装置、辐射源、核材料、放射性物质、核废料的处置、运输、存放、埋藏；武器、军事装备和弹药的研发、生产、销售、修理和销毁，以及用于武器和军事装备生产必需的特种金属和合金的研制、生产、销售；宇航设施和航空器研究、维修等；密码加密设备的研发；部分自然垄断部门（公共电信、公共邮政、供热供电、港口服务除外）的服务；联邦级的地下资源区块开发；水下资源；覆盖俄罗斯领土一半区域的广播媒体、发行量较大的报纸和出版公司等。

俄罗斯自然垄断行业限制外资进入，至今未开放铁路客运和货运市场，不允许外商设立合资企业，提供装卸、集装箱堆场、船舶代理、结关等服务，不允许外商从事铁路运输设备的维修保养服务。油气管道和电网建设运营领域迄今为止未对外资开放。公路建设领域对外资进入开始松动，但运营领域尚未开放。

禁止的行业：俄罗斯禁止外资投资经营赌博业、人寿保险业；禁止外资银行设立分行；禁止外国保险公司参与其强制保险方案。

（2）法律环境。

投资方式的法律依据：俄罗斯关于外资并购的法律体系由多部法律组成，分多个层次，且由多个机构分工协作来实施。其法律体系主要包括联邦层面的法律、各自治共和国的法律、俄罗斯联邦参加的国际条约以及俄罗斯政府部门的相关规则。俄罗斯现行的联邦级别的基础性法律文件是《俄罗斯联邦外国投资法》，与外国投资有关的法律有《俄罗斯联邦反垄断法》《俄罗斯联邦租赁法》《俄罗斯联邦产品分成协议法》《俄罗斯联邦土地法典》和《俄罗斯联邦经济特区法》等。

并购限制：2008年5月7日，俄罗斯开始实施《战略领域外国投资法》，限制外资企业在俄罗斯战略领域的投资并购活动。该法对外商投资并购限制的范围有所扩大，主要表现在把战略领域的清单从38个增加至46个。列入《战略领域外国投资法》的战略领域除了传统的矿产地质勘探研究、核能、武器生产和销售、渔业及宇航业等行业，还包括观众和听众人数超过全国人数一半的电视和广播公司，以及日发行量不少于100万份的印刷媒体、国家垄断资源以及某些特殊的服务业（例如，国家安全相关产业的服务业、大众电信服务业、邮政服务业、供暖和供电行业等）。俄罗斯对战略性企业的并购持股比重有明确的法律限制：有外国政府背景的外资对拥有联邦级地下资源公司的控股权不得超过5%，对其他部门战略性公司的控股权不得超过25%～50%。若外资企业希望在那些按法律规定具有战略意义的相关企业或地下资源区块项目中取得10%以上的股权，必须向俄罗斯政府外国投资者监管委员会提交申请。俄罗斯自然垄断行业限制外资进入。

并购审查：依据新的法律，俄罗斯加大了对外资并购的审查力度，审核程序更加规范和严格。外资在前述战略领域的投资并购必须经过相关机构的提前审核。法律规定，欲获得俄罗斯战略领域企业50%以上股份的外国私人投资或者私营公司投资，需获得专门许可，应向俄罗斯政府专门委员会（由政府经济部门和国家安全机关的代表组成）提出允许交易的申请，专门委员会将在3～6个月后作出决定，如果在规定期间无法作出决定，应把申请移交给政府进行审议，在某些特殊情况下也可以移交给总统审批。

（3）对外国投资的优惠措施。

根据《俄罗斯联邦外国投资法》规定，在外国投资者对俄罗斯联邦政府确定的优先投资项目（主要涉及生产领域、交通设施建设和基础设施建设项目）进行投资时，且投资总额不少于10亿卢布，将给予相应进口关税和税收的优惠。减免进口关税和增值税：外国投资者作为法定投入而进口的技术设备及零配件属于生产性固定资产的物资免征进口关税；减免利润税：外商投资政府鼓励的优先发展领域项目，且外方投资占项目总投资的30%以上，投资额不低于1000万美元，前两年免缴利润税，第三年缴纳40%的利润税、第四年缴纳50%的利润税。《俄联邦产品分成协议法》规定在协议有效期内，投资者免缴除企业所得税、资源使用税、俄籍雇员的社会医疗保险费和俄罗斯居民国家就业基金费以外的其他各种税费。《俄罗斯联邦海关法》和《俄罗斯联邦税收法》规定，对外国投资者和有外国投资的商业组织实施优先投资项目时给予海关税费优惠。俄罗斯各地区、州、边疆区、共和国根据本地区的不同情况，分别制定地方法律和法规，对外国投资实行不同的减免税的优惠政策，以吸引外国投资者对本地区进行投资活动。俄罗斯拟为高新技术领域投资者提供更多的税收优惠，包括土地租赁、电费、市政费和其他优惠。俄罗斯政府鼓励投资者进行创新生产、引进先进技术和创造就业岗位，但该项优惠措施不适用于油气公司。

3.1.3.8 企业税收

俄罗斯实行联邦税、联邦主体税和地方税三级税收体制。俄罗斯联邦税包括：增值税、某些商品和资源的消费税、企业和组织的所得税、自然人所得税、国家预算外社会基金缴纳、国家规费、海关关税和规费、地下资源开采税、动物和水生资源使用权税、林业税、水资源税、生态税、联邦许可证签发手续费等。俄罗斯联邦主体税包括：企业和组织所得税、不动产税、道路交通税、运输税、销售税、博彩税、地区许可证签发手续费等。俄罗斯地方税包括：土地税、自然人财产税、广告税、继承或赠与税、地方许可证签发手续费等。

俄罗斯主要税率是：企业所得税，税率为20%；增值税，一般商品增值税18%，食品和儿童用品总值税10%，个别商品增值税税率为零；消费税，对食品原料制造的酒精饮料、白酒、含酒精溶液等商品，烟草、香烟制品、珠宝制品、部分汽车及车用汽油、柴油等征收消费税；有价证券发行税，税率为发行面值的0.8%；矿产资源开采税，税率对23种矿产分别加以规定，从3.8%~16.5%不等；个人所得税，税率为13%（见表3-2）。①

表3-2　　　　　　　　　　俄罗斯主要税赋和税率

税种	企业所得税	增值税	消费税	有价证券发行税	海关关税	矿产资源开采税	个人所得税
税率（%）	20	18；10；0	—	0.8	—	3.8~16.5	13

资料来源：中国商务部：对外投资合作国别（地区）指南：俄罗斯（2018年版），http://www.mofcom.gov.cn/。

3.1.4　俄罗斯社会文化环境

3.1.4.1　民族语言与宗教

俄罗斯是一个多民族国家，有194个民族，其中俄罗斯族占77.7%，俄罗斯大约有150种语言（其中将近80种符合标准语）。俄语为主要语言，俄罗斯近90%的"非俄罗斯族"居民精通俄语。俄罗斯联邦境内宗教主要有基督教、伊斯兰教、萨满教、佛教和犹太教等。基督教以俄罗斯东正教流传最广，教徒人数最多。习俗方面，受古希腊和古罗马的影响，俄罗斯民族中有"右尊左卑"的观念，认为右为"正面的"，左为"反面的"。②

3.1.4.2　科学与教育

俄罗斯集中国家力量发展最具前景的关键科技领域，受益于此种体制模式，俄罗斯基础研究、军工和宇航技术在世界上处于领先地位。俄罗斯基本保持了科技体系的完整性，而且在基础研究方面取得了数十项世界级科研成果。如：俄罗斯科学院在微电子和毫微电子、电光绘图新工艺、高温超导、化学、天体物理、超级计算机、分子生物学、气象等领域取得了具有世界先进水平的科研成果；在核激光领域取得了重大突破；俄罗斯科学家先后在实验室合成元

---

①② 中国商务部．对外投资合作国别（地区）指南：俄罗斯（2018年版），http://www.mofcom.gov.cn/。

素周期表上第114号和166号超重元素等。在高技术研究方面，由于过去的积累和各方面的努力，俄罗斯在很多领域仍然保持着先进地位，拥有多项原创性技术。在当今世界决定发达国家实力的50项重大技术中，俄罗斯在其中12～17项技术领域可以与西方发达国家一争高低，如航空航天技术、新材料技术等。

俄罗斯是世界上受教育程度较高的国家之一，接受中等教育的人口占比高达53.5%，在培养高质量的科学家方面名列前茅。俄罗斯的理工类、医科类、艺术类、文学类等很多学科的教学水平都居世界前列，具体的强项很广泛，其中包括数学、物理、化学、医学、教育学、航空、航天、航海、核能利用、军工、光学精密机械等。一些专业一直领跑于世界，或与欧美共处世界一流水平。[①]

3.1.4.3 工会与其他非政府组织

俄罗斯独立工会联合会成立于1990年11月，是俄罗斯最大的工会组织，下属120个会员组织，拥有会员约4000万人，工会组织率为70%。工会通过三方机制发挥作用。俄罗斯政府、俄罗斯工联和俄罗斯雇主联合会组成的调节社会劳动关系三方委员会，在经济政策、劳动关系、社会福利和保险等方面发挥着重要的协调作用；俄罗斯联邦工商会包括173家地方工商会、178家企业家联合会和37家联邦范围的商业机构，450个由工商会参与组建的企业及公司，在地方范围内为企业提供信息结构服务，在14个国家注册有15家代表处，6家同其他国家共同组建的合作性商会。工商会下属有国际商业仲裁法庭，海事仲裁委员会，中立法庭和翻译联合会。俄罗斯联邦工商会通过下属的部和委员会从事以下几类活动：法律、展览展销、价格评估、检验、信息及其他形式的服务。[②]

3.1.4.4 主要媒体

俄罗斯主要的新闻社有俄通社—塔斯社、俄新社、国际文传电讯社。这些通讯社在国际传媒界影响力较大；俄罗斯全国共有3万多种报纸杂志。主流报

---

①② 中国商务部. 对外投资合作国别（地区）指南：俄罗斯（2018年版），http://www.mofcom.gov.cn/。

刊有《共青团真理报》《星期周刊》《七天》《俄罗斯报》《独立报》《消息报》和《生意人报》等；俄罗斯主要电视台有"第一频道"电视台、俄罗斯电视台、非国营电视台（HTB）、俄罗斯公共电视台（OPT）；俄罗斯主要的广播媒体是俄罗斯之声广播电台、莫斯科回声广播电台和灯塔广播电台；俄罗斯最大的搜索引擎是yandex。

20世纪90年代，由于经济形势十分严峻、政府不断提高和增加合资企业税收、俄方企业合同履约率差、外商在俄人身安全得不到保障以及俄卢布的汇率狂跌使外商损失严重等一系列原因，俄罗斯吸引外资较少。进入21世纪，俄罗斯开始强化吸引外资，并不断改善投资环境。1998年金融危机过后，俄罗斯经济开始快速发展。目前，俄罗斯仍属于高风险和高收益并存的投资市场。从近年来在俄投资的跨国公司的盈利和销售额指标看，其业务发展都比较顺利，很多公司都已经成功地实现了投资俄罗斯的预期目标。但与此同时，这些公司还认为，与中国、印度及东南亚大多数发展中国家相比，俄罗斯市场风险较大，投资吸引力较低。在国际资本流入的同时，俄罗斯还存在大规模的资本外逃。

世界经济论坛《2017—2018年全球竞争力报告》显示，俄罗斯在全球最具竞争力的137个国家和地区中，排第38位。世界银行《2018营商环境报告》中，俄罗斯在全球190个经济体中营商便利度排名第35位。

作为重要的新兴经济体国家，俄罗斯具有很大的潜在投资市场。据世界经济论坛《2013—2014年全球竞争力报告》显示，俄罗斯在全球最具竞争力的国家和地区中，位居第64位。据世界著名投资银行美国高盛公司的预测，俄罗斯的投资环境有望在2020年前超过意大利，2025年前排在法国和英国之前，2030年前超越德国水平。2016年以来，三大信用评级机构针对俄罗斯的主权信用评级展望开始出现好转，2016年10月15日将俄罗斯评级展望从负面调整至稳定。世界银行每年发布的《全球营商环境报告》中，得益于俄罗斯政府2015年初以来的反危机举措，俄罗斯营商环境全球排名已从2015年的第62名上升至2018年的第35名。①

---

① 师成.新形势下深化中国对俄投资合作：风险因素、风险评估与防范路径[J].世纪桥，2018（6）.

3.2 俄罗斯投资环境优劣势分析

3.2.1 俄罗斯投资环境的优势

进入21世纪以来,俄罗斯对国际资本的吸引力与日俱增。其引资优势主要表现在以下几个方面:

3.2.1.1 自然资源丰富

俄罗斯与多个国家相邻,拥有众多出海口。俄罗斯地大物博,自然资源十分丰富,是世界上少数的几个资源能够自给自足的国家之一。俄罗斯森林资源丰富、矿产资源种类齐全,已探明天然气储量和铁矿石储量均占世界第一位,石油探明储量占世界第二位,各种金属矿藏均占世界前列。据俄罗斯科学院的测算,从探明储量来看,俄罗斯各类矿产资源的保障程度都相当高,可开采时间较长,石油为35年,天然气为81年,煤在60~180年之间,铁矿石为42年。因此,俄罗斯可以保持多年的自然资源优势,这对外国投资者极具诱惑力。

3.2.1.2 政治环境相对稳定

近年来,俄罗斯保持着一定程度的政治和社会稳定。以普京为核心的政治精英保持对国家的较强控制,政局为苏联解体以来最为稳定的时期。近几年,以普京为核心的政治体系更加牢固和完善,亲西方的反对派政治势力几乎失去了民众的支持,"公正俄罗斯"等"体制内反对派"也几乎失去了在议会的影响力。作为普京执政政治基础的"统一俄罗斯"党如今完全掌握了俄罗斯国家杜马的控制权,可以为普京的治国思想、方针和路线提供支撑和保障。"统一俄罗斯"党一党独大的局面反映出俄罗斯民众反美、反西方情绪上升,民族主义和爱国主义情绪上扬的政治生态。

3.2.1.3 经济逐渐摆脱衰退

21世纪以来,俄罗斯经济持续稳定增长,2003—2014年,俄罗斯国内生产总值年平均增长率高达4.06%。从2013年开始,俄罗斯经济增速开始放缓,尤其是在2014年乌克兰危机之后,经济发展陷入困境,但近两年,随着俄罗斯农业丰收、通货膨胀率维持在较低水平、国际石油价格和卢布汇率回升、投资信心有所恢复、政府应对西方制裁和反危机措施取得一定效果等积极因素,俄罗斯国民经济初步企稳,2017年俄罗斯经济重回正增长,经济开始逐渐摆脱衰退。俄罗斯人民收入水平较高,市场规模和容量大,其工业改造、基础设施建设、新一轮私有化等领域,为投资商提供了更多的机遇。俄罗斯的吸引力还在于低廉的要素成本。2017年,俄罗斯电价为0.055美元/度,水价为0.39美元/立方米,天然气为0.089美元/立方米,汽油的平均价格为0.55美元/升,为欧洲国家中油价较低的国家之一。①

3.2.1.4 科技与教育水平高

俄罗斯是科技大国,基础科学研究实力雄厚,特别是航天、核能、军工等尖端技术研究较领先。俄罗斯高等教育很发达,特别是一些重点名牌院校,历史悠久,治学态度相当严谨,拥有自己很强的学术流派,在基础理论教学和对学生知识、技能及创造力的培养提高方面积累了相当丰富的宝贵经验。如:综合类的有250年历史,拥有8位诺贝尔奖获得者的世界著名大学莫斯科国立大学;在医学领域的莫斯科国立第一医学院,世界排名仅次于巴黎医学院,名列第二;音乐方面有柴可夫斯基音乐学院;芭蕾舞方面有圣彼得堡芭蕾舞学院;美术方面有苏里柯夫美术学院、列宾美术学院;体育方面有俄罗斯国立体育大学;还有莫斯科国立建筑学院;等等。由此可以证明俄罗斯世界教育大国的地位。

3.2.1.5 政府陆续出台一系列投资激励政策

加入世界贸易组织后,俄罗斯逐步放宽对投资领域的限制政策,吸引、鼓励外商和私有资金投资俄罗斯市场;近年来更是在远东地区推出了跨越式发展区和符拉迪沃斯托克自由港政策,陆续出台引资优惠政策,极大程度地改善了国内的投资环境。

---

① 中国商务部. 对外投资合作国别(地区)指南:俄罗斯(2018年版),http://www.mofcom.gov.cn/。

（1）近几年，俄罗斯政府深化税务系统改革措施，以便减轻税收负担：

— 企业利润税从35%降至20%；

— 增值税从20%降至18%；

— 个人所得税从35.6%降至13%；

— 统一社会税从40%降至26%；

— 取消了原为5%的销售税、原为1%的汽车道路使用税。

自2009年起：

— 对进口俄罗斯产品目录中未列出的技术设备免征增值税；

— 对出资培训员工和为员工缴纳养老金的雇主免征所得税、统一社会税和自然人收入税；

— 免征正在进行科技研发或已经生产的现代化新产品的增值税；

— 为了刺激石油领域，将北部陆架、亚速海和里海、涅涅茨自治区以及位于亚马尔－涅涅茨自治区内的亚马尔半岛石油开采时的矿产开采税率降为零。

2014年2月，俄罗斯拟为高新技术领域投资者提供更多的税收优惠，包括土地租赁、电费、市政费和其他优惠。

（2）近年来，俄罗斯采取了新的促进投资政策，其中包括：组建"俄罗斯联邦投资基金"（投资国家项目）、国家"发展与对外经济活动银行"集团（吸引外资）、"俄罗斯创业公司"（吸纳私营创业基金份额）、高新技术科技园区（支持高新技术产品生产商）、经济特区（分为四种类型：工业生产、技术研发、旅游休闲、港口）等。

（3）除了俄罗斯联邦政府采取集中措施以保持企业的投资积极性外，一些联邦主体也进行相应的工作。作为国家给予支持的一种手段，地方政府可以对投资者在地方预算的税收收取幅度（地税）上给予优惠。

（4）进一步降低外资进入战略产业门槛。2011年俄政府修改外国投资法，以降低食品、医疗、银行等战略行业的准入门槛，推进资源开采领域的开放工作，并大大简化引资办理程序。2011年3月9日，俄外国投资咨询委员会审议第二批有关允许外资进入战略性企业的法律修正案。俄反垄断委员会建议，无须外资咨询委员会同意，外国公司和国际组织即可购得持有开发联邦级地下资源的俄原料公司25%的股份。2012年入世后，俄罗斯又逐步取消电信、保险、银行等领域的对外资限制，4年后取消电信行业的外资股比限制，9年后允许外资保险公司在俄建立分支机构，允许外国银行在俄建立分支机构，单个银行业机构中的外资比例不受限制，但整体银行体系中的外资比重不得超过50%；允许外国独资企业进入批发、零售和专营领域。

3.2.2 俄罗斯投资环境的劣势

3.2.2.1 自然环境存在的劣势

俄罗斯国土面积广阔，但是地理环境复杂多变，大部分地区纬度较高，气候恶劣，尤其是与黑龙江省接壤的俄东部地区人烟稀少，冬季严寒而漫长，不适合人类居住和发展工农业生产。俄罗斯港口众多，但是优良的不冻港较少；矿产资源蕴藏量丰富，但在地区分布上不平衡，乌拉尔山以东资源储量占全国的80%，而这里人烟稀少、地质条件复杂、交通基础设施落后，开采成本较高。

3.2.2.2 政治环境存在的劣势

俄罗斯政治环境中的一些突出问题，对投资者来说增加了很多不确定性因素。2016年透明国际腐败感知指数的结果统计，俄罗斯在176个国家中排名第131位。属于腐败指数较高的国家。在国际关系上，乌克兰危机后，西方国家对俄罗斯实施了涉及政治、能源、金融、军事等领域的多轮制裁，俄罗斯开始实施反制措施。俄罗斯与西方国家的关系呈现恶化趋势。英国伦敦的全球分析评估公司在《政治风险动态指数2015》研究报告中指出，俄罗斯在风险指数中排名第21位，一个重要的原因是俄罗斯"越来越激进的外交政策"。俄罗斯在乌克兰问题上的主张及其与西方国家的关系处理可能在未来多年对其经济发展造成持续阻碍。

3.2.2.3 经济环境存在的劣势

俄罗斯长期以来经济结构失衡，过分倚重能源和资源产业，主要依靠能源出口的增加来带动主要经济指标增长，而农业和畜牧业生产率低下。石油和天然气等国际能源价格的波动对俄罗斯国内经济带来巨大的影响。俄罗斯劳动力严重不足，且成本较高；公路交通较落后，铁路、航空和水运虽有一定基础，但多为在苏联时期建造，较为陈旧。近年来，乌克兰危机背景下，能源出口大幅下滑，信贷前景不佳，西方制裁又迫使俄罗斯央行提高利率，加剧了国内的通货膨胀，卢布大幅贬值使得私人消费大幅走低，居民可支配收入和购买力大幅缩水。预计随着经济复苏，出口和私人消费将趋于回暖，这将有助于俄罗斯经济重回正轨，但短期内俄罗斯对经济结构进行调整的难度较大。

3.2.2.4　法律环境存在的劣势

伴随着对外开放进程的不断深入，俄罗斯不断加强国内法律体系的建设，但在相关法律法规体系的细化和健全上仍然存在着一定的缺陷。俄罗斯国内司法制度有待健全，各项政策透明度不够，受人为因素影响较大；政策法规多变，国家法律、政府条例缺乏连续性，特别是针对外来投资方面的政策不够稳定，相关法律不够完善，总体法制环境有待改善。在执法领域，执法部门工作效率低下，时常出现有法不依、执法不力、行政不作为等情况，随意释法、随意执法的现象还相当普遍，法制部门的贪污腐败现象严重。俄罗斯司法程序极为烦琐复杂，且法院判决极易受到地方利益集团和行政官员的干扰，即使判决之后也会难以执行，所以在俄的外资企业很难用法律手段来维护自身的合法权益。

3.2.2.5　社会文化环境存在的劣势

俄罗斯是世界上民族成分较复杂、民族类型较多的国家之一，同时与宗教、国际关系等问题复杂地交织在一起。俄罗斯社会治安环境仍然有待改善，犯罪、腐败、毒品、酗酒等社会问题十分普遍，俄罗斯全国上下约有4万家公司和银行受其势力控制。在俄境内从事生产经营活动的外资公司和人员，容易受到各种治安问题的干扰，人身和财产安全难以得到切实保障。

3.2.2.6　俄罗斯的投资壁垒仍然繁多

市场准入限制：根据《外资对战略经济领域的投资准入法》规定，外国投资企业不得进入武器生产、核材料生产、核设施建设、海洋渔港水利设施建设、卫生防疫及战略矿藏的开发等39种类战略性产业。电力、白酒、航天航空等产业虽然允许外资部分进入，但在外资持股比例、本国员工比例等方面都作了严格规定。

土地：俄罗斯2001年《俄罗斯联邦土地法典》规定，外国投资者在购买土地及附属建筑方面与俄国内企业享有同等权利，但仍然限制外国企业购买农用土地，并且以维护国家安全为由禁止外国企业购买靠近俄罗斯联邦边疆地区的土地。

劳工：俄罗斯对在俄经营企业雇用外籍员工实施劳务配额，但是规定的劳工配额数量逐年收紧，通常远远低于企业的实际需要，而且在实施过程中还发生过劳工配额被冻结的现象，可见，俄对外国公民从事劳务活动的管理和限制正趋于严格，这对中国投资企业造成了极大的负面影响。

税收：根据《俄罗斯联邦税法典》规定，俄罗斯个人所得税税率为13%，但是《俄罗斯联邦税法典》第二部分却为非俄联邦注册纳税人所取得的收入规定了30%的税率。对居民和非居民规定不同的个人所得税税率，明显违背了国民待遇原则。俄罗斯对货物实施增值税制度并对出口产品实施出口退税政策，但办理出口退税的手续非常烦琐，成本高昂，一般情况下获得退税金额还不足以弥补办理退税的相关费用。

总体来说，俄罗斯存在一定投资风险，在俄罗斯投资机遇与挑战并存。国际信用评估机构穆迪把俄罗斯主权信用评级从Baa1级下调至Baa2级。虽然面对诸多负面困扰，俄罗斯的市场发展潜力仍有改善前景。近年来，俄罗斯政府着重改善本国投资环境，设立相关机构，为外国投资提供了组织保障，积极制定并实施吸引投资的对外政策，在腐败问题上也加大了惩治力度。综合考虑来看，政府和企业对俄罗斯的投资环境应持谨慎的乐观态度。

3.3 等级评分法的评估结果

等级评分法是美国经济学家罗伯特·斯托鲍夫于1969年提出的。他认为，影响一国投资环境的各种因素对投资活动的影响程度是不同的，可以根据影响程度的大小来确定其等级，并按每一个因素中的有利或不利程度给以不同的评分，然后把各因素的等级得分加总作为对其投资环境的整体评价，总分越高，表示其投资环境越好，总分越低则其投资环境越差。等级评分法选取的评价指标都是对投资环境有直接影响且外国投资者最为关心的因素。同时，它们又都有较为具体的内容，评价所需的资料容易获得，又易于比较，因此作为国际投资环境评价指标，应用较为广泛。在各项因素的分值确定上，他遵循区别对待的原则，在一定程度上体现了不同因素对投资环境作用的差异，反映了投资者对投资环境的一般看法。表3-3显示了俄罗斯投资环境等级评分情况。

表3-3　　　　　　　　　俄罗斯投资环境等级评分表

投资环境影响因素	等级评分	具体情况和得分
一、资本抽回	0~12分	8
无限制	12	外国人可以在指定银行自由开立外汇账户，存入带进、汇进的资金。账户内的资金可不受限制地汇出境外。利润可以自由汇出。从2006年起取消对外汇资本流动的有关限制，允许居民自然人和法人开立境外账户，并取消了自然人向境外账户汇款不能超过15万美元的限制
有时限制	8	
对资本有限制	6	
对资本和红利有限制	4	
限制繁多	2	
禁止资金抽回	0	
二、外商股权	0~12分	8
准许并欢迎全部外资股权	12	允许外国独资企业进入批发、零售和专营领域，但有外国政府背景的外资对拥有联邦级地下资源公司的控股权不得超过5%，对其他部门战略性公司的控股权不得超过25%~50%。俄罗斯自然垄断行业限制外资进入。入世4年后取消电信领域外资股比限制
准许全部外资股权但不欢迎	10	
准许外资占大部分股权	8	
外资最多不得超过半数股权	6	
只准外资占小部分股权	4	
外资不得超过股权的三层	2	
不准外资控制任何股权	0	
三、对外商的歧视和管制程度	0~12分	10
外商与本国企业一视同仁	12	俄罗斯法律规定给予外资企业等同于本国企业的国民待遇，但是在投资限制、税收、利率等方面存在着普遍性的差别对待。另外，在外资企业与本土产业集团或者利益集团发生冲突时，一般都会以本国企业利益为重
对外商略有限制但无管制	10	
对外商有少许管制	8	
对外商有限制并有管制	6	
对外商有限制并严加管制	4	
对外商严加限制并严加管制	2	
对外商禁止投资	0	

续表

投资环境影响因素	等级评分	具体情况和得分
四、货币稳定性	4~20分	20
完全自由兑换	20	卢布汇率将由市场因素决定。卢布为自由兑换货币，汇率由市场因素决定，但是在2014年底以后因西方国家对俄罗斯的全面制裁而剧烈贬值
黑市与官价差距小于10%	18	
黑市与官价差距在10%至40%之间	14	
黑市与官价差距在40%至100%之间	8	
黑市与官价差距在100%以上	4	
五、政治稳定性	0~12分	10
长期稳定	12	近年来，俄罗斯以普京和梅德韦杰夫为核心的政治精英保持为俄罗斯政治的较强控制，俄罗斯政局为苏联解体以来最为稳定的阶段；但是俄罗斯政治腐败问题比较严重，政府政策效率不高，在国际关系上，与西方国家的关系不断恶化
稳定，但因人而治	10	
内部分裂但政府掌权	8	
国内外有强大的反对力量	4	
有政变和动荡的可能	2	
不稳定，政变和动荡极可能	0	
六、给予关税保护的意愿	2~8分	6
给予充分保护	8	俄罗斯自2012年加入WTO后大幅降低了关税的保护力度。目前简单平均最终税率为7.7%，其中农产品关税率为11.1%，非农产品关税率为7.2%。俄罗斯最惠国平均税率为9.7%，其中农产品关税率为12.2%，非农产品关税率为9.3%。税率水平远高于发达国家平均关税水平，也高于许多发展中国家
给予相当保护，但以新工业为主	6	
给予少许保护，但以新工业为主	4	
很少或不予保护	2	
七、当地资金的可供程度	0~10分	8
成熟的资本市场，有公开的证券交易所	10	截至2016年底，俄罗斯证券市场年交易额为23.9万亿卢布，有价证券市场的总市值为37.8万亿卢布，占GDP的比重不足45%（而按2013年的国家规划，该比例应达到110%，2017年达到120%）。俄罗斯地方政府可以向外资提供税收优惠、担保、融资及其他形式的支持
少许当地资本，有投机性的证券交易所	8	
当地资本有限，外来资本不多	6	
短期资本极其有限	4	
资本管制很严	2	
高度的资本外流	0	
八、近五年的通货膨胀率	2~14分	8

续表

投资环境影响因素	等级评分	具体情况和得分
小于1%	14	
1%~3%	12	
3%~7%	10	2014年11.4%；2015年12.9%；2016年5.4%；
7%~10%	8	2017年2.5%；2018年4.3%。平均水平7.3%
10%~15%	6	
15%~35%	4	
35%以上	2	
总计	8~100分	78

  由等级评分法可以看出，俄罗斯的投资环境尚属良好。但在资本抽回、对外资的限制、货币稳定性、当地资金的可供程度和通货膨胀率等诸多领域仍有明显不足。当然，等级评分法作为一种投资环境的评估方法仍有不完善之处。例如，影响因素的设置还不够全面，8个因素中偏重于政策环境和经济环境的影响，而一国的自然条件和社会文化等因素未列入其中，对一些影响投资环境的重要因素如一国税率的高低、基础设施的好坏等也没有考虑。另外，一些评分标准的设置也有待商榷，例如，一国的政治稳定性是影响外资流入的重要因素，但该项仅被给予12分的权重，而外汇黑市与官价差距小于10%却给予18分的权重，二者相对比显然分值设置不够合理。因此，在具体的实际运用中，我们可以借鉴等级评分法的基本做法，对具体的评分标准和应计分的因素加以调整。

4.

"龙江丝路带"框架下
黑龙江省对俄投资背景分析

黑龙江省位于祖国东北部，与俄罗斯东部地区相邻，边境线长2981千米。由于地缘优势，1989年，黑龙江省开始与俄远东地区在劳务输出、承包建筑工程、蔬菜种植及投资领域开展经济合作，之后对俄投资合作逐步发展壮大。近年来，中国东北地区与俄罗斯东部地区的经贸合作日益受到两国政府的高度重视，推动毗邻地区经贸合作的政策措施层出不穷。东北老工业基地振兴战略、"一带一路"倡议、"龙江丝路带"规划的同步实施，成为黑龙江省扩大对俄投资的最佳平台。

4.1 东北振兴战略

4.1.1 东北振兴战略的提出和发展

东北地区是中国重要的工业基地，拥有一批关系着国民经济命脉和国家安全的重要产业，为新中国建成独立、完整的工业体系和国民经济体系，为国家的改革开放和现代化建设做出了历史性的重大贡献。然而自1990年以来，由于体制性和结构性矛盾日趋显现，东北老工业基地竞争力下降，资源性城市主导产业衰退，经济发展相对缓慢，与沿海地区的差距日益扩大。据此，党的十六大明确提出支持东北地区等老工业基地加快调整和改造步伐，支持以资源开采为主的城市发展接续产业。2003年9月，国务院开始部署实施东北等老工业基地振兴战略。2007年8月，经国务院批复的《东北地区振兴规划》正式发布。2009年10月，在振兴东北地区等老工业基地工作取得阶段性成果的基础上，党中央和国务院又发布了《关于实施东北地区等老工业基地振兴战略的若干意见》（简称《意见》），在《意见》中提出振兴东北要继续深化改革开放，增强经济社会发展活力。2012年3月，国务院批复了《东北振兴"十二五"规划》，规定了进一步深化改革和扩大开放的政策和措施。

近年来，随着中国经济发展进入新常态，上一轮东北老工业基地振兴中形成的增长动力已经衰减，原有的经济发展方式和经济结构已经不能适应新常态的要求，东北经济下行压力持续增大。在这样的背景下，2014年8月，国务院正式发布了《国务院关于近期支持东北振兴若干重大政策举措的意见》，2016年4月，《中共中央国务院关于全面振兴东北地区等老工业基地的若干意见》对外发布，并提出，到2020年，东北地区在重要领域和关键环节改革上取得重大成果，在此基础上，再用10年左右时间，实现全面振兴。2016年11月，国家发改委出台《东北振兴"十三五"规划》，推进新一轮东北老工业基地全面振兴。

4.1.2　东北振兴战略中对俄经贸合作的规划

进一步扩大对外开放是东北振兴战略的重要组成部分，也是实现老工业基地振兴的重要途径。在东北地区的对外开放中，与俄罗斯的经贸合作占有最为重要的地位。

《东北地区振兴规划》早就指出：东北地区要加强国际经济技术合作，在主要边境口岸城市加快建设边境经济合作区、互市贸易区、出口加工区和跨境工业区，推动与周边国家在能源、原材料和矿产资源领域的开发合作。建设对俄出口加工基地和科技合作基地，鼓励优势产业加强对俄合作，支持有实力的企业在俄设立境外生产基地和经济贸易合作区。

2014年8月，《国务院关于近期支持东北振兴若干重大政策举措的意见》提出，要贯通东北东部铁路，研究建设黑龙江省沿边铁路；加大国际运输通道建设力度，打通经俄罗斯的中欧铁路大通道，重点推进中俄同江铁路大桥、中朝丹东鸭绿江界河公路大桥、集安公路大桥等重点项目建设，开展中俄抚远、黑河等跨境铁路项目前期研究等内容。

2016年4月，《中共中央国务院关于全面振兴东北地区等老工业基地的若干意见》明确提出，东北地区应主动融入、积极参与"一带一路"建设。协同推进战略互信、经贸合作、人文交流，加强与周边国家基础设施互联互通，努力将东北地区打造成为中国向北开放的重要窗口和东北亚地区合作的中心枢纽。要推动"丝绸之路经济带"建设与欧亚经济联盟、蒙古国"草原之路"倡议的对接，推进中蒙俄经济走廊建设，加强东北振兴与俄远东开发战略衔接，深化毗邻地区合作。

2016年11月，《东北振兴"十三五"规划》进一步明确规定了在"一带一路"建设框架下中国东北振兴战略与俄罗斯远东发展战略对接合作的方向与任务。其中包括：开展"滨海1号""滨海2号"中俄跨境运输走廊项目合作，鼓励企业参与俄跨越式发展区和自由港建设，加强航空航天、铁路、电力、现代农业、林业、矿业等领域投资合作，建设中俄科技创新合作平台，建设珲春、绥芬河—东宁、黑河、满洲里、二连浩特等开发开放和国际合作示范区。

4.2 "一带一路"倡议

4.2.1 "一带一路"倡议的提出

"一带一路"是"丝绸之路经济带"和"21世纪海上丝绸之路"的简称，2013年9月和10月由中国国家主席习近平分别提出建设"新丝绸之路经济带"和"21世纪海上丝绸之路"的合作倡议。它将充分依靠中国与有关国家的双、多边机制，借助既有的、行之有效的区域合作平台，积极发展与沿线国家的经济合作伙伴关系。2015年3月28日，国家发展改革委、外交部、商务部联合发布了《推动共建丝绸之路经济带和21世纪海上丝绸之路的愿景与行动》。旨在加强中国与周边各国的经济合作，带动各国经济的发展，打造"政策沟通、设施联通、贸易畅通、资金融通、民心相通"的利益共同体和命运共同体。"一带一路"倡议的原则是共商、共建、共享,充分尊重沿线各国的利益,坚持开放合作、和谐包容,使得中国与沿线各国的合作利益达到最大化。

4.2.2 "一带一路"倡议下中俄经贸合作的发展

中国倡导的"一带一路"引起了世界各国的广泛响应,"包容开放、和平发展、互利共赢"的合作理念引起了众多国家的共鸣。作为"一带一路"沿线最大的国家,俄罗斯是"一带一路"建设的积极支持者、重要参与者和关键合作伙伴。2017年5月,俄罗斯总统普京来华出席"一带一路"国际合作高峰论坛,对"一带一路"倡议给予高度评价,双方围绕"一带一路"合作的规划、部署和互动备受瞩目。同年7月初,两国元首再次就"一带一路"建设同欧亚经济联盟建设对接合作深入交换意见。目前,中俄两国在经贸、投资、科技等领域务实合作快速发展,能源管网等基础设施互联互通建设收获一批重大成果;两国贸易规模不断扩大,中国已经连续八年保持俄罗斯第一大贸易伙伴地位,贸易结构不断优化,跨境电商等新型贸易方式快速发展;两国在金融领域合作深入推进,银行间合作日益密切,中国主要国有商业银行均已在俄设立营业机构和代表处,与俄同行建立了300多对代理行关系;在俄中资企业数量超过120C家,涵盖能源、工程、交通、机械、汽车等众多领域。推进中俄在"一带一路"框架下的合作,战略性大项目是重点。近年来,中俄战略性大项目合作全面深化,双方在能源、航空、航天、基础设施等领域的战略性大项目合作取得积极进展。目前,中俄东线天然气管道、亚马尔液化天然气等能源项目顺利实施,中俄远程宽体客机项目研制进入实质阶段。此外,双方还就北极开发、数字经济合作等新议题进行了探讨,积极开拓务实合作新空间。

4.3 "龙江丝路带"规划

4.3.1 "龙江丝路带"的内涵与主要内容

2014年末,为对接国家"一带一路"倡议,黑龙江省政府提出《中共黑龙江省委黑龙江省人民政府"中蒙俄经济走廊"黑龙江陆海丝绸之路经济带建设规划》并得到了国务院批复，与国家"一带一路"规划衔接，成为黑龙江省沿边开发开放的新亮点和新的增长极。这是按照"一带一路"倡议"加强政策沟通、道路连通、贸易畅通、货币流通、民心相通"的总体要求，充分发挥黑龙江省与俄罗斯远东地区毗邻的地缘优势，利用国内国际两种资源、两个市场，以哈尔滨为中心，以大（连）哈（尔滨）佳（木斯）同（江）、绥满、哈黑、沿边铁路四条干线和俄罗斯西伯利亚、贝阿铁路形成的"黑龙江通道"为依托，建设连接亚欧的国际货物运输大通道，吸引生产要素向通道沿线聚集，发展境内外对俄产业园区，打造跨境产业链，构建发达的外向型产业体系，构筑区域经济新的增长极，为中国扩大与俄欧、东北亚合作提供重要平台，为国家"一带一路"建设提供重要支撑、做出重要贡献。

"龙江丝路带"总体上呈东西走向，起自黄渤海、东南亚沿海或俄罗斯远东港口，经大（连）哈（尔滨）佳（木斯）同（江）、绥满、哈黑、沿边铁路四条干线通达边境口岸，出境后，与俄罗斯横跨欧亚的西伯利亚、贝阿铁路相连，向西抵达欧洲。黑龙江陆海丝绸之路经济带对外辐射东北亚国家和地区及欧洲，重点是俄罗斯及欧盟；对内辐射中国东北、华北、华东、华南地区，重点是环渤海、长三角、珠三角。

"龙江丝路带"总体设想为着力打造国际商贸物流带、要素集聚产业带、互利共赢开放带，助力黑龙江省构建开放型经济新体制。从战略布局看，黑龙江要成功实现"龙江丝路带"与"一带一路"的有效对接融合，需借助"一个走廊"，做实三个领域，即借助"中蒙俄经济走廊"实现对接，做好与周边国家的互联互通、产业合作，特别是能源领域的合作。"龙江丝路带"的建设不仅有助于中国沿边地区开发开放，也符合俄蒙两国经济战略发展方向，有利于将三方利益诉求有机结合在一起，将原本处于中蒙俄三国经济边缘地带的边境地区发展劣势转化为跨境毗邻经济区合作的优势，为中俄蒙三国在东北亚地区的合作找到利益契合点。

2015年2月，黑龙江省政府印发《推进东部陆海丝绸之路经济带建设工作方案》，从构建哈满俄欧铁路跨境运输体系、加快基础设施互联互通、加强配套服务设施建设、加大能源资源合作与开发力度、加强跨境产业园区和产业链建设、广泛开展人文科技交流合作六个方面，明确了"龙江丝路带"建设规划工作目标。2016年国家主席习近平在黑龙江省考察调研时提出,黑龙江省要主动对接国家"一带一路"倡议,注重同俄罗斯远东地区开展战略对接,参与"中蒙俄经济走廊"建设,加快形成对外开放新格局。并明确指出了建设"龙江丝路带"尤其要发挥黑龙江省和俄罗斯远东地区毗邻的地缘优势,大力发展以俄罗斯为重点的全方位对外开放。要充分利用国内国际两种资源、两个市场,建设连接中俄的国际货物运输大通道,吸引生产要素向通道沿线聚集,发展境内外对俄产业园区,打造跨境产业链,构建发达的外向型产业体系,构筑区域经济新的增长极,为中国扩大与俄欧、东北亚合作提供重要平台。

规划目标:

近期目标(2014—2015年)是做好"中蒙俄经济走廊"黑龙江陆海丝绸之路经济带建设规划与国家"一带一路"规划的衔接。

中期目标(2016—2020年)是将黑龙江陆海丝绸之路经济带打造成国内连接亚欧最便捷、最通畅的国际大通道。

远期目标(2021—2025年)是全面建成面向俄罗斯、连接亚欧的综合跨境运输网络,形成经济规模较大、带动能力较强的外向型经济体系。

4.3.2 "龙江丝路带"建设与黑龙江省对俄投资合作的进展

"龙江丝路带"规划的提出,大大促进了黑龙江省对俄投资合作的发展。几年来,黑龙江省对俄投资合作取得了丰硕的成果。

一是与俄远东地区互联互通设施建设取得突破。在中俄双方共同推动下,黑河界河公路大桥2016年底开工建设。中俄双方就开通黑瞎子岛口岸已完成外交换文。同时,后方通道设施建设进一步加快。按照国家"一带一路"规划关于完善黑龙江对俄铁路通道和区域铁路网的要求,进一步加大了铁路建设力度,2016年完成铁路建设投资308亿元,超过"十一五"总和,相当于"十二五"期间的40%,综合交通运输网络正在加紧完善。

二是与俄远东开发战略对接取得实效。近年来,黑龙江省利用各种平台和渠道,与俄罗斯有关方面就滨海跨境走廊、远东自由港和跨越式发展区等开发战略合作进行了深入沟通,取得高度共识。关于黑龙江省参与俄罗斯跨越式发展区和自由港建设已经形成初步方案,部分黑龙江省境外园区企业已经入驻自由港。特别是在"滨海1号"跨境运输走廊方面,黑龙江省积极向国家提出对策建议,参与有关会谈,配合国家开展调研论证工作,并通过多种渠道向俄方提出修改完善建议,在两国政府对接过程中发挥了重要的推动作用。在俄联邦政府批准发布的"滨海1号""滨海2号"跨境运输长廊建设方案中,黑龙江省很多建议已被俄方采纳,对接工作取得了实实在在的效果。

三是综合跨境运输体系初步形成。在已开通的哈欧班列线路基础上进一步向俄罗斯和朝鲜半岛拓展,先后实现了哈俄班列和中俄韩"哈绥符釜"陆海联运的常态化运行。除班列运输以外,黑龙江省还以俄罗斯为重点,积极开辟多样化的跨境运输线路。哈尔滨至叶卡捷琳堡货运包机航线转为正班运营,全年发运对俄电商货运包机105班,推动了对俄货邮快速增长,对俄跨境电商平台数量和零售出口额保持国内领先地位。哈尔滨至圣彼得堡航线开通,实现与俄罗斯前三大城市全部通航。哈尔滨—满洲里—莫斯科公路国际运输通道开通。K19次北京—莫斯科国际列车邮路试运行。融铁路、航空、公路于一体的立体化货运通道已经初步形成。

四是对外开放平台建设进一步加快。哈尔滨综合保税区已经完工,哈尔滨多式联运海关监管中心和牡丹江、黑河B型保税物流中心开工建设,中俄博览会、哈洽会等大型展会成功举办。赴"一带一路"沿线国家举行了一系列推介洽谈和经贸交流活动,一批境外合作项目进入投产期和建设期。人文交流进一步深化,与圣彼得堡大学合作设立多个联合研究中心,并研究联合建立文理学院,与莫斯科国立苏里科夫美术学院合作设立了中俄美术学院,圣彼得堡音乐学院为新设哈尔滨音乐学院提供了重要的师资支持。金融等支撑服务功能不断加强。[①]

4.4 俄罗斯远东地区开发战略

4.4.1 俄罗斯远东开发战略的背景和原因

俄罗斯远东地区由于远离俄罗斯的政治、经济文化中心,气候寒冷,人烟

---

① 省发改委做好"两个对接"推进龙江丝路带建设 [N]. 黑龙江日报,2017-03-08。

稀少，因此长期以来经济发展缓慢，经济结构落后，人口大量外流。进入21世纪以来，俄罗斯越来越重视远东地区开发问题。俄联邦政府成立了国家东部地区社会经济发展委员会，直接指导东部地区开发工作。2009年俄罗斯出台《2025年前远东和贝加尔地区经济社会发展战略》，确定了俄罗斯远东和贝加尔地区的发展目标与任务、发展方案与阶段性目标，以及战略实施的机制和手段，其重要内容之一是制定了与中国东北地区和东北亚其他国家经济合作规划。2015年10月，俄罗斯政府批准了《俄罗斯远东联邦区和贝加尔地区等边境地区发展构想》，这是推动俄罗斯远东地区发展边境地区国际合作的重要文件，规定了开展边境国际合作的领域和优先方向。2014年后，普京强势推动"向东看"，将远东开发作为"大欧亚伙伴计划"和欧亚经济联盟国家战略以及欧亚经济一体化的重要组成部分。

俄罗斯开发远东地区出于多重战略考虑。

第一，开发远东是维护俄罗斯地缘政治安全的需要。由于长期落后，俄罗斯远东地区人口加剧流失，使本就地广人稀的远东不断没落，乃至威胁到远东的领土安全。据2010年人口统计数据，俄远东联邦区为630万人，1991—2010年间居民减少了180万人（22%）。1989—2010年间远东联邦区的9个行政主体人口都呈下降趋势，其中楚科奇自治区流失居民2/3，马加丹州一半以上，萨哈林州和堪察加边疆区各1/3，阿穆尔州和哈巴罗夫斯克边区约1/5。如果不改变这种状况，那么马加丹州过57年、楚科奇自治区66年将杳无人烟。[①] 与此相反，来自中国、朝鲜、越南、日本等国的移民逐年增加，填补远东人口真空。这使得俄决策层和专家学者意识到，如果再不加大远东地区的开发，尽快实现远东的振兴，俄罗斯对远东的控制就会弱化。

第二，开发远东是俄罗斯区域经济平衡发展的需要。俄地域辽阔，横跨欧、亚两洲，其欧洲部分始终是俄政治、经济、文化中心，西部聚集了近80%的人口，生产70%以上的工农业产品。东部地区则面临着资金缺乏、技术落后、基础设施老化、人才流失等问题，加上对能源原料出口的过度依赖，地区经济结构失衡问题日益严重，与西部地区的差距也越来越大，从而影响国家整体发展和稳定。因此，俄罗斯迫切需要通过开发远东地区，使其成为

---

① 闫曼华. 2010年俄罗斯远东联邦区人口统计数据[J]. 西伯利亚研究，2012（5）。

俄罗斯经济发展新的动力和增长点，解决俄罗斯西部和东部经济发展不平衡的问题。[1]

第三，开发远东是俄罗斯调整国家战略的需要。普京出任总统后，俄罗斯国家战略从对西方国家的"一边倒"逐渐转变为欧亚并重的"双头鹰"，战略界将这些变化概括为俄罗斯的"向东转"。主要原因是进入21世纪，亚太地区正成为世界上增长速度最快、经济发展最具潜力的市场，世界经济发展重心开始向亚太地区转移。而作为俄罗斯传统经贸伙伴的西欧各国，则在次贷危机和欧债危机爆发之后经济表现低迷，市场需求萎缩。尤其是乌克兰危机以来，俄罗斯与西方国家关系恶化，使得俄罗斯不得不大大提升亚太地区在其国家战略中的地位，转身面向以中国为代表的东方市场，期望通过对远东地区的开发，搭上亚太地区经济发展的快车，为俄罗斯经济增长提供新的动力。

这种变化的一个突出表现是，在俄罗斯过去的战略文件中，每当提到外交优先方向，亚太一直位居独联体和西方之后。2009年出台的《2020年前俄罗斯联邦国家安全战略》甚至没有单独论述关于亚太的内容。而在2015版的《国家安全战略》中，亚太首次超越西方排到了第二位，仅次于独联体。2016版的《俄罗斯联邦对外政策构想》则指出："俄罗斯把巩固在亚太地区的地位和加强与亚太国家的关系视为重要的外交战略方向"。相较2013版《对外政策构想》中"加强俄罗斯在亚太地区地位的意义与日俱增"，新的提法出现了重要变化，亚太不再是未来的重要方向，而是现实的战略重点。

4.4.2 俄罗斯远东开发战略的内容与措施

俄罗斯政府计划分三个阶段发展远东地区经济。

第一阶段（2009—2015年），将投资增长速度提高到俄平均水平以上，推广节能技术，小幅提高居民就业率，兴建基建项目和工农业项目；

第二阶段（2016—2020年），实施大型能源项目，扩大客货运输流量，建成包括铁路、公路、机场和码头在内的运输支柱网络，对原料进行深加工并加大其产品的出口份额；

---

[1] 杨莉. 俄罗斯新一轮远东开发进程及影响[J]. 当代世界，2017（8）.

4. "龙江丝路带"框架下黑龙江省对俄投资背景分析

第三阶段（2021—2025年），发展创新型经济，对石油、天然气进行大规模开采、加工并出口，完成对大型能源和运输项目的建设，提高俄在重点科研方面的领先地位。

俄罗斯政府采取如下具体措施。

首先设立专职机构。2012年俄罗斯政府成立远东发展部（2019年2月更名为远东与北极发展部），负责整个远东的开发、建设与管理，使远东开发上升到国家战略层面。该部负责协调国家计划和联邦目标计划在远东的实施情况；管理联邦财产；监督各联邦主体国家权力机关依法实施联邦权能的情况。部机关设在哈巴罗夫斯克，莫斯科设代表处。有关联邦主体通过修改法律，将部分土地、资源的管辖权让渡于该部，以增强其权威；组建远东发展公司。该公司负责港口、道路、通信、机场和地方航线的建设，以及自然资源的开发。公司总部设在符拉迪沃斯托克，直接接受总统领导，国家部委和地方政府不得干涉该公司的工作；启动远东和贝加尔地区发展基金。该基金于2011年由俄罗斯对外经济银行成立，旨在保障实施投资项目，并支持和推动远东地区信息和服务平台建设，以吸引国内外资本。基金总部设在哈巴罗夫斯克，注册资本170亿卢布。①

其次推出配套政策。2014年12月，俄罗斯总统普京签署了《俄联邦社会经济跨越式发展区联邦法》，意图"构建面向亚太地区国家的经济发展模式，提高竞争能力，建立经济特区"。截至目前，在俄罗斯远东和贝加尔地区已经建立了18个跨越式发展区，推出系列税收优惠政策和免费基础设施，在符拉迪沃斯托克设立自由港并在税收、海关和检疫等方面为入驻企业提供政策支持。通过以上优惠招商措施，远东地区吸引了包括中国、日本、韩国等在内的多国投资。截至2017年底，俄远东地区超过1000个投资项目已落实或正在落实中，总投资额达3.7万亿卢布。在土地政策方面，俄罗斯推出《远东一公顷土地法》，规定俄罗斯公民在远东地区可以免费获得最大面积为一公顷的土地。该法旨在吸引居民在远东长期居住，减少当地人口外流，鼓励域外居民向远东迁徙，增加远东地区人口数量，在巩固领土安全的同时为远东开发提供劳动力资源。②

---

①② 一点资讯. 俄罗斯掀起远东开发热潮 为外国投资者提供诸多机遇, http：//www.yidianzixun.com/article/0K2Ghwwl.

4.5 "一带一路"与欧亚经济联盟的战略对接

欧亚经济联盟是俄罗斯主导的紧密的制度性一体化区域经济组织，成立于2015年，目前成员国有俄罗斯、哈萨克斯坦、白俄罗斯、吉尔吉斯斯坦和亚美尼亚，均是丝绸之路沿线的重要合作伙伴。中国与欧亚联盟成员国经济互补性强，经贸合作潜力大。2015年5月8日，中俄两国元首签署《中华人民共和国与俄罗斯联邦关于丝绸之路经济带建设和欧亚经济联盟建设对接合作的联合声明》，开启"一带一路"与欧亚经济联盟对接进程。欧亚经济联盟承诺探索与中方建立更为便捷有效的机制，促进货物、服务、劳动力和资本的自由流动，进而在欧亚大陆发展更高水平、更深层次的经济合作关系。"一带一路"与欧亚经济联盟对接是中俄两国的理性和顺势抉择，也标志着中俄关系在地区层面的重要突破。

目前，对接合作稳步推进。中方与联盟于2018年5月签署《中华人民共和国与欧亚经济联盟经贸合作协定》（简称《协定》），《协定》范围涵盖海关合作和贸易便利化、知识产权、部门合作以及政府采购等13个章节，包含了电子商务和竞争等新议题。双方同意通过加强合作、信息交换、经验交流等方式，进一步简化通关手续，降低货物贸易成本。《协定》旨在进一步减少非关税贸易壁垒，提高贸易便利化水平，为产业发展营造良好的环境，促进中国与联盟及其成员国经贸关系深入发展，为双方企业和人民带来实惠，为双边经贸合作提供制度性保障。《协定》是中国与联盟首次达成的经贸方面重要制度性安排，标志着中国与联盟及其成员国经贸合作从项目带动进入制度引领的新阶段，对于推动"一带一路"建设与欧亚经济联盟建设对接合作具有里程碑意义。在这一框架下，中俄两国发展战略对接不断深入，经贸、投资、科技等领域务实合作快速发展，能源管网等基础设施互联互通建设收获一批重大成果。2018年欧亚经济联盟与中国的贸易额增长23%，从2017年的1030亿美元增长至1270亿美元，同时双边贸易越来越均衡，欧亚联盟成员国对华出口在快速增长，逆差在缩小。目前，中国已经成为欧亚经济联盟的主要贸易伙伴，2018年，中国在欧亚经济联盟贸易额中所占份额达到16.76%。作为对比，来自欧盟的最重要伙伴国——德国和荷兰在欧亚经济联盟贸易额中所占比例分别为 8.7% 和 7.3%。欧亚经济联盟成员国与中国相互投资的规模正在稳定增长。根据欧亚经济委员会的统计数据，截至 2017 年末，中国对欧亚经济联盟累计投资约 140 亿美元。吸引中国投资累计最多的国家是哈萨克斯坦，共 96 亿美元；其次是俄罗斯联邦，吸引中国投资 42 亿美元。哈萨克斯坦最吸引中国投资的经济领域是燃料与能源综合体、黑色金属、批发与零售贸易，以及交通。而能源、农林业、建筑业和日用电器生产是俄罗斯联邦吸引中国投资的主要领域。[①] 放眼未来，"一带一路" 与欧亚经济联盟都是着眼于长远发展的宏大规划，对接合作刚刚起步，未来任重道远。

4.6　东北振兴与俄罗斯远东开发的战略对接

振兴东北地区经济是中国经济发展的重大战略布局，俄罗斯也高度重视远东地区社会经济发展问题，先后制定了远东地区社会经济发展战略，这为两国的地区合作提供了战略对接的基础与可能。2009 年 9 月 23 日，中俄两国元首批准了《中国东北地区同俄罗斯远东及西伯利亚地区合作规划纲要（2009—2018 年）》（简称《纲要》），把地区合作上升到国家层面，纳入国家战略，这是两国经贸合作战略调整的重要标志，推动了中俄地区间合作，特别是相互投资合作取得了重大突破。《纲要》涉及口岸及边境基础设施建设与改造、地区运输、合作园区、劳务合作、旅游合作、人文合作和环保合作等 8 个领域，近 60 个合作项目，覆盖了矿产、能源、农业、林业、渔业、机械、建筑和建材等产业。《纲要》非常务实，而且涉及面之广、项目之多也是前所未有的。《纲要》到期后，中俄双方在总结经验、修正不足的基础上，于 2018 年 11 月批准了《中俄在俄罗斯远东地区合作发展规划（2018—2024 年）》（简称《规划》）。与《纲要》相比，《规划》中的具体合作项目分类更加细化并经过严格筛选，双边协调机制更加完备，内容表述更求真务实并体现开放性原则，针对中国投资者的政策措施更具建设性与包容性。《规划》进一步突出了远东在中

---

① 中国商务部 2018 年欧亚经济联盟与中国贸易额增长 23%，http://www.mofcom.gov.cn/article/i/jyjl/m/201904/20190402854869.shtml。

俄合作中的整体优势和突出地位，也从主张俄远东、西伯利亚地区与中国东北地区联动发展，强调双向地区间投资合作，转变为重点强调中国企业对俄远东地区投资。[①]

《规划》将具体合作项目进一步细化，按优先地域、优先领域、战略意义三个标准，分为五类，即"跨越式发展区"项目、自由港项目、优先合作领域项目、战略合作项目、基础设施项目。与以往的中俄合作相比，《规划》具有以下几个突出的特点：一是合作领域大大拓宽，着眼于多领域、全方位的合作，内容涵盖了产业布局、区域布局和基础设施建设等方面；二是合作周期和时限较长，给各级政府和企业在项目安排、资金运转等方面以较大的活动空间，更有利于大型和超大型项目的实施；三是两国对毗邻地区发展的政策支持十分明显，强调了建立中国东北与俄远东地区欧亚大通道的地位和作用。多项关系国计民生的重大项目，为中国东北老工业基地的振兴提供支持，为俄西伯利亚和远东地区的经济社会发展注入了活力和生机。

为保证两国地区开发战略的顺利对接，2017年1月，中俄两国决定在总理定期会晤机制框架下建立中国东北地区与俄罗斯远东及贝加尔地区政府间合作委员会，以协调和推动中俄两国区域合作。

---

① 高际香. 中俄在俄罗斯远东地区合作发展规划（2018—2024年）[J]. 俄罗斯学刊, 2019（1）。

5. 黑龙江省对俄投资概况分析

5.1 俄罗斯吸引外资概况

21世纪以来，得益于投资环境的不断改善，俄罗斯对外资的吸引力逐年增加。2008年金融危机爆发以后，俄罗斯吸引外资陷入低谷。为吸引更多外资，俄罗斯政府提出了"现代化战略"，推行国有资产私有化，并通过修改相关法律法规、简化外资手续、调低外资准入门槛及成立"俄罗斯投资基金"等举措，吸引外资呈回暖趋势，但2014年底的乌克兰危机又导致俄罗斯大量资本出逃。为应对危机，2016年以来，俄罗斯新出台了一些引资优惠政策及措施，加上石油价格有所回升以及俄罗斯对于危机状况的应对，俄罗斯市场逐渐恢复，外商对俄投资积极性有所提高。据联合国贸发会议发布的2018年《世界投资报告》显示，2017年，俄罗斯吸收外资流量为252.84亿美元，截至2017年底，俄罗斯吸收外资存量为4465.95亿美元。

根据俄罗斯央行数据，外资主要投向俄罗斯制造业、采矿业、批发和零售贸易、金融保险业和不动产等领域。从地区分布上看，主要集中在经济较为发达、居民有较高需求的大城市，如莫斯科、圣彼得堡以及工业发达、自然资源丰富的乌拉尔和伏尔加地区。从外资来源地看，2017年非独联体国家/地区投资流量277.73亿美元，主要来自塞浦路斯、巴哈马、卢森堡、新加坡、英国等；独联体国家/地区投资流量1.13亿美元，主要来自哈萨克斯坦等。从外资存量来看，截至2017年底，俄罗斯外资存量为5352亿美元，同比增长12%。其中，股权投资3863.26亿美元，占72.2%，债务工具投资1488.73亿美元，占27.8%。累计对俄投资较多的国家或地区依次为：塞浦路斯（1749.85亿美元）、卢森堡（541.38亿美元）、荷兰（472.24亿美元）、百慕大（320.76亿美元）、爱尔兰（313.59亿美元）、巴哈马（258.52亿美元）、英国（195.79亿美元）、德国（187.78亿美元）、新加坡（161.51亿美元）、法国（155.84亿美元），如表5-1所示。

表5-1　　　　截至2017年底累计对俄投资规模前十位国家（地区）　　　单位：亿美元

塞浦路斯	卢森堡	荷兰	百慕大	爱尔兰	巴哈马	英国	德国	新加坡	法国
1749.85	541.38	472.24	320.76	313.59	258.52	195.79	187.78	161.51	155.84

资料来源：中国商务部，《对外投资合作国别（地区）指南俄罗斯（2018年版）》。

5.2　中国对俄投资概况

近年来，中俄经贸关系总体发展顺利，双边投资合作越来越受到两国政府的高度重视。当前中国对俄投资的规模日益扩大，质量快速提高，取得了前所未有的发展。但总体来说规模还不大，仍处在起步阶段。

5.2.1　中国对俄投资的发展[①]

（1）初始萌芽阶段（1992—1999年）：俄罗斯联邦独立以来，1992—1995年中国对俄投资的流量一直呈大幅下降趋势。尤其是1995年，中国批准的对俄投资企业仅为1家，中方投资额仅为5万美元，跌至历史最低点。从1996年中俄两国建立战略协作伙伴关系开始，中国对俄投资开始螺旋上升，虽然跌宕起伏，但呈缓慢回升态势。1997年俄罗斯经济形势开始好转，当年中国批准对俄投资企业7家，中方投资额119.2万美元，较1996年上升了1390%，

---

① 本节中资料来源于历年《中国对外经济贸易年鉴》（2003年之前）与历年《中国对外直接投资统计公报》（2003年及以后）。

1998年和1999年中国对俄投资分别为250万美元和380万美元,分别增长109%和52%,增势较1996年有所放缓,投资规模仍然很小。

(2)迅速增长时期(2000—2007年):2000年,中国对俄投资额为1386.84万美元,增幅达265%。2001年《中俄睦邻友好合作条约》签订以后,中国对俄投资规模有了更快发展。2002年和2003年中国对俄投资额突破了3000万美元,分别达到3544.85万美元和3062万美元。2004年为了进一步提升中俄经贸合作水平,中俄两国制定了负责促进中俄双边投资合作的常设会议机制,即每年举办一次中俄投资促进会议,这极大地促进了中国对俄进行投资。2004年中国对俄投资额达7731万美元,同比增长153%,而2005年更快速增长到20333万美元,同比增长163%。2005年,中国政府开始鼓励和支持更多的企业到俄投资,提出了争取达到或提前达到2020年对俄投资累计120亿美元的目标,使得2006年中国对俄投资额高速增长到45211万美元,同比增加122%。而2007年《中华人民共和国政府和俄罗斯联邦政府关于促进和相互保护投资协定》的签订,使得中国对俄投资额达到了47761万美元,是1992年的12倍,为中国对俄投资的历史最高点。这一时期中国对俄投资的规模增长幅度最大,为历史最好水平。

(3)收缩回落时期(2008—2009年):2008年国际金融危机和油价暴跌使俄罗斯经济陷入严重衰退,致使中国对俄投资规模迅速下降。根据中国在俄罗斯设立的境外企业的统计数据汇总显示:2008年中国对俄投资流量为3.95亿美元,同比下降17.7%;2009年中国对俄投资流量为3.48亿美元,同比下降11.9%。中国对俄投资处于收缩阶段。但是2009年下半年国际市场对原材料需求量的增加、世界金融体系的恢复和国际市场原油价格的上扬,使得俄罗斯经济呈现出积极的复苏趋势,中国对俄投资的下降幅度也在不断缩小。

(4)震荡向上时期(2010年至今):随着金融危机的负面影响逐渐消除,世界经济发展重回正轨,国际能源市场回暖,作为能源大国的俄罗斯国内经济环境好转。2009年6月17日,中俄两国签订《中俄投资合作规划纲要》,这为中国企业进行对俄投资提供了保障。2010年中国对俄投资流量增至5.68亿美元,同比增长63%;2013年中国对俄投资规模突破了10亿美元,达到10.22亿美元,同比增长30%。但乌克兰危机引发西方国家对俄进行经济制裁，致使俄投资环境急剧恶化，中国企业投资期望度大大降低，2014年对俄投资流量跌至6.34亿元，同比下降39%。2014年5月，两国战略协作伙伴关系的升级极大地推动了双边投资。2015年中国对俄投资增至29.6亿美元，同比增长367%；2016年与2017年逐渐趋于平稳，分别为12.9亿美元和15.5亿美元。2017年，中国对俄投资流量15.48亿美元，同比增长19.7%。截至2017年末，中国对俄投资存量为138.72亿美元，占中国对外投资存量的0.8%，对欧洲地区投资存量的12.5%。

5.2.2 中国对俄投资的境内投资者构成

迄今为止，中国在俄罗斯进行投资的境内投资主体有1500多家，雇佣当地员工约3万人，私营企业占绝大部分，大型国企占小部分。对俄投资企业主要分布在东北、华东、华北地区，而东北地区一直以来占据对俄投资企业总体的半数以上。黑龙江省作为与俄罗斯毗邻的省份，更是其中的佼佼者，一直保持着与俄罗斯远东地区的积极合作。随着两国战略伙伴关系不断加深，黑龙江省对俄投资额逐年攀升。位居第二位的是华东地区，华东地区企业占据了对俄投资企业总数的30%，其次是华北地区，约为10%，剩余其他地区所占比例均较少。可以看出，与俄罗斯毗邻较近地区的企业更愿意对俄进行投资，地缘优势有效地推动了企业对俄进行投资，成为中国对俄投资过程中的关键要素。①

5.2.3 中国对俄投资的行业与地区分布

表5-2显示了2017年中国对俄罗斯投资的主要行业分布情况。从行业分布来看，2017年中国对俄投资流量主要集中在采矿业（38.7%）、农/林/牧/渔业（18.7%）、金融业（10.4%）、制造业（8.5%）、批发和零售业（6.5%）、科学研究和技术服务业（6.5%）等。中国对俄罗斯的投资存量主要集中在采矿业659151万美元，占47.5%；农/林/牧/渔业270166万美元，占19.5%；

---

① 宋雨时. 我国对俄直接投资的贸易效应研究［D］. 哈尔滨：哈尔滨工程大学，2018年。

制造业 157408 万美元，占 11.3%；租赁和商务服务业 92397 万美元，占 6.7%；金融业 49513 万美元，占 3.6%；批发和零售业 48368 万美元，占 3.5%；房地产业 40350 万美元，占 2.9%；建筑业 29768 万美元，占 2.1%。

表 5－2　　　　　　2017 年中国对俄罗斯投资的主要行业发布

行业	流量（万美元）	比重（%）	存量（万美元）	比重（%）
农/林/牧/渔业	28990	18.7	270166	19.5
采矿业	59946	38.7	659151	47.5
制造业	13098	8.5	157408	11.3
租赁和商务服务业	3688	2.4	92397	6.7
金融业	16087	10.4	49513	3.6
批发和零售业	10113	6.5	48368	3.5
房地产业	5109	3.3	40350	2.9
建筑业	4884	3.2	29768	2.1
科学研究和技术服务业	10021	6.5	15148	1.1
信息传输/软件和信息技术服务业	44	0.0	11139	0.8
交通运输/仓储和邮政业	2248	1.5	7910	0.6
居民服务/修理和其他服务业	12	0.0	2797	0.2
其他行业	602	0.3	3045	0.2
合计	154842	100.0	1387160	100.0

资料来源：国家统计局.2017 年中国对外投资统计公报，http：//www.mofcom.gov.cn/。

从地区分布来看，中国对俄投资企业主要分布在莫斯科、圣彼得堡等大城市以及西伯利亚和远东地区。其中，莫斯科是俄罗斯投资环境最好、消费水平最高、吸收外资最多的地区，在莫斯科投资的中国企业有 100 多家，包括中国友谊商城、华为公司、上实集团、中建公司等。而远东及西伯利亚地区则是凭借丰富的自然资源、毗邻中国的经济地理位置，对中国资本构成了巨大的吸引力。目前，俄罗斯的滨海边疆地区也受到中国投资者的喜爱，一度占远东联邦区吸引国外投资约 80% 左右。

5.2.4 中国对俄投资的特点

5.2.4.1 中国对俄投资规模较小

近年来，中国对俄投资虽然取得了较快发展，但与中国对外投资的增速相比差距仍然较大。2017年，中国对俄罗斯投资流量15.5亿美元，同比增长19.7%，占中国对外投资流量的比重仅为1%；中国对俄罗斯投资存量为138.72亿美元，占中国对外投资存量的比重仅为0.8%。可见，中国对俄投资规模还处于低水平，远远低于两国投资合作的潜力。表5-3显示了2009—2017年中国对俄投资与对外投资流量比较分析情况。

表5-3　　2009—2017年中国对俄投资与对外投资流量比较分析　　单位：亿美元

年份	中国对俄投资流量	中国对外投资流量	中国对俄投资占对外投资的比重（%）
2009	3.50	565.30	0.62
2010	5.70	688.10	0.83
2011	7.20	746.50	0.96
2012	7.80	878.00	0.89
2013	10.22	1078.40	0.95
2014	6.34	1231.20	0.51
2015	29.60	1456.67	2.03
2016	12.90	1701.00	0.76
2017	15.50	1582.90	1.00

资料来源：国家统计局.2017年中国对外投资统计公报，http：//www.mofcom.gov.cn/。

5.2.4.2 中国对俄投资主要基于两国经济结构的互补性

中国对俄投资不仅基于地缘优势，更依托两国的比较优势和竞争优势，这种优势主要来源于中俄两国经济结构的差异性与互补性。相较而言，俄罗斯最明显的优势是丰富的自然资源、某些领域的高技术和高素质劳动力，而中国的优势在于劳动力数量与加工制造业的领先水平。因此，从中国对俄投资行业来看，林业、制造业和采矿业的投资占据主要份额，主要是利用俄罗斯的森林资源、油气资源和矿产资源，进行加工制造返销国内以满足中国对资源密集型产品的需求，同时通过在俄罗斯投资设厂进行加工制造，充分发挥中国制造业的优势，扩大市场份额，对俄罗斯民用工业的相对落后状况有所弥补，满足其国内市场需求。

5.2.4.3 两国政府间合作是推动中国对俄投资发展的重要动力

自2001年中俄两国建立战略协作伙伴关系后，中俄关系一直在高水平运行，在新时期，中俄合作更具有全面性和战略性，也为两国区域合作带来新的发展机遇。中俄两国沟通渠道畅通，建立了总理会晤机制和各级分委会会谈机制，扩大双边投资一直是中俄两国政府开展经贸合作的重点方向。2004年中俄两国制定了负责促进中俄双边投资合作的常设会议机制，又先后在俄罗斯及中国成功举办中俄投资促进会议。2006年中俄签订了《中俄政府间关于鼓励和相互保护投资办定》，为中国企业对俄投资提供法律保障。2007年，中俄两国政府在海关、商检、交通运输、电力、基础电信和金融等领域进行了全面的交流，全力推进贸易投资便利化进程，消除存在的各种贸易和投资壁垒，实施系列推进措施并取得了明显效果。2009年6月17日，两国元首批准了《中俄投资合作规划纲要》，决定了中国对俄投资的优先领域。自2014年开始，两国又在中俄总理定期会晤机制框架下成立了中俄投资合作委员会，这是负责协调推进中俄投资合作的副总理级政府间合作机制。目前该委员会工作正有序推进，2017年召开的第四次会议中，中俄双方共确定了73个优先发展项目，计划投资总额约为1000亿美元。其中包括中石化参股西布尔公司，在滨海边疆区建立农业产业集群，在阿穆尔州修建天然气化工厂，开发外贝加尔边疆区的乌多坎铜矿，在哈巴罗夫斯克州开发木材加工综合体等项目，部分项目已进入研究和落实阶段，这73个重点投资合作项目中有10个左右是新项目。[①] 可见，两国政府在促进中俄投资合作方面发挥了巨大的作用，为其提供了可靠的政策保障。

5.2.4.4 中国对俄投资主要集中在中俄毗邻地区

具有地缘优势的中俄毗邻地区在中俄投资合作中的地位和作用比较突出。

[①] 搜狐网．俄罗斯投资合作指南（2018版），http://www.sohu.com/a/301217759_120058819．

从对俄投资的企业数量来看，东北地区企业占全国总数的59%。从对俄投资规模来看，中国东北地区占全国对俄投资的50%以上。从对俄投资的区域布局来看，中国对俄投资主要集中在俄远东及西伯利亚地区。按照"一带一路"建设布局，中国东北地区主要是参与面向俄罗斯的丝绸之路经济带建设，把中国东北老工业基地振兴战略与俄罗斯远东地区发展战略紧密地联系起来。近些年，东北地区的一系列经济开发战略以及《俄罗斯远东联邦区和贝加尔地区等边境地区发展构想》《中俄在俄罗斯远东地区合作发展规划（2018—2024年）》等纲领性文件都体现出中俄毗邻地区在两国经贸合作中的地位和作用。

5.3　黑龙江省对俄投资分析

5.3.1　黑龙江省对俄投资的现状与特点

5.3.1.1　对俄投资增长较快但发展极不稳定

2004年，在东北老工业基地改造战略实施之初，黑龙江省仅有对俄投资企业14家，中方合同投资额为0.51亿美元。经过近些年的迅速发展，截至2017年，黑龙江省备案对俄投资企业已有574家，对俄非金融类投资存量为29.79亿美元，投资总额占中国对俄投资的1/3，建设项目674个。

由表5-4可见，在2008—2017年的十年间，虽然黑龙江省对俄投资年均增速达到11.3%，但同期黑龙江省对外投资增速为34.8%，全国对俄投资增速为39.2%，因此相比较而言，黑龙江省对俄投资增速并不高，而且发展态势也极不稳定。10年间正增长的年份是6年，负增长的年份多达4年；2012年增长率高达126%，2014年下降73.9%，振幅近200个百分点。从黑龙江省对俄投资在全部对外投资中的占比来看，10年间占据全省对外投资的半壁江山，鼎盛时期占9成多（2009年），低迷时期只占不到2成（2016年）；10年间黑龙江省对俄投资占全国对俄投资总量的27.8%，最高年份达5成以上（2013年），最低时只占不到1成（2015年、2017年）。可见，黑龙江省对俄投资的发展极不稳定，且乌克兰危机爆发之后整体呈低迷态势。

表 5-4　　　　　2008—2017 年黑龙江省对俄投资情况　　　　　单位：亿美元

年度	黑龙江省实际投资额		中国实际对俄投资额		黑龙江省对俄投资占全部对外投资的比重（%）	黑龙江省对俄投资占中国对俄投资总量的比重（%）
	对外投资	同比增长	对俄投资	同比增长	对俄投资额	同比增长		
2008	2.3	27.7	1.5	-9.6	3.95	-17.7	65.2	38.0
2009	1.2	-47.8	1.1	-28.5	3.5	-11.4	91.7	31.4
2010	2.4	100.0	1.4	27.8	5.7	62.9	58.3	24.6
2011	2.4	0.2	1.7	22.4	7.2	26.3	70.8	23.6
2012	7.2	203.8	3.9	126.0	7.8	8.3	54.2	50.0
2013	7.7	6.8	5.6	44.3	10.22	31.0	72.7	54.8
2014	6.6	-15.3	1.5	-73.2	6.34	-38.0	22.7	23.7
2015	4.2	-35.3	1.8	22.6	29.6	366.9	42.9	6.0
2016	11.8	179.0	2.2	24.6	12.9	-56.4	18.6	17.1
2017	3.4	-70.8	1.3	-43.0	15.5	20.2	38.2	8.4
平均值	4.9	34.8	2.2	11.3	10.3	39.2	53.5	27.8

资料来源：根据中国商务部和黑龙江省商务厅有关数据整理。

5.3.1.2　投资区域与行业相对比较集中

受中俄两国及毗邻地区资源禀赋状况、经济发展水平与双边投资政策的影响，黑龙江省对俄投资主要集中在俄罗斯东部地区，如滨海边疆区、哈巴罗夫斯克边疆区、阿穆尔州、犹太自治州、外贝加尔边疆区等地区。根据中国驻哈巴罗夫斯克总领事馆商务室统计数据可以看出，黑龙江省绝大多数企业进军俄罗斯远东地区的势头强劲，但是投资的流向有所转变，由 2009 年重点开发哈巴罗夫斯克边疆区、滨海边疆区、萨哈林州、阿穆尔州逐渐转向 2016 年滨海边疆区和阿穆尔州的规模开发。

从行业分布来看，黑龙江省对俄投资领域主要为能源和矿产开发及林业、农业、加工业与园区建设，对俄工程承包及劳务合作主要集中在森林采伐、农业种植和建筑工程行业。如表 5-5 所示，2016 年黑龙江省有大约 400 家企业进行林业投资，总金额达 23.33 亿美元；有 32 家企业进行矿业投资，总金额达 7.11 亿美元；有 45 家企业进行建筑和农业投资，总金额分别达 4.9 亿美元和 2.15 亿美元。[①]

表 5-5　　　　　2016 年黑龙江省对俄投资行业分布情况　　　　单位：亿美元

投资领域	企业数量（家）	投资总额	中方出资额
林业	400	23.33	19.89
矿产	32	7.11	6.78
建筑	45	4.90	4.27
农业	45	2.15	1.98
商贸	14	2.01	1.79
电力	2	1.61	0.97
轻工	39	0.89	0.76
石油	4	0.83	0.19

资料来源：黑龙江省商务厅对俄合作处。

5.3.1.3　建设境外经贸合作区是黑龙江企业开展对俄投资的重要平台

中国企业在境外投资建设的境外经贸合作区，是以企业为主体，以商业运作为基础，以促进互利共赢为目的，主要由投资主体根据市场情况、东道国投资环境和引资政策等多方面因素进行决策。境外经贸合作区是推进"一带一路"建设和国际产能合作的重要载体，是中国企业"抱团出海"的新型平台。从 2003 年起，黑龙江省一些对俄经贸合作的龙头企业开始在俄远东地区建立境外园区。截至 2017 年底，黑龙江省在俄经贸合作园区已达 18 个，累计入区企业 146 家，实际累计投资额 23.0 亿美元，上缴俄方各种税费 3 亿美元，创造就业岗位 5000 多个。有 5 家境外园区享受俄远东跨越式发展区的优惠政策。俄罗斯乌苏里斯克经贸合作区、中俄（滨海边疆区）农业产业合作区、俄罗斯龙跃林业经贸合作区成为国家级对俄境外园区，占中国 20 个国家级对外经贸合作区的 15%，占 4 个国家级对俄经贸合作区的 75%。这些对俄经贸合作

---

① 资料来源：黑龙江省商务厅对俄合作处。

区的主要类型分别是资源利用型园区、农业产业型园区、加工制造型园区、商贸物流型园区和科技研发型园区，主要分布在滨海边疆区、哈巴罗夫斯克边疆区、阿穆尔州、犹太自治州、克拉斯诺亚尔斯克边疆区、外贝加尔边疆区、车里雅宾斯克等地。① 经过多年的建设与发展，这些境外园区已成为黑龙江省对俄投资的主要阵地，成为一大批中小企业开展对俄投资的重要基地和平台。

5.3.2 黑龙江省对俄投资的优势分析

5.3.2.1 地缘、交通优势

按照坎特韦尔和托兰惕诺（1990）的技术创新产业升级理论，发展中国家对外投资地理选择的基本规律是：首先是对周边国家进行投资；然后随着对外投资经验的积累，逐步从周边国家向其他发展中国家扩展；最后在经验、技术积累的基础上，为获得更先进的技术和知识，开始向发达国家投资。可见，从海外经营的地理扩张看，发展中国家企业在很大程度上受"心理距离"的影响，其投资方向遵循周边国家—发展中国家—发达国家的渐进发展轨道。

从经济发展水平来看，黑龙江省属于典型的发展地区，目前正处于对外投资的起步阶段，企业的投资经验和技术积累都不成熟，因此对外投资的区域选择以周边国家为主。俄罗斯是中国最大的邻国，黑龙江是对俄沿边开放大省，与俄罗斯有2981千米边境线，共有18个市、县同俄罗斯滨海边疆区、哈巴罗夫斯克边疆区、犹太自治州、阿穆尔州和外贝加尔边疆区相邻，拥有25个国家一类口岸，其中水运口岸16个，航空口岸4个，铁路口岸2个，公路口岸3个，是全国口岸数量最多的沿边省区。与俄边境地区的经贸合作具有悠久的历史，在发展对俄投资方面具有明显的地缘优势。②

黑龙江省与俄罗斯之间的水路、陆路和航空口岸相对通畅快捷。"一带一路"倡议与"龙江丝路带"规划提出以后，黑龙江对俄跨境基础设施建设全

---

① 张庆伟. 把握战略机遇 推动中俄地方合作迈上新台阶, http://www.hlj.gov.cn/zwfb/system/2018/02/06/010862790.shtml.
② 李海涛. 深度融入一带一路建设 打造中国向北开放重要窗口, http://news.china.com.cn/live/2019-04/25/content_397048.htm。

方位推进，中俄同江铁路界河桥、东宁跨境公路大桥、黑瞎子岛陆路口岸、俄罗斯"滨海1号"国际通道和符拉迪沃斯托克港口的建设、经营取得阶段性成果。适时加密哈欧货运班列班次，开行哈俄班列，推动"哈俄日韩"陆海联运和经黑龙江下游出海的江海联运常态化运行。多点对接、互联互通的跨境基础设施建设、立体化的国际大通道建设、安全畅通的跨境运输网络建设，让黑龙江这个昔日对内发展的"末梢"逐步升级为对俄开放的第一线的"桥头堡"。

5.3.2.2 资源禀赋优势[①]

黑龙江省地处世界三大黑土带之一，农业资源富集，拥有占全国1/10的优质耕地。2018年粮食总产量达到750.7亿公斤，是全国商品粮第一大省、畜牧业第二大省，水稻、大豆和山特产品的产量均居全国前列，绿色食品种植面积全国第一，具有得天独厚的发展食品加工的资源优势，可与食品依赖进口较多的俄东部地区形成产业互补。

黑龙江省能源充足，是国家重要的能源基地之一。能源资源相对富集，品种较为齐全，主要特点是多煤、多油、少气，水能、风能、太阳能、生物质能、地热能等可再生能源资源较为丰富。

（1）煤炭。截至2015年底，全省煤炭累计探明资源储量221亿吨，保有资源储量198亿吨，其中90.8%集中在东部鸡西、鹤岗、双鸭山、七台河四个国家规划矿区。煤种齐全，以褐煤、气煤、焦煤为主。

（2）石油。截至2015年底，全省石油累计探明地质储量62亿吨，占全国累计探明地质储量的16.7%；剩余技术可采储量4.4亿吨，占全国剩余技术可采储量的12.6%，主要分布在松辽盆地北部。

（3）天然气。截至2015年底，全省天然气累计探明地质储量5135亿立方米；剩余技术可采储量1317亿立方米，占全国剩余技术可采储量的2.5%，主要分布在松辽盆地北部。

（4）非常规油气。截至2015年底，全省探明2000米以内浅煤层气资源量1870亿立方米，主要分布于鸡西、鹤岗、双鸭山、七台河和依兰等矿区；油

[①] 黑龙江省政府网. 黑龙江省矿产资源总体规划（2016—2020年），http://www.hlj.gov.cn/wjfg/system/2018/03/28/010867022.shtml。

页岩、页岩气资源也较为丰富，主要分布在松辽盆地等地区。

（5）水能。全省有黑龙江、松花江、乌苏里江和绥芬河四大水系，水能理论蕴藏总量988万千瓦，约占东北地区的50%。可开发水力资源总装机容量约为1024万千瓦。

（6）风能。全省风能资源丰富，是全国九个大型风电基地之一。50米高风能资源潜力约为10.2亿千瓦，技术可开发量约为2.3亿千瓦，位列全国第四。风能资源集中在东部山地和西部平原两大密集区。

（7）太阳能。全省太阳能资源属于第三级即丰富区，年日照时数在2242～2842小时之间，平均太阳辐射量为1316千瓦时/平方米，太阳能资源总储量相当于750亿吨标准煤。

（8）生物质能。黑龙江省是农业和林业大省，拥有耕地2.4亿亩、林地近4亿亩，正常年份农业和林业生物质可收集利用量约分别为9000万吨和960万吨。

（9）地热能。全省地热资源较为丰富，以中低温地热为主，初步探明静态储量1800多亿立方米，主要分布在松辽盆地北部。

与黑龙江省毗邻的俄东部地区是举世闻名的资源和能源基地。其中，西伯利亚联邦区是全俄7个联邦区中面积最大、资源最丰富的地区：其面积占全俄面积的30%，铅、铂和钼等贵金属和稀有金属的储量占全俄总量的80%以上，探明的石油储量占全俄石油储量的77%，木材蓄积量占全俄总量的50%以上；俄远东地区的石油、天然气和煤炭储量分别为96亿吨、140亿立方米和181亿吨，金、银、铜、铁、金刚石、锡、钨和钾盐等金属与非金属矿产占全俄的比重较高，森林覆盖率高达40.7%，森林总面积为2.81亿公顷，林木蓄积量为204亿立方米，鱼产量占全俄的50%以上，海产品产量超过俄总产量的60%。[①] 俄东部地区丰富的自然资源，为黑龙江省与之开展广泛的能源合作提供了现实基础。

5.3.2.3 经济基础优势

根据邓宁的投资发展周期理论，一国的对外投资能力与该国经济发展水平

---

① 陈梁. 黑龙江省扩大对俄罗斯远东地区投资的问题、机遇及对策选择 [J]. 俄罗斯中亚东欧市场，2011（3）.

密切相关,并将各国的经济发展水平以人均 GNP 为标准划分为四个阶段。在此基础上,联合国贸发会议(2006)对 135 个国家和地区进行了回归分析,得出了这些国家人均净对外投资流出额(对外投资流出额与流入额之差)与人均 GDP 之间的关系,最后重新界定了各阶段人均 GDP 的分界点:第一阶段,人均 GDP 低于 2500 美元;第二阶段,人均 GDP 在 2500~10000 美元之间;第三阶段,人均 GDP 在 10000~25000 美元之间;第四阶段,人均 GDP 在 25000~36000 美元之间;第五阶段,人均 GDP 在 36000 美元以上。

2018 年中国人均 GDP 达 9769 美元,黑龙江省人均地区生产总值达 6529 美元。按照联合国制定的标准,中国已经处于投资发展周期理论的第三阶段,对外投资能力迅速增强,但黑龙江省属于较为落后省份,因此仍然处于理论界定中的第二阶段,虽然此时对外投资能力还有限,但是已经具备了对外投资的经济基础。黑龙江省工业基础雄厚,是中国重型装备制造业基地,在石油化工、电站成套设备、微型汽车、支线客机生产等方面技术先进,优势明显。航空航天、新材料、新能源、生物制药等高新技术产业发展态势良好。从产业结构看,黑龙江省与俄罗斯产业互补性强,在承接产业转移、实施产业合作和引进资金、引进技术、引进人才等方面有较多优势,具有建设面向俄罗斯出口加工平台的有利条件。

5.3.2.4 政策优势

稳定的政策环境是黑龙江省企业对俄投资的必要条件。进入 21 世纪以来,中俄两国的政治、外交关系不断升温。在国家层面上,2001 年 7 月 16 日,中俄两国政府签订了《中俄睦邻友好合作条约》,在面向 21 世纪中俄战略协作伙伴关系的基础上实现了新的飞跃。2004 年 10 月,中俄签署了《中华人民共和国和俄罗斯联邦关于中俄国界东段的补充协定》,以友好协商的方式解决了历史遗留的边界问题,清除了两国关系健康发展道路上的最大障碍。两国政府对毗邻地区的经济发展和经贸合作均十分重视,国家和地方层面的相关战略措施不断出台。中国的东北振兴计划、"一带一路"倡议下的中蒙俄经济走廊建设、黑龙江省"龙江丝路带"建设对国家战略的对接,俄罗斯方面《2025 年前远东和贝加尔地区经济社会发展战略》《俄罗斯远东联邦区和贝加尔地区等边境地区发展构想》等纲领性规划接连出台,俄罗斯远东地区和西伯利亚地区的州区地方政府均建立了定期会晤机制。俄罗斯还启动了雄心勃勃的远东开发计划，试图通过设立跨越式发展区、打造自由港等措施吸引包括中国在内的外资进入。

2006年中国与俄罗斯签订《中俄政府间关于鼓励和相互保护投资的协定》；2015年3月，俄罗斯政府批准了中俄避免双重征税协定的修正案；为加强对中俄企业的法律服务，提升中俄企业间投资合作水平，中俄首家跨国法律服务中心也已在绥芬河市成立。这些措施无疑为黑龙江省扩大对俄投资提供了优越的政策平台。

5.3.2.5 社会人文优势

中俄两国交往历史悠久，自1996年确定战略协作伙伴关系以来，两国政府和民间交往日益频繁。2001年，两国签订了《中俄睦邻友好合作条约》，之后开始互办"青年友谊年""国家年""语言年""旅游年"等活动，作为中国对俄合作"桥头堡"的黑龙江省，在上述活动中成为承担和参与的主体。同时，黑龙江省还打造了一系列对俄文化交流品牌，包括中俄文化大集、中俄博览会等，先后与俄罗斯哈巴罗夫斯克边疆区、滨海边疆区互办省州日活动。这些品牌活动有力推动了黑龙江对俄文化交流的水平和影响力。黑龙江省的历史、文化和旅游资源与俄罗斯有着紧密的联系，哈尔滨素有"东方莫斯科"的美誉。黑龙江省的俄语人才储备数量居全国首位，开设俄语专业的高校和学习俄语的中小学数量全国居首，各个领域的对俄研究在全国均处于领先地位。全省有多所高校与俄高校通过引进教材、教学计划和聘请教师等方式开展合作办学。在俄罗斯设立海外孔子学院3所，分布在符拉迪沃斯托克、共青城和布拉戈维申斯克三个城市，致力于在俄罗斯培养具有"中国心"的中国通。黑河市、绥芬河市、东宁市已开展边境旅游异地办照，成为边境旅游的新亮点。黑龙江省对俄人文交流方面的不断拓展和深化，必然为中国企业对俄投资奠定坚实的社会根基和民意保障。

5.3.3 黑龙江省对俄投资的制约因素

5.3.3.1 俄东部地区经济发展落后，人口和投资设施严重不足

黑龙江省对俄投资主要集中在俄东部地区，这些地区自然环境恶劣，生活

条件艰苦。由于远离俄政治、经济中心，经济发展落后，包括交通、动力、通信、法律、仲裁、信息、金融、信贷和保险等基础设施建设和投资服务都严重不足。虽然能源矿产、林业和水产品等自然资源丰富，但主要分布在气候恶劣、基础设施差的偏远地区，开发难度大，外资企业在这些地区勘探开采所需投入的技术、装备、运输成本都会大大增加。

俄东部地区人口数量少，造成消费市场狭小，劳动力供给严重不足。自苏联解体以来，远东地区人口暴降20%，而且以每年50万人的速度在递减。截至2018年1月1日，俄远东联邦区人口总数为616.5万人，较2017年同期减少1.8万人，人口密度为0.89人/平方千米，主要集中在气候条件相对较好的滨海边疆区、哈巴罗夫斯克边疆区、外贝加尔边疆区、阿穆尔州和布里亚特共和国，而萨哈共和国（雅库特）、楚科奇自治区、马加丹州则人烟稀少，其中楚科奇自治区仅有5万人，人口密度为0.07人/平方千米；西伯利亚几乎相当于20个法国的面积，但两个联邦管区人口加起来才2500多万，约相当于黑龙江省人口数量的60%。尽管2015年俄总统普京倡议实施"远东一公顷"项目，阻止远东地区人口流失的趋势，"以地留人"也产生了一定效果，但人口减少的大势仍然难改。①

俄东部地区的交通基础设施十分薄弱。远东地区铁路网密度不足俄罗斯平均水平的1/3。其中马加丹州、堪察加边疆区和楚科奇自治区不通铁路，萨哈共和国（雅库特）铁路网密度仅为2千米/万平方千米。两条铁路干线——西伯利亚大铁路和贝阿铁路严重老化，亟待提升运力；远东地区公路网密度约为俄罗斯平均水平的18%。联邦级和地区级公路中，约50%的里程不能保障正常运输，20%的里程运输条件较差，交通事故率较高；虽然俄罗斯64个港口中有28个位于远东水域，但远东水域3/4以上的货运量是由位于哈巴罗夫斯克边疆区和滨海边疆区的港口完成的，很多港口设施不足，年久失修；航空运输在远东和东西伯利亚地区经济发展与社会生活中具有举足轻重的地位，对于极北人迹罕至地区和千岛群岛而言，航空运输基本是日常交通的唯一选择。整体而言，因交通基础设施和运输工具陈旧，远东地区运输安全隐患较多，多式联运发展水平低下，难以形成有效的运输物流系统，大大制约了俄罗斯连接亚

---

① 高际香. 中俄在俄罗斯远东地区合作发展规划（2018—2024年）述评 [J]. 俄罗斯学刊，2019 (1)。

太国家和欧洲的过境运输潜力。①

5.3.3.2 俄罗斯投资壁垒较多

在2008年4月通过的《战略领域外国投资法》中,俄方将限制外资进入的战略性行业从原来的38个增加到42个,其中包括燃料等矿物资源领域。根据新规定,外国公司所持有的俄矿业开采公司股份不得超过5%,涉及国家安全防御领域的公司,外商控股不得超过25%。俄还加强了对外国投资者参与俄战略矿藏开发项目的限制,包括储量在7000万吨以上的油田和超过500亿立方米的气田、储量超过50吨的金矿以及储量超过50万吨的铜矿,都被列为禁止外国投资者控股的资源开发项目。在基础设施建设方面,俄罗斯自然垄断行业限制外资进入,未开放铁路客运和货运市场,不允许外商设立合资企业,提供装卸、集装箱堆场、船舶代理、结关等服务,不允许外商从事铁路运输设备的维修保养服务。油气管道和电网建设运营领域不对外资开放。公路建设领域对外资进入开始松动,但运营领域尚未开放。俄罗斯在市场准入、国民待遇、土地使用、劳工配额、保险及就医、签证、税收体系、外资银行经营模式等方面对外资还存在诸多限制,对外资企业的行政审批手续也十分烦琐,诸如劳务许可、物资进出境许可、车辆通行证、边境施工许可等手续办理程序多、受理时间长、批复慢,此外还有不合理的投资争端解决机制、小股东的权益保护问题等,均成为中资企业进入俄市场的现实障碍。

5.3.3.3 两地经济结构的趋同性

黑龙江省与俄东部地区在经济结构上具有一定的趋同性,都是能源和重工业在产业结构中占很大比重。近年来,由于世界经济增速放缓、国内外市场原材料需求下降等原因导致工业原材料的价格下降,一些基础性行业如钢铁和煤炭产能过剩,昔日的能源工业和传统重工业基地遭遇经济寒冬;产业结构的趋同性使得双边经贸合作互补性有所欠缺,例如黑龙江省拿不出在俄罗斯市场具有竞争力的拳头产品,俄方需求量大的纺织品和服装鞋帽等均不是黑龙江省的优势产品,大多数来自省外。另外,两地发展均缺少高新技术产业,一些新兴

---

① 高际香. 中俄在俄罗斯远东地区合作发展规划(2018—2024年)述评[J]. 俄罗斯学刊, 2019 (1).

产业尚处于起步阶段；两地都缺乏足够资本，需要借助区外资本来发展本地经济，因此相互投资的规模受到制约。可见，两地经济结构的趋同性，大大限制了黑龙江省与俄远东地区投资合作的广度和深度。

5.3.3.4 黑龙江省对外投资主体实力有限

黑龙江省属于中国的欠发达省份，对俄投资的企业大多是个体私营企业，另外还有一些沿边城市和边境口岸的地方性企业，缺乏具有较强竞争能力的跨国公司。这些企业由于自身经济实力有限，且缺乏丰富的海外经营经验，因此只能投资于一些规模小、附加值低、投资周期短的农业、商业服务业项目，经营绩效往往也不够理想。由于黑龙江省市场机制发育不完善，与企业对外投资密切相关的金融、保险、物流等相关产业和服务机制尚不成熟，不能为企业的对俄投资提供强有力的配套服务。截至2016年，经国家审批的黑龙江省对俄投资企业中，仅有15家企业对俄投资金额达5亿元人民币以上，有7家企业对俄投资额达10亿元人民币以上，对俄投资合作缺少大企业和大项目带动。[①]

5.3.3.5 来自第三方的竞争日益激烈

随着俄罗斯对外资的吸引力不断提高，黑龙江省企业在俄投资所面临的竞争也日渐加剧。首先，黑龙江省企业面临着来自发达国家企业的强劲竞争。在俄东部地区，除传统的欧洲投资国外，黑龙江省企业还会与来自日本、韩国的企业展开竞争。与发达国家的跨国公司相比，黑龙江省企业投资规模小，经营能力差。其次，黑龙江企业还面临着来自国内发达省份企业的竞争与压力。早在2010年，南方的一些省份在对俄出口方面就已经超过了黑龙江省。当年黑龙江省对俄出口总额落后于浙江、广东两省，屈居第三位，而排名第四位的江苏省与黑龙江省的差距也在缩小。在对俄投资领域，南方企业也早有布局，例如，上海实业集团等五大中国企业在圣彼得堡投资开发总额达13亿美元的波罗的海明珠综合住宅项目，珠海振戎公司与黑龙江斯达国际纸业集团有限公司联手在俄投资3亿美元的纸浆厂项目，山东鲁能集团公司在俄获取了年产500万~700万吨的铁矿石开采项目等。在"一带一路"倡议的带动下，这些南方

---

① 黑龙江省商务厅对俄合作处，http：//www.hlj.gov.cn/ztzl/system/2016/02/17/010761364.shtml。

发达地区更是积极出台政策鼓励企业走进"一带一路"沿线国家,对俄投资的规模不断扩大。江苏已经在俄设立企业96家,投资额3.9亿美元。2015年,江苏罗曼·罗兰集团与俄罗斯stayer公司相互注资,合作生产的滑雪服占领了全球80%以上的高端市场。江苏企业还在圣彼得堡机场设计和建造了欧洲最先进的能源中心,高效节能、低碳环保正在成为中国制造的新名片。① 浙江省与新西伯利亚州、外贝加尔边疆区、车臣共和国,杭州、宁波、温州、绍兴4个市与喀山市、伊尔库茨克市、圣彼得堡市、莫斯科州列宁大区,分别建立了友好关系,俄罗斯已成为浙江跨境电商的主要伙伴。2018年9月12日,阿里巴巴与俄罗斯投资基金(RDIF)、移动运营商MegaFon以及互联网集团Mail.ru签署协议,成立名为全球速卖通(AliExpress Russia)(俄罗斯)的中俄合资企业,俄罗斯总统普京表示俄罗斯政府将全力支持阿里巴巴在俄罗斯的发展。② 随着南方发达省份与俄罗斯的经贸往来日益紧密,黑龙江省对俄合作第一大省的地位已经受到严峻的挑战。

---

① 娄勤俭.世界杯期间,江苏以自己的方式为俄罗斯加油[N].新华日报,2018-09-12。
② 车俊.俄罗斯已成为浙江跨境电商的主要伙伴[N].浙江日报,2018-09-14。

6. 黑龙江省对俄投资的经济效应分析

第二次世界大战以后，国际投资的迅速发展已经成为推动世界经济增长的重要力量，也成为母国带动对外出口、优化产业结构、促进技术进步、推动经济增长的重要途径。黑龙江省对俄投资的不断发展，也必然会在其对俄贸易、产业结构、就业水平、资本形成和技术进步等领域产生作用。本章我们将对黑龙江省对俄投资的上述经济效应进行详细分析。

6.1 进出口贸易效应

6.1.1 理论基础与传导机制

6.1.1.1 理论基础

长期以来，国际投资与国际贸易的关系一直是理论界研究的焦点，西方学者在这一领域进行了广泛而深入的研究。较早的理论支持国际投资与国际贸易的替代关系，例如，芒德尔（1957）放松生产要素在国际上不能流动的假设，并引入关税分析，得出资本流动将替代商品贸易的结论；约翰逊（1967）认为，关税引致的投资如果使东道国不具有比较优势的进口替代部门获得发展，就会减少贸易量。随着技术差距、垄断竞争市场结构、外部规模经济等因素被引入传统的贸易模型，学术界普遍认为，资本的跨国流动将进一步强化国际贸易基础，对国际贸易产生补充效应（格罗斯曼，赫尔普曼，1989）。小岛清和小泽辉智（1985）、巴克利（1985）在小岛清边际产业扩张论的基础上进行深入研究，认为日本企业对外投资的模式可以重塑母国与东道国的比较优势，从而带动两国贸易量的增加。赫尔普曼和克鲁格曼（1985）在一般均衡框架下研究跨国公司垂直型投资对母国国际贸易的影响，认为如果跨国公司将产业链按照成本优化的原则进行全球布局的话，可以增加中间产品的企业内贸易，与国际贸易形成互补效应。马库森和斯文森（1985）提出贸易和投资互补理论，他们通过改变 H-O 模型中的假设条件，利用中、美两国贸易实例证明了该理论。

20 世纪 80 年代以后，国际投资和国际贸易关系的实证研究取得了突破性进展，但是结果也分别支持贸易替代和贸易互补两种结果。前者有佩恩和瓦克丁（1998）使用时间序列法对 11 个 OECD 国家的数据进行分析，发现对外投资在特定产业上是替代出口的，甚至在总体上也是替代出口的。贝尔德伯斯和斯洛韦根（1998）认为，日本电子类的企业对欧盟投资增加是欧盟对日本企业的反倾销和其他的贸易限制所导致的，这种"越过关税型"对外投资替代了日本的出口。戈皮纳特等（1999）考察了美国食品加工业 1982—1994 年对发达东道国投资与其出口贸易之间的关系，发现美国食品加工业的海外生产对母国出口的影响是负面的；后者有李普西和韦斯（1981）使用美国 14 个产业的截面数据证明对外投资存在积极的出口效应，并发现如果东道国为发展中国家，那么互补效应更为突出；佩特里（1994）发现，国际投资和国际贸易之间的关系会因投资类型的不同而不同，成本导向型国际投资的贸易补充效应比市场导向型的更强；卡马来罗和泰莫瑞特（2004）运用面板数据模型分析了欧盟和日本、美国的工业品进出口贸易，证实了贸易与投资之间存在互补关系。

可见，对外投资与母国对外贸易的关系既不是单纯的替代效应，也不是简单的互补效应，是受投资对象、行业、动机、企业竞争力等多种因素影响的综合性结果。

6.1.1.2 传导机制

一般而言，对外投资主要通过以下途径影响母国的对外贸易。

一是出口引致效应。一国的对外投资必然会带动投资母公司对海外分支机构或子公司的原材料、中间产品和机器设备的出口增加，另外还会引发东道国企业对母国其他相关企业产品的需求增加，因此会导致母国的出口增加。

二是出口替代效应。即对外投资导致的母国出口减少。跨国公司通过对外投资将生产基地转移到国外，在东道国当地生产后就地销售，从而部分或全部替代原来的自母国进口。另外，国际投资还在东道国产生了技术示范和技术扩散效应，当地企业可以学习或模仿生产该产品，从而导致从母国进口的该产品数量减少。

三是逆向进口效应。即对外投资会增加母国自东道国的进口。跨国公司通过对外投资将生产基地转移到国外，在东道国当地生产加工后，其中部分或全部产品将返销母国。

四是进口转移效应。即对外投资会减少母国的部分进口。在母国进行对外投资前，国内企业生产某些产品时需要使用一些进口投入品，当对外投资发生后，由于生产基地向国外进行转移，因此国内生产将缩减，从而导致进口的投入品也相应减少。

在上述四种效应中，第一种和第四种表现为投资国出口增加或者进口减少，将产生正效应；第二种和第三种表现为投资国出口减少或进口增加，将产生负效应。一国的对外投资会同时引发多种贸易效应，但每种贸易效应的强弱程度会有明显差异，对投资国对外贸易的最终影响将由这四种贸易效应相互作用的净效应所决定。

6.1.2 黑龙江省对俄贸易与对俄投资关系的初步分析

6.1.2.1 从对俄贸易与对俄投资的规模上看

中俄两国经济结构互补性强，合作潜力巨大，近些年来双边贸易与双边投资均有较快增长。就黑龙江省对俄贸易而言，在经历了 1997 年金融危机期间的连续两年下滑之后，对俄贸易额在 1999—2008 年间连续 10 年保持高速增长，2008 年达到创纪录的 110.8 亿美元。受国际金融危机影响，2009 年黑龙江省对俄贸易出现十年来首次大幅下滑,全年对俄贸易额为55.8亿美元,比上年下降49.7%,2010年对俄贸易额恢复性增长为74.7亿美元,与历史最高值即2008年的110.8亿美元相差较大,2011年,由于中俄原油管道的运行,拉动全省实现对俄进出口189.9亿美元,比历史最高年份2008年的110.8亿美元高79.1亿美元,同比增长154%。2012年、2013年、2014年黑龙江省对俄贸易进入平稳增长时期,连续三年稳定在200亿美元以上;受乌克兰危机影响,2015年和2016年黑龙江省对俄进出口额分别下降53.4%、15.3%。历经两年下滑后,2017年全省对俄贸易终于扭转下滑局面,当年对俄进出口额实现109.88亿美元,增长19.5%。[①]

与对俄贸易相比,黑龙江省对俄投资的起步较晚。2004年,在东北老工业基地改造战略实施之初,黑龙江省仅有对俄投资企业14家,合同投资额为0.51亿美元。经过几年的迅速发展,截至2017年,黑龙江省备案对俄投资企业已达到0574家,对俄非金融类投资存量为29.79亿美元,投资总额占中国对俄投资的1/3。在2008—2017年的十年间,黑龙江省对俄投资额年均增速达到11.3%,与同期对俄贸易年均增长率11.4%基本持平,[②] 而且二者发展态势均极不稳定,十年间均呈现剧烈波动的走势。可见,近十年黑龙江省对俄贸易与对俄投资具有明显的共同变化趋势(见表6-1、图6-1)。

表6-1　　　　2008—2017年黑龙江省对俄贸易与对俄投资情况

年度	黑龙江省对俄贸易		黑龙江省对俄投资	
	对俄贸易(亿美元)	同比增长(%)	对俄投资(亿美元)	同比增长(%)
2008	110.6	3.1	1.5	-9.6
2009	55.8	-49.6	1.1	-28.5
2010	74.7	34.0	1.4	27.8
2011	189.9	154.0	1.7	22.4
2012	213.1	12.2	3.9	126.0
2013	223.6	5.8	5.6	44.3

① 历年黑龙江统计年鉴,http://www.hlj.stats.gov.cn/tjsj/tjnj/。
② 黑龙江省商务厅对俄合作处。

续表

年度	黑龙江省对俄贸易		黑龙江省对俄投资	
	对俄贸易（亿美元）	同比增长（%）	对俄投资（亿美元）	同比增长（%）
2014	232.6	4.1	1.5	-73.9
2015	108.5	-53.4	1.8	22.6
2016	91.9	-15.3	2.2	24.6
2017	109.4	19.0	1.3	-43.0

资料来源：黑龙江省商务厅对俄合作处。

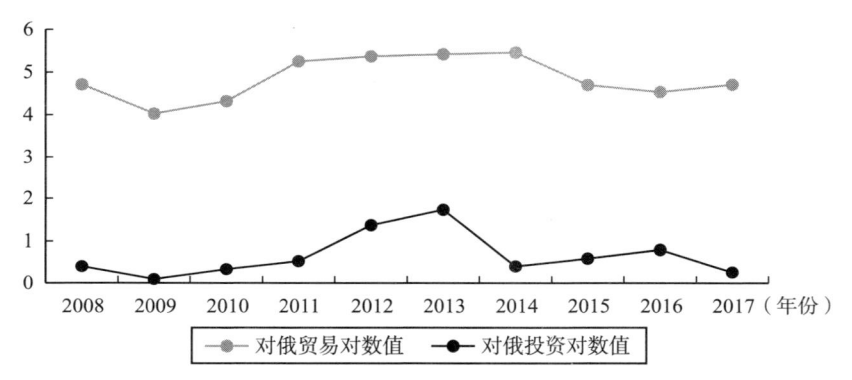

图6-1 2008—2017年黑龙江省对俄贸易与对俄投资走势

注：图中对俄贸易与对俄投资数据均取对数以消去线性趋势。
资料来源：黑龙江省商务厅对俄合作处。

6.1.2.2 从黑龙江省对俄贸易与对俄投资的结构上看

从进出口商品结构来看，黑龙江省对俄出口的主要商品有服装、鞋、纺织品、机电产品、农副产品等，占对俄出口保持较大的比重份额。黑龙江省自俄进口前十种主要商品为原油、原木、锯材、肥料、铁矿砂及其精矿、粮食、纸浆、煤、成品油、合成橡胶，占自俄进口总额的95.3%。对俄主要投资领域为能源矿产业、林业、农业、加工业和园区建设，对俄工程承包及劳务合作主要集中在森林采伐、农业种植和建筑工程行业。总体来说，黑龙江省对俄贸易与对俄投资结构具有一定的吻合性。

6.1.3 对俄投资的贸易效应机理分析

6.1.3.1 基于投资动因视角的分析

投资动因直接决定着一国对外投资的区域选择与产业选择，是影响对外投资贸易效应的重要因素。根据联合国贸易与发展会议发布的《世界投资报告2006》，一国对外投资的动因主要有四大类，分别为市场寻求型、资源寻求型、效率寻求型和创新资产寻求型，不同投资动因驱使下的对外投资对中俄贸易的作用程度也有所不同。

所谓市场寻求型对外投资是指企业为了有效供应东道国市场，在国外投资建立的生产制造、产品分销或售后服务类公司，它是企业就出口障碍、跨国运输费用、相对生产成本、国外市场规模等因素综合考虑的结果。市场寻求型对外投资大致可以分为三种情况：一种是为了突破贸易障碍或规避贸易壁垒而进行的投资，一种是为了稳定与扩大原有市场而进行的投资，一种是为了开拓新的市场而进行的投资。不同情况的对外投资所引致的贸易效应也各不相同：如果投资是为了规避贸易壁垒或保持原有市场规模，由于在投资发生前，母国是向东道国出口具有比较优势的产品，现在改由海外分支机构或子公司在东道国当地生产和销售，因此就会导致母国最终产品的出口减少，但同时海外投资建厂也会带动母国生产设备、中间产品、原材料和服务的出口增加；如果对外投资是为了开拓新的市场，则会对母国出口贸易产生积极影响，因为跨国公司的海外生产会带动相关产品和服务的出口，并且不存在对母国原有出口贸易的减少与替代。

所谓资源寻求型对外投资是一国为了保证国内生产所需的关键性自然资源的供应，或者寻求较为有利的价格条件，在资源丰富的国家投资建立子公司或附属企业。这些关键性自然资源一般是指石油、矿产等不可再生的，对本国国计民生、经济发展具有重要作用的自然资源。资源寻求型对外投资在中国境外投资中所占的比重较大，尤其是在一些资源丰裕类国家，如澳大利亚、南非、尼日利亚、赞比亚和巴西等国，采矿业是中国对其投资的第一大行业。由于资源寻求型对外投资的主要目的就是为了获取国外的能源和自然资源，因此会直接导致母国进口贸易的增长。同时，境外资源开发还能带动母国生产设备、实用技术、中间产品和相关劳务的向外出口，特别是当技术较为先进的国家向资源丰富的发展中国家进行投资时，对母国出口贸易的带动作用更为明显。可见，资源寻求型对外投资对母国进出口贸易的增长均发挥着较强的促进作用。

效率寻求型对外投资一般是指企业为了提高生产效率，在全球范围内进行劳动和专业化的重新划分，进而实现跨国界的横向一体化或垂直一体化经营，以获得规模经济或范围经济的收益。由于其主要的投资目的是利用国外廉价的生产要素（主要是劳动力和土地），因此所选择的投资对象多为那些劳动力和土地资源丰富而且廉价的发展中国家，投资的产业多为母国由于生产成本过高而丧失比较优势的边际产业。母国通过对外投资将国内过剩的生产能力向外进行转移，在减少国内生产的同时会使东道国的比较优势得以发挥，从而增加东道国的产量和出口量，其中部分产品会返销到母国，由此引起母国的进口增加。同时，海外投资所需要的总部服务、机械设备、中间产品和原材料等会从母公司采购，由此带动母国的出口增加。可见，效率寻求型对外投资与母国的进口、出口均呈较强的互补关系。

创新资产寻求型对外投资是指企业通过投资建立子公司的方式，获得国外的关键性要素或无形资产，以保持或加强自身主体的竞争力，或者削弱竞争对手的竞争地位（邓宁，1993）。在战略资产中，先进技术尤其是核心技术最为关键，获得对这些资产的控制权也是战略资产寻求型对外投资活动的重要特点。这样的投资目的决定了这类对外投资主要发生在发达国家的制造业、科学研究、技术服务、信息传输、计算机服务和软件业等行业，主要的表现形式是建立联合研发中心和国外研发中心等。一般来说，这类对外投资会带来相关专利技术、专有技术等技术贸易的广泛开展和母国高新技术产品的进口增加，因此与母国的进出口贸易也具有一定的互补性。

由上述分析可见，在四种不同投资动因所导致的国际投资中，资源寻求型对外投资、效率寻求型对外投资、创新资产寻求型对外投资均与母国的进出口贸易呈现较强的互补关系，而市场寻求型对外投资对母国出口贸易的作用结果则具有不确定性。

如前所述，黑龙江省对俄投资主要流向能源与矿产资源开发、林业、农业、商贸服务、园区开发等领域，从投资动因出发大多属于典型的资源寻求型和市场寻求型投资。此外，还有一些企业涉足于俄罗斯房地产领域和进行境外工程承包。市场寻求型投资帮助黑龙江企业绕开了俄罗斯的贸易壁垒，带动了原材料、中间产品、机器设备等对俄出口，但同时会替代一部分最终产品的对俄出口；在房地产和工程承包领域的对俄投资，对黑龙江省生产技术、机器设备的带动作用则较为明显；而资源寻求型对俄投资不仅可以增加上述产品的出口，而且还可以明显增加黑龙江自俄进口的资源性产品，例如2018年1月1日，中俄原油管道二线正式运行，原油增供以及价格上扬成为拉动黑龙江省自俄进口增长的主要因素，海关统计数据显示，2018年黑龙江省自俄进口原油2663.9万吨，增加了59.4%，其中自俄管道运输进口2549.4万吨，增加56.3%[①]。

6.1.3.2 基于产业选择视角的分析

一国对外投资的贸易效应与产业选择密切相关，一般来说，要考虑对外投资流向的产业是属于东道国具有比较优势的出口部门还是具有比较劣势的进口竞争部门。如果对外投资流向东道国具有比较优势的出口部门，则会加强该国比较优势产业的扩张，在增加产量和出口量的同时也会引起母国进口数量的增长；如果对外投资流向东道国比较劣势的进口竞争部门，那么当地生产则会替代一部分产品进口，会减少东道国原来需要从母国进口的数量，因此对母国出口贸易具有收敛作用。

从黑龙江省对俄投资的产业分布来看，主要涉及林业、农业、矿产及能源开发等。根据黑龙江省商务厅 2016 年数据，黑龙江省有大约 400 家企业进行林业投资，总金额达 23.33 亿美元；有 32 家企业进行矿业投资，总金额达 6.78 亿美元；有 45 家企业进行建筑和农业投资，总金额分别达 4.27 亿美元和 1.98 亿美元。商贸服务业投资企业 14 家，投资总额 2.01 亿美元；电力领域 2 家，投资总额 1.61 亿美元；轻工领域 39 家，投资总额 0.90 亿美元；石油领域 4 家，投资总额 0.83 亿美元[②]。

黑龙江省对俄第一产业及采矿业的投资主要是为了利用俄罗斯丰富的能源与自然资源，这些领域是俄极具潜力的优势部门，因而接受外资会促进其产量

---

① 黑龙江省政府，http://www.hlj.gov.cn/zwfb/system/2019/03/04/010894823.shtml。
② 黑龙江省商务厅对俄合作处，http://www.hljswt.gov.cn/。

的增加、出口规模的扩大，也会导致中国进口资源的成本下降和进口数量增加，因此这类对俄投资与对俄贸易形成了较强的互补效应。黑龙江省企业对俄房地产业、租赁和商务服务业、建筑业、批发零售业等第三产业的投资，尽管直接影响的是对俄服务贸易的规模，但对对俄货物贸易的规模也会产生间接的影响。其中，对房地产业和建筑业的投资可以带动黑龙江省建筑材料、机器设备、相关技术和劳务的对俄出口；对商务服务业、批发零售业和金融业等服务业的投资，从根本上来说是为黑龙江企业扩大在俄市场销售提供服务的，其主要目的是服务于对俄贸易特别是对俄出口，因此会对对俄贸易特别是对俄出口产生积极的扩张作用。黑龙江省对俄制造业投资的贸易效应比较复杂，对中俄贸易既可能产生替代作用，又可能产生互补效应，但从具体的行业分布来看，黑龙江省对俄制造业的投资大多集中在轻工业、纺织品和服装、家用电器等行业，均属于中国的比较优势部门和俄罗斯的比较劣势部门，在对俄投资发生以前，是中国对俄出口的传统优势产品，现在通过对俄投资在俄生产销售，必然会减少俄罗斯自黑龙江进口的部分此类产品，因此对黑龙江省对俄贸易尤其是对俄出口产生一定的替代作用。

6.1.4　结论与建议

通过对中国对俄投资贸易效应的分析，我们可以得到以下主要结论：中国对俄投资与对俄贸易之间存在互补关系，对俄投资具有明显的贸易创造效应。从对俄投资动因来看，资源寻求型对俄投资对对俄贸易的带动作用最为明显；从投资的产业选择来看，中国对俄第一产业及采矿业的投资具有较强的贸易创造效应，但是对俄制造业投资的贸易效应比较复杂，贸易替代效应比较明显。

目前中国的出口形势日趋严峻，与美国为首的发达国家贸易摩擦日益加剧，而俄罗斯自 2014 年以来也持续遭遇西方国家的经济制裁与封锁。为抵御由此带来的冲击和风险，中俄两国都有继续扩大与深化合作的迫切需求。"一带一路"和"龙江丝路带"的提出，为中国和黑龙江省企业通过扩大对俄投资来带动对俄出口、转移向发达国家出口的压力、分散市场风险带来了诸多机遇。今后黑龙江省对俄投资可以从扩大贸易规模和调整贸易结构两方面对中俄贸易做出贡献。为此，我们必须进一步发展贸易创造效应比较明显的对俄资源寻求型和交通基础设施领域的投资，并通过大力发展对俄高新技术产业和现代服务业的创新资产寻求型投资来优化提升对俄贸易结构。

今后黑龙江省要继续加强对俄资源寻求型投资。一方面，中国能源需求和消费大幅增长；另一方面，俄罗斯拥有丰富的能源和矿产资源，资源型产品出口是其经济支柱和财政收入的重要来源，但是俄罗斯能源资源产业的生产技术相对落后，要想进一步发展急需国外的资金和先进技术，因此可以和具有一定资金和技术实力的中国企业进行合作，联合开发能源和矿产资源项目。中俄在能源和矿产资源领域的合作可以有效缓解中国石油、天然气、矿产资源短缺的发展瓶颈，扩大中国的进口规模，还能带动相关产品和劳务的对俄出口。因此，无论是从中国能源战略安排的角度考虑，还是从中国今后要逐步转向贸易平衡的角度考虑，都应该增加对俄能源和采矿业的投资，提高对能源和资源类产品的进口带动作用，在这个过程中，作为对俄经贸合作前沿阵地和资源大省的黑龙江无疑具有得天独厚的优势和便利条件。

要大力发展对俄交通基础设施领域的投资。实现中俄两国经贸上的互联互通必须首先实现两国交通基础设施的互联互通，"一带一路"倡议、中蒙俄经济走廊、"龙江丝路带"等给中俄在交通基础设施领域的合作带来广阔前景。一方面，黑龙江省和俄东部地区毗邻，那里交通基础设施建设严重落后，许多公路、铁路、仓储设施修建年代久远，处于严重老化阶段，急需大量投资进行更新改造。另一方面，近年来，尽管两国在北京至莫斯科的欧亚高铁运输走廊、莫斯科—喀山高铁项目、珲春—符拉迪沃斯托克的跨境高铁等项目上有所合作，但目前中国对俄交通基础设施领域的投资仍处于较低水平，截至2017年，对俄交通运输、仓储和邮政业的投资仅占中国对俄投资总额的0.6%，因此今后中国对俄交通基础设施领域的投资大有可为。通过发展中国对俄交通基础设施领域的投资，可以带动中国建筑材料、机器设备、相关技术和劳务的对俄出口。

要加强对俄高科技领域的创新资产寻求型投资。目前中俄贸易的商品结构还比较单一，主要以中方的劳动密集型制造品和俄方资源密集型产品的交换为主要内容，这种较为初级的贸易结构制约了中俄贸易进一步发展的潜力。发展对俄创新资产寻求型投资可以增加两国高新技术产品的进出口，丰富中俄贸易的商品结构，提升中俄贸易的质量和层次。实际上，中俄两国在高科技领域具有诸多合作机会：俄罗斯是世界上的科技大国，在宇航技术、激光技术、微生物工业、新材料、核电技术等领域拥有许多一流的科技成果，但是，由于缺乏资金，这些科技优势和潜力尚未开发出来；而中国经济转型的重要目标是培育新能源新材料、生物技术、电子信息、现代装备制造等战略性新兴产业，因此对俄罗斯的先进技术具有强烈需求。但目前中国对俄高新技术领域的投资规模很小，截至2017年底，中国对俄科学研究和技术服务业、信息传输、软件和信息技术服务业等领域的投资仅占对俄投资总量的1.9%，因此尚有巨大的发展空间。今后，可以通过在俄设立研发中心、并购俄方高新技术企业等途径，促进两国技术贸易的广泛开展和高新技术产品贸易规模的扩大，增加双边贸易中技术密集型产品所占的比重，推动中俄贸易向更高层次转型升级。

6.2　产业升级效应

产业升级是经济发展的重要内容和基本动力。在开放型经济条件下，一国（地区）产业结构的调整，除了依赖内部生产技术的自我进步外，还在很大程度上依赖于本国（地区）的对外开放程度与绩效。从国际经验来看，发达国家和新兴工业国都曾把发展对外投资作为推动国内产业升级的重要途径，中国也在"十五"计划纲要中明确提出要积极推动有条件的企业到境外从事跨国经营，参与国际分工，引进先进技术，使国家中长期产业结构不断得到提升。

进入21世纪以来，黑龙江省已经进入产业结构转型的关键时期。作为中国的农业大省和老工业基地，黑龙江省以生产原油、原煤、原木、原粮等"原"字号产品闻名，能源、电力、化工等高能耗、高污染产业较多，高新技术产业、现代服务业等新兴产业在经济中占比较低，产业结构落后，经济增长乏力。积极发展对俄投资，有助于黑龙江省与俄罗斯的资源、人员和技术等生产要素进行优势互补，有助于实现对俄产业转移和产业合作，从而推动省内产业结构的调整和优化。

6.2.1　对外投资的产业效应：研究综述

关于国际投资与母国产业升级关系的研究，西方经济学已经形成较为成熟的理论体系。弗农（1966）的产品生命周期理论指出，一国为了顺应产品生命周期的变化，通过对外投资将成熟产业向低成本国家转移，自身则从事高新技术产品的研发与生产，这一过程必然会导致投资母国产业结构的调整与升级。日本学者赤松要（1935）提出的"雁行模式"，虽然旨在解释东亚各国产业转移的趋向，但将日本定位于"头雁"地位，则含有较为明确的促进国内产业升级的寓意。小岛清（1987）的边际产业扩张论指出，母国通过对外投资将国内处于比较劣势的部门转移到国外，可以集中资源发展本国具有比较优势的产业，从而加速国内的产业升级。这些基于发达国家对发展中国家投资的研究表明，对外投资对母国产业升级具有较大影响。随着发展中国家对发达国家逆向投资的兴起，发展中国家对外投资的产业效应也引起相关研究的关注。坎特威尔与托兰惕诺（1990）的技术创新产业升级理论指出，发展中国家的对外投资开始是在周边国家进行，随着海外经验的积累，为了获得较为复杂的技术会向发达国家投资，这样就可以利用当地的技术资源优势获得逆向技术转移，从而促进母国的产业升级。穆恩和罗尔（2001）提出的对外投资不均衡理论，认为对外投资是企业提高竞争力和落后产业实现升级的有效途径。马修斯（2006）基于发展中国家视角，提出"LLL分析框架"，认为新兴经济体的跨国公司，通过外部资源联系、杠杆效应和干中学进行对外投资，可以获得新的竞争优势，以促进本国产业结构优化升级。

  国内相关研究支持对外投资对发展中国家产业结构优化升级的结论。江小娟和杜玲（2002）认为，发展中国家或地区通过开展对外投资可以建立起以本国企业为核心的国际生产体系，形成对国内产业结构升级的直接牵引，从国际生产的供需两个方面推动国内产业结构升级。魏巧琴和杨大楷（2003）认为，对外投资对投资国产业结构调整影响主要通过内部作用和外溢作用两条途径。李优树和杨环（2003）从竞争力的角度研究发现，对外投资能够促进比较优势的发挥，进而实现国内产业结构的优化与升级。欧阳峰（2005）认为，对外投资体现一个国家从比较优势到竞争优势的国际产业转移规则，可以排除退出壁垒和贸易壁垒的影响，既可以节约生产成本，又可以打开国际市场，是支持产业扩张和实现产业结构调整的有效途径。

6.2.2 对外投资的母国产业效应：传导机制

具体来说，对外投资对母国产业升级主要通过以下途径发挥作用。

（1）传统产业转移效应。一国产业结构的调整和升级必然伴随着传统产业的逐步衰退，但是，在传统产业退出时会遇到退出壁垒，这些壁垒主要来自生产设备及人力资本的专用性和沉淀性。在这种情况下，通过对外投资将本国已经或濒临丧失比较优势的传统产业向经济发展水平较低的低梯度国家进行转移，这样既能释放出沉淀生产要素用于国内新兴产业的发展，又能获取较高的海外投资收益用于国内的技术革新和研发，因此可以极大地促进本国的产业升级。

（2）新兴产业成长效应。对外投资可以通过以下途径促进母国新兴产业的成长：一是通过向境外转移传统产业，将释放出的沉淀生产要素用于高新技术产业的发展；二是通过对外投资获取高于国内的投资收益，并将这部分投资收益汇回国内投入新兴产业从而促其成长；三是通过对发达国家的学习型投资，使国内企业能更直接、快捷地学习发达国家的先进技术和管理方法，从而提高其技术研发能力和管理水平；四是通过对发达国家的投资，引进外国的消费理念和消费模式，引导国内消费者对高新技术产品产生需求，从而促进国内新兴产业的发展。

（3）产业关联效应。产业关联的方式可以分为前向关联和后向关联两种。所谓前向关联是指下游产业的技术发展或市场扩大会带动为其提供原材料、设备和技术等投入要素的上游产业同步发展；所谓后向关联是指上游产业的扩展及技术提升会刺激下游产业的投资扩大和技术提升。因此，一国对那些生产链条长、有明显的前后向联系、辐射效应大的产业进行投资，必然导致国内提供相关投入要素和配套服务的产业规模扩张和技术提升，并由此引发波及效应，促进国内技术水平提高，实现产业升级。

（4）产业竞争效应。当跨国公司进行对外投资时，为了适应激烈的国际竞争，它必然会在经营过程中通过自主创新与技术引进等方式，不断提升本企业产品在国际市场上的竞争力。同时，它还会要求国内为其提供投入要素和配套服务的企业提高自身素质，由此将更多的国内企业卷入开放性的经济活动当中。另外，跨国公司竞争力的提高，又将对国内的同行企业产生新的威胁，使该行业内部竞争加剧，行业整体素质得到提高，从而推动本国产业结构的优化升级。

6.2.3 黑龙江省对俄投资对产业升级的影响分析

6.2.3.1 对俄能源、矿产资源领域投资的产业效应分析

随着中国经济的快速发展，不可避免地出现了一些关键性的资源瓶颈。通过对外投资可以获得相对稳定的资源供给，消除发展中的瓶颈，提高产业的竞争力，产业竞争力的提高又会促进该产业的改造和升级，并通过示范效应、扩散效应、关联效应等渠道来促进其他相关产业的发展，从而使得国家的产业结构得以优化。俄罗斯是中国资源寻求型对外投资的重要目的国，与黑龙江省毗邻的俄西伯利亚和远东地区是举世闻名的资源和能源宝库，因此黑龙江省在中国资源寻求型对外投资中发挥着重要作用。黑龙江省通过对俄石油、天然气领域进行投资，与俄方企业联合开发油井、进行电力合作、开发俄境内的矿产资源等途径，使得省内有色金属、黑色金属和非金属矿产资源稀缺的状况得到了一定程度的弥补，获得的石油、矿石等资源为省内重化工业的发展提供了必要的资源补充，缓解了相关产业发展的资源瓶颈，另外还通过对俄投资带动了机械设备等相关产品和服务的对俄出口。可见，能源和矿产资源类投资促进了黑龙江省石化、电力、冶炼、汽车、机械制造等重化工业的发展。

6.2.3.2 对俄农业、林业领域投资的产业效应分析

在农业综合开发领域，黑龙江省企业在俄开发土地、购买农场、经营种、养殖业，在这个过程中，带动了黑龙江省的劳务输出和联合收割机、割晒机、拾禾器、拖拉机等农机具的对俄出口。在俄林业领域进行投资的黑龙江企业主要从事森林采伐和木材加工项目，并逐渐形成在俄开采原木并加工成板材，然后通过低关税进口到国内进行加工销售的经营模式，在这个过程中，带动了黑龙江省的林业工人输出和闲置设备的对俄出口。可见，通过发展农、林领域的对俄投资，黑龙江省向俄输出了大量的林业工人和务农人员，并带动闲置林业

设备和农机具的对俄出口。通过转移这些省内过剩的生产要素和产品，使传统产业中的沉淀生产要素得到释放，为生产要素转向技术水平与附加价值更高的行业与产业，从而促进省内产业结构升级提供了条件。同时，对俄投资获得的农业、林业原材料和半成品向省内返销，还可以发挥后向关联效应，促进相关制造业的发展，实现以原材料工业为重心的工业结构向以加工制造业为重心的工业结构转变（例如，由原来的原木采伐或初加工业、种养殖业转向农林产品的深加工业），不断延伸产业链条，增加产品的附加值，从而推动产业结构的优化升级。

6.2.3.3 对俄制造业投资的产业效应分析

黑龙江省对俄制造业的投资主要集中在轻工、纺织品服装、制鞋、家电、塑钢门窗加工等劳动密集型领域，主要的投资方式是成立境外工业园区发展加工组装工业，且大多以绕过贸易壁垒或以节约贸易成本为直接目的，属于典型的市场寻求型对外投资。黑龙江省对俄制造业投资的产业效应主要表现在以下三方面：首先，对俄投资会扩大投资企业的海外市场规模，因而增加对省内原材料及中间产品、机器设备和相关服务的需求，需求的增加会刺激这些上、下游产业的规模扩张和技术提升。其次，通过对俄制造业投资，黑龙江省的一些相对过剩的生产能力会向境外进行转移，原有的过剩产能得到释放后，往往会转入技术水平与附加价值更高的产业，由此促进资本与技术密集型产业的发展。最后，面对激烈的国际市场竞争，进入俄罗斯发展的黑龙江企业会致力于提高自身产品的品质，开展技术研发和创新，同时还会对省内为其提供投入要素和配套服务的上、下游产业提出更高要求，这就带动了相关产业整体素质的提高并形成产业整合力，由此推动产业的整合与升级。但是，由于目前黑龙江省对俄制造业的投资规模较小，且多半集中于资本、技术含量较低的劳动密集型行业，产业链条较短，产品附加值较低，因此对省内相关产业的连锁效应、竞争效应和示范效应还十分有限。

6.2.3.4 对俄服务业投资的产业效应分析

黑龙江省对俄服务业的投资主要集中在租赁和商务服务业、批发和零售业领域，这类投资属于贸易依附性投资，可以促进对俄贸易特别是对俄出口。黑龙江省对俄出口商品中,服装及衣着附件、鞋类、机电产品、农产品、纺织纱线及其制品等是主要的出口产品,尤其是服装、鞋类、纺织品这三类产品的出口份额占对俄出口总额的40%以上,因此,对俄服务业的投资会带动省内轻纺工业、制鞋、机械制造、五金等劳动密集型产业的扩张。如前所述,与资本、技术密集型产业相比,这些部门对省内产业升级的促进作用有限。

6.3 就业效应

对外投资对母国就业的影响在母国宏观经济效应研究中是一个热点问题。相关研究可以从就业总量和就业结构两个角度进行分析。

6.3.1 对外投资母国就业效应理论综述

对就业总量的研究成果分为"替代效应论"和"补充效应论"两种观点。贾赛(1960)最早对对外投资的母国就业替代效应进行了研究,他认为在母国资本资源有限的情况下,对外投资将替代部分国内投资或消费,如果对外投资没有伴随出口的增加或进口的减少,则对外投资就会对国内就业产生替代效应。在他之后的许多学者都认为对外投资会造成一些负面效应,如减少国内的资本供给,使母国经营规模缩小,造成就业岗位的流失等,其中布拉科尼亚和埃克霍姆(2001)针对美国跨国公司对外投资对母国的就业效应进行了实证研究,发现对外投资造成美国工人失业增加;科宁斯和墨菲(2006)利用欧盟跨国公司的面板数据进行实证研究,认为在成员国内部的对外投资明显减少了母国的就业岗位,而对欧盟之外的国家投资则没有表现出明显的替代效应;瓦格纳(2008)认为发达国家对外投资对母国的就业效应与投资区位有关,如果投资到高收入的发达国家则产生明显的替代效应,如果投资到劳动成本较低的发展中国家,则替代效应不明显。

补充效应论者认为,对外投资将增加母国的就业机会,因为高收入国家投资到低成本国家能增加企业的竞争力,产生规模效应,缩减成本支出。霍金斯(1972)认为在防御性投资的情况下,对外投资通过增加国外子公司对母国资本设备、中间产品的需求，进而对国内就业产生补充效应。随后，很多学者尤其是一些实证研究的结果支持了对外投资对投资国就业数量有积极影响，或至少其替代与创造的就业机会是互相抵消的观点。例如，洛佩兹（1996）对于美国汽车企业、利普西（2003）对于日本制造业、布劳内热姆、奥克海姆（2005）针对瑞典原材料产业的相关研究都揭示了类似的结论：对外投资显著增加了母国的就业岗位；斯托鲍夫等人通过对9个案例的研究表明，美国对外投资因出口刺激效应、跨国公司总公司及辅助性企业效应而创造的就业机会分别为25万个和35万个，生产替代效应则微乎其微，净就业效应为60万个。美国贸易紧急委员会通过对74个案例的研究表明，美国对外投资因上述两个效应创造的就业机会分别为30万个和25万个，有巨大的正就业效应。

随着研究不断深入，就业结构问题也纳入对外投资的母国就业效应的研究范围。坎贝尔（1994）认为，对外投资对母国就业的数量、质量及区位分布都会产生影响。福斯和库克（2001）提出就业结构论，认为对外投资能够为母国创造很多非生产性的就业岗位，国外子公司经营业务的发展，会增加对母国法律、公共关系服务及工程管理等专业技术人员的就业需求，进而优化母国就业结构。根据格利克曼和伍德沃（1989）的估计，1977—1986年，美国对外投资对国内就业造成的负面影响主要发生在传统工业部门，而从长期看，对外投资增加了新兴工业部门和第三产业部门的就业机会，提高了科技人员和企业管理人员在就业人数中的比重。科沃斯（Curvers，2005）发现，美国企业跨国经营主要提高了研发人员和监管人员的就业需求，因为国外子公司需要更多的总部人员，而对低技术的蓝领工人没有明显的就业带动作用；马索、瓦尔布兰（2007）对转轨国家跨国公司的抽样数据进行研究发现，企业更多地将技术密集型产业迁移到其他国家以获取技术性资源，这对于国内的技术型人才产生替代效应，而对于低技术工人的就业具有补充效应。

国内对对外投资就业效应的研究也比较成熟。寻舸（2002）认为，对外投资对母国就业的替代效应主要发生在传统工业部门，而促进效应则主要发生在新兴或第三产业部门。刘红忠（2001）认为，母国企业的国际竞争力及对国内资本形成的影响决定了对外投资对母国就业的影响。如果对外投资并没有减少国内的资本形成，反而促进了国内经济结构的调整，那么对外投资在减少劣势产业就业的同时会大大增加国内新兴产业的就业机会。王滨（2006）认为，检验对外投资的母国就业效应可以通过研究国内投资是否由于对外投资而产生挤出效应来进行。黄晓玲、刘会政（2007）的研究结果表明，对外投资对中国就业总量产生替代效应，但较为有限，同时对外投资促进了中国就业结构的优化。张海波（2010）对6个东亚新兴经济体的研究结果表明，对外投资的就业效应与投资行业密切相关。就中国而言，商贸业就业人数与对外投资的规模呈明显正相关，对制造业就业的影响一般表现为替代效应，显著增加了中国建筑业的就业岗位。王硕、崔冰（2017）运用OLS方法研究了中国对外投资对投资主体和具体行业就业量的影响，结果表明：中国对外投资对国有企业和股份制企业的国内就业量有较小的替代作用，但对外商投资和中国港澳台投资企业有较大的促进作用。中国对外投资对商务服务业的就业量促进作用最大，其次是制造业和采矿业。

6.3.2 对外投资就业效应的影响机制

6.3.2.1 就业数量效应

一些西方国家的工会组织认为，对外投资减少了本国的就业机会，是导致本国高失业率的重要原因。而一些学者和官方机构则持相反的观点。R. G. 霍金斯对对外投资对母国的就业数量的影响进行了系统性研究，认为对外投资对母国的就业数量的影响是以下三种效应的综合。

一是生产替代效应。跨国公司采取在国外分支机构生产而非在投资国国内生产的方式来参与国际分工，亦即通过对外投资取代投资国的生产和出口，会在一定程度上替代投资国的就业机会，即产生所谓的"工作削减效应"。不少西方发达国家跨国公司对外投资的目标是降低生产成本，尤其是劳动密集型行业更是如此。利用国外廉价的劳动力可以使跨国公司的产品更具竞争力，此举相当于将投资国的一部分就业机会转移到了东道国。二是出口刺激效应。跨国公司的对外投资必然会创造对投资国国内的设备、中间产品和辅助产品的需求，在一定程度上会刺激投资国的出口和生产增长，进而增加就业机会。三是跨国公司总公司及辅助性企业效应。跨国公司的总公司设在投资国，即高层管理职能集中于投资国，对外投资会增加投资国非生产性的就业机会；跨国公司国外分支机构经营业务的不断扩展会不断地为投资国的法律和公共服务、管理及工程咨询等方面的服务创造需求，从而增加投资国相关行业的就业机会。出口刺激效应、跨国公司总公司及辅助性企业效应构成了投资国的"工作创造效应"。因此，对外投资的就业数量效应要视"工作削减效应"和"工作创造效应"比较结果而定。

6.3.2.2 就业质量效应

跨国公司对外投资有可能造成部分行业的就业机会增加而其他行业的就业机会减少，就业机会可能在同一产业内部转移，也可能在不同产业之间进行转移。如跨国公司总公司及辅助性企业效应即创造了第三产业就业机会。在就业机会的转移过程中，可能发生"结构性失业"和"摩擦性失业"，部分失业者经过再就业培训等手段即可实现再就业。但是，在那些熟练程度低的职位上，就职雇员被解雇后，并不能替补到熟练程度高的职位上去。确切地说，他们只能在该国的其他地方寻求非熟练职位的空缺。这种情况有可能鼓励在职的同等熟练程度和专业水平的雇员向跨国公司需要的新职位流动。此外，随着跨国公司的技术转移，高层次人才的不断流出也困扰着部分投资国，投资国的大量对外投资造成大批精通外语、技术业务基础好、善于经营管理的高层次专业人才流失，这一点对发展中国家投资国而言尤为明显。[①]

6.3.3 黑龙江省对俄投资的就业效应分析

根据上述理论，黑龙江省对俄投资的就业效应主要是由"替代"和"创造"两方面因素来决定的。"替代效应"主要是指本来可以在省内进行的海外生产活动转移到俄罗斯所导致的工作机会的丧失，而"创造效应"则主要是指由省内生产并向俄罗斯子公司出口所带来的额外就业机会，母公司向子公司提供服务所产生的工作机会，对俄投资对省内研发人员和管理人员需求增加带来的就业机会，以及省内其他公司向对俄投资企业及其子公司提供服务所带来

---

① 杨晔，杨大楷. 国际投资学（第五版）[M]. 上海：上海财经大学出版社，2015。

的新的就业机会等。

具体来说，黑龙江省对俄投资对就业的拉动作用表现在以下几方面：首先，在对俄投资时，很多中方企业生产所需机器设备、原材料、零部件、半成品大多从国内进口，或者直接以机器设备和技术等资产投资入股，这样就增加了对国内产品的需求，对国内就业产生一定的拉动作用。但如前所述，由于黑龙江省对俄投资带动的出口品当中地产品不多，因此对省内就业增加效果有限。其次，在黑龙江省企业对俄投资过程中，能够为省内创造很多非生产性的就业机会，在俄经营业务的发展会增加对省内金融、法律、公共关系服务及工程管理等专业技术人员的就业需求，优化黑龙江省的就业结构。最后，黑龙江省对俄投资以建筑工程、资源开发、农林牧渔和加工制造为主，这些领域都需要大量的劳动力投入，而投资所在地主要是劳动力极其匮乏的俄远东地区，这就决定了对俄投资可以带动黑龙江的对俄劳务输出。例如，黑龙江省企业在俄罗斯建立森林采伐和木材加工基地，开辟了林业工人再就业和闲置设备转移的新途径；通过利用俄方土地资源进行种植、养殖、加工和销售自主经营，走出了一条农村剩余劳动力跨国转移的新路子。据黑龙江省农委有关部门统计，黑龙江省对俄境外农业开发合作项目主要集中在俄阿穆尔州、滨海边疆区、犹太自治州和哈巴罗夫斯克边疆区四个地区，现在境外农业投资主体100余家，种植规模10万亩以上的农业合作项目达到20个。境外粮食加工企业发展到12家，带动黑龙江省每年对俄输出劳务1.8万人次，年人均劳务收入3万元以上，年创劳务收入近6亿元。[①]

实践表明，尽管黑龙江省企业的对俄投资也会产生一定的就业替代作用，但相对于俄方而言，黑龙江省具有明显的劳动力资源优势，对俄投资又大多集中在劳动密集型领域，这就决定了黑龙江省对俄投资产生的就业替代效应十分有限，而就业创造效应则比较明显。此外，黑龙江省企业通过开展对俄投资和跨国经营，对提升本国人力资源在知识、技术、管理、营销等方面的水平以及拓宽国际化经营视野具有直接的促进作用，从而有利于黑龙江省就业质量的整体提升。

---

① 黑龙江农业信息网. 黑龙江对俄农业合作悄然升级, http://jiuban.moa.gov.cn/fwllm/qgxxlb/qg/201705/t20170509_5599607.htm.

6.4 资本形成效应

6.4.1 对外投资资本形成效应的研究综述

这一领域早期的研究者史蒂文森（1969）发现，国内投资与海外投资显著相关，但在以后的研究中却出现相关性不同的研究结果。赫林和威利特（1973）、诺尔佐伊（1980）的研究表明，国内投资和海外投资之间大部分是正相关关系。但是史蒂文森和利普西（1988）利用美国7个制造业公司，时间跨度为16~20年的国内与海外经营数据，对每个公司进行回归分析。研究表明，海外固定资产投资与样本中的大部分公司的国内投资确实存在竞争关系，由于外部融资的成本递增，在国外投资、生产更多的决策是一个在国内投资、生产更少的决策。他们在1992年的研究进一步证实了美国公司国内投资与对外投资相互替代关系的存在：国外需求的或者公司海外生产的一个百分点的外生增长导致美国母公司中的大部分公司固定投资0.3~0.8个百分点的减少。马丁·费尔德斯坦（1994）对美国海外投资与国内投资关系的实证检验表明，1989年美国跨国公司的海外总资产中只有20%的资产来源于美国的资本跨国界流动，18%为美国投资者的留存利润，其余则源于当地债务和股份。美国海外每投资1美元，减少国内资本存量0.2~0.38美元。

6.4.2 黑龙江企业对俄投资的资本形成效应分析

对外投资一方面会导致母国国内资本供给的减少，从而减少国内的投资，另一方面利润的回流又有利于提高母国的国民收入，增加资本供给，从而增加国内投资。因此，投资国资本流出短期可能会减少母国的资本流量，降低母国的资本形成，但从长期考察，一旦投资进入回收期，资本利润汇回母国，就会增加母国的资本流量和存量。同时，伴随着投资国资本的流出，往往会增加对投资国出口产品尤其是资本品的需求，刺激投资国出口产品的生产，扩大相关产业的投资规模，扩大资本形成，拉动投资国的经济增长。跨国公司的海外分支机构通过国际金融市场或东道国金融市场融资，再通过跨国公司内部网络实现资金转移，也是弥补投资国资本来源的重要渠道。可见，对外投资对母国的资本形成效应与跨国公司的融资渠道、投资绩效，东道国的资本供应能力，对外投资产业链国为延伸程度等因素密切相关。

首先，从黑龙江省对俄投资的融资渠道来看。跨国公司的融资渠道除了来源于本国市场以外，还可以在东道国及国际金融市场进行融资，负债融资、权益融资和证券融资是企业融资的三个基本方式。因此理论上，黑龙江企业可以通过省内融资、国内融资、俄罗斯金融市场融资、国际金融市场融资等多种途径满足对俄投资的资金需求。但实际上，黑龙江对俄投资企业中，只有极个别能得到省外资金的支持，例如：作为黑龙江省境外资源勘探和开采项目龙头企业的龙兴集团，在俄境内建立了多家矿产、水泥、森工企业，获得了包括国家开发银行贷款（也是唯一一家获得境外投资项目贷款的黑龙江企业）和国家财政预算资金的大力支持，并和国内最有实力的矿业企业紫金矿业组建合资公司；乌苏里斯克经贸合作区等国家级境外园区也得到了中央政府的财政支持，但是大部分黑龙江对俄投资企业都是一些中小企业，投资规模小，无法达到国家开发银行和丝路基金等大型项目资金支持的标准，无法在国内外资本市场上通过发行企业债券和股票等方式进行证券融资，无法争取到国家和省外其他大型企业的资金注入。因此投资来源大多是企业自有资金和少量的银行借款，即主要来源于省内资金供应。显然，对俄投资会在短期内对黑龙江省的资本形成产生一定的替代效应，即对俄投资会减少黑龙江省的资本供给。

其次，从俄罗斯金融市场的资金供应能力来看。《俄联邦海关法》《俄联邦税务法》和俄罗斯地方出台的一些法律法规中，对一些重要外资项目和优先发展项目，地方财政可以利用本级预算收入或预算外资金向外资企业提供融资、风险担保和补偿。《俄罗斯联邦融资租赁法》规定，对租赁项目的实施给予联邦预算拨款并提供国家担保；为租赁项目提供投资贷款；银行及其他金融机构向租赁主体提供贷款所得利润可免缴3年以上的企业所得税；按照法律程序向租赁公司提供贷款优惠。可见，俄罗斯融资便利化程度在不断提高。但是俄罗斯的融资环境仍然十分严峻。第一，俄罗斯证券市场发展较为缓慢。按照2013年俄政府公布的"金融和保险市场发展和建立国际金融中心"国家规划，

2016年有价证券市场的总市值应达到GDP的110%，2017年达到120%，2020年前证券市场年交易额应达到240万亿卢布。然而，截至2016年底，有价证券市场的总市值为37.8万亿卢布，仅占GDP的不足45%，证券市场年交易额仅为23.9万亿卢布。第二，国内利率水平较高。自乌克兰危机升级以来，西方对俄罗斯发起多轮经济制裁，为控制资本外逃和卢布贬值，2014年俄罗斯央行5次加息，使基准利率从5.5%飙升至17%。虽然从2015年开始俄罗斯央行多次降息，但是到目前仍然维持在7.25%的相对高位。第三，受欧美制裁影响，俄罗斯银行欧元、美元等外汇出现短缺，部分欧美银行暂停对俄罗斯银行进行外汇同业拆借，或对俄罗斯银行融资规定限额，导致俄罗斯金融系统"失血"现象严重，可见，俄罗斯金融市场尚不能满足国内企业的正常融资需求，外资企业想在俄进行融资更是难上加难。

再次，从黑龙江省对俄投资的经营绩效来看。对俄投资企业跨国经营所形成的资本积累、调动、利润汇回等行为可以对黑龙江省的资本形成发挥积极作用，但由于黑龙江企业整体在俄经营绩效不良，因此这种促进作用十分有限。近几年，黑龙江省对俄投资的大、中型项目中，石油开采类项目和矿业类项目经营状况良好，林业类项目处境比较艰难；众多中小私营企业由于自身抵御风险能力较差，加上近几年俄罗斯国内经济形势恶化、市场需求萎缩、通货膨胀率居高不下、卢布一路贬值等因素的影响，经营业绩受到了极大的影响。

最后，从黑龙江省对俄投资企业的省内产业链延展来看。黑龙江省对俄投资的主体实力弱小，投资行业多数集中在附加值低的农业及无技术参与、投资周期短的商业服务业，产业链条短，附加值低，集群效应差，严重限制了双方合作的广度和深度。在对俄投资带动的出口商品中，本省产品所占比重过低，进口商品的省内加工程度不高，可以说基本处于中俄经贸通道和"二传手"的地位；在一些对俄加工制造型园区中，聚集的企业也以南方企业居多，而黑龙江本土企业由于加工制造能力较弱，产业集群发展远远落后于南方发达省份，因此对俄投资对省内经济的带动作用极其有限，难以有效刺激与投资相关的出口品生产，无法有效扩大为对俄投资提供配套产品的相关产业投资规模。

综上所述，黑龙江省对俄投资对省内资本形成整体上具有替代效应。

6.5 技术进步效应

对于发展中国家来说,按照传统方式引进技术(例如,购买国外技术及其设备、引进外国投资等方式),已经越来越难以学习到发达国家的先进技术。为打破西方发达国家对高新技术的垄断,降低技术获得的成本,越来越多的发展中国家企业变被动为主动,开始向拥有先进技术和高素质科技人员的发达国家进行逆向投资。例如美国的硅谷中,研究与开发型投资在引进外资中所占比重日益提高,这说明对外投资作为投资国引入先进技术的有效手段正发挥着越来越重要的作用。

6.5.1 文献综述

早期,由于学者们更多地关注国际贸易与吸引外资的技术外溢效应,直到20世纪90年代初,经济学界才开始关注基于对外投资的逆向技术溢出现象。邓宁和坎特威尔(1989)认为,对外投资会提高投资母国的劳动生产率,但外国对本国的投资会抑制本国的创新能力。科格特(1991)通过研究日本对美国的投资正式提出了技术逆向外溢的观点。范(1993)运用13个工业化国家1971—1990年的数据,检验进口、引进外资与对外投资三种途径所导致的外国研发对本国全要素生产率增长的贡献,发现对外投资是国际技术外溢的重要渠道。弗兰克(2001)通过对13个工业化国家相关数据的考察得出与邓宁相似的结论,即外商投资并没有实现大量的技术转让,却能够获取当地的技术,使本国的研究与开发基础得到加强。此外,蒂斯(1992)、奈文和西奥蒂斯(1993、1996)、西奥蒂斯(1999)、布兰施泰特(2000)、波特斯伯格和李希特伯格(2001)、布拉科尼和埃克霍姆(2002)、德里菲尔德和詹姆斯(2003)等人的研究都认为,母国从事对外投资可以产生逆向技术溢出效应,技术落后的企业可以通过对外投资获取东道国技术,实现技术进步。

尽管上述研究主要是针对发达国家对外投资的逆向技术外溢效应,但20世纪90年代以后越来越多的学者开始关注发展中国家如何通过对外投资获取逆向技术外溢。如库马尔（1998）、瓦特和马索（2007）分别研究了亚洲新兴工业化国家及地区和爱沙尼亚的海外投资情况。近年来，随着中国对外投资的不断增长，国内学者也开始对其逆向技术溢出效应进行尝试性探索，杜群阳（2004，2006）认为技术寻求型对外投资能够接近跨国公司研发资源，中国能够通过这种类型的对外投资掌握东道国的研发资源，从而实现技术追赶。赵伟（2006）分析了对外投资促进母国技术进步的机理，归纳出中国对外投资逆向技术溢出的四个机制。陈菲琼、虞旭丹（2009）得出了海外研发反馈机制、收益反馈机制、子公司本土化反馈机制和对外投资的公共效应四种主要的反馈途径。周春应（2009）利用中国1991—2007年对外投资的相关数据研究发现，中国对外投资存在显著的逆向技术外溢效应。刘伟全（2010）运用1987—2008年中国对外投资的数据研究对外投资对国内技术创新的研发投入和产出水平的影响，发现中国目前的对外投资对国内技术创新活动有正面影响，但效果并不显著。[①]

6.5.2 对外投资技术进步效应机理分析

6.5.2.1 技术反馈机制

跨国公司的母公司通过在国外设立合资子公司寻求技术研发合作，合资子公司和东道国的研发机构合作开发先进生产技术。开发出来的技术成果通过子公司反馈给母公司，母公司通过子公司反馈回来的技术成果改进国内生产技术，提高国内生产效率。同时，这种技术成果的反馈可以起到一定的示范效应，带动国内技术研发与创新的发展，因此技术成果的反馈不仅能使对外投资的母公司受益，其他相关公司也会受益于技术成果反馈带来的外部效应。技术成果反馈是比较直接的对外投资技术外溢渠道，这种方式带来的技术进步效果除了受技术成果本身属性影响外，母公司的吸收能力也是非常重要的影响因素。

---

① 吴建军，仇怡. 对外投资的技术进步效应：一个文献综述［J］. 湖南科技大学学报（社会科学版），2012（4）。

6.5.2.2 技术扩散机制

技术扩散机制主要反映在跨国公司的子公司与母国和东道国企业因上、下游关联产生的技术溢出。跨国公司的子公司在技术先进国投资，不可避免地要在当地采购原料和中间品，同时也需要在当地销售产品和提供服务，从而与当地供应商和销售商建立伙伴关系。这种产业链上的前、后向关联可以使子公司有机会向当地关联企业学习。跨国公司再通过技术转移将获得的先进技术转移到国内，通过与国内供应商、服务商、客户以及一些科研机构的前、后向联系，经由技术扩散和传播效应对国内其他公司产生影响，从而调整和优化更多同类公司的技术研发方向，增强它们的吸收与研发能力，带动企业所在产业的整体技术进步。

6.5.2.3 收益反馈机制

收益也是跨国公司进行海外经营必须要考虑的因素。一方面，跨国公司通过对外投资，可以获得稳定的关键性资源供给，并通过竞争效应和资源配置效应来降低生产成本，提高产业竞争力，进而实现母国利润的增加。然后，增加的利润可以加大母国自主研发投入，或通过购买先进的技术和产品以及引进技术专家的方式来提高自主研发能力，进而促进母公司技术进步。另一方面，可以绕开贸易壁垒成功地进入东道国当地市场，通过在当地生产和销售使海外子公司的财富增加。然后子公司又会加大研发投资，通过与东道国政府联合开发等方式，刺激东道国政府分摊部分研发费用，降低单位产品研发成本，促使母国企业腾出资源用于核心项目的研发，以提高自主创新能力。

6.5.2.4 公共效应机制

公共效应机制是从社会以及宏观的角度来分析对外投资所带来的效应。首先，对外投资通过投资高附加值的生产活动使生产结构得以优化，会引致正的生产溢出，使得母国厂商的平均成本曲线向下移动，从而使母国在高科技产业中比以往更具竞争力。其次，跨国公司通过向国外的扩张，使本国的出口得以扩大，在经营环节或资源获取等领域获取规模经济效应，提升母公司的生产力。再次，厂商间的逆向技术转移能够带来更为直接的外部性，即子公司通过吸收各种知识，会产生强烈的技术溢出效应，有助于母国该领域整体技术水平的提升。最后，增加的投资收益转变为国内企业的利润和居民收入，可以进一步带动国内的消费和投资，盘活国内市场。①

6.5.3 黑龙江省对俄投资的技术进步效应分析

俄罗斯是世界科技大国，科技实力雄厚。虽然苏联解体对其科技发展有一定的影响，但其整体科技水平仍然处于世界领先地位，拥有众多世界一流的科研成果和技术。俄罗斯科技智力资源巨大，工程师和学者的数量与美国相当，相当于德国的1.5倍。俄罗斯凭借其雄厚的智力资源，在科学技术领域取得了许多辉煌成就，在数学、物理学、军工、天文学、医学及基础科学研究等方面居世界领先地位。在宇航技术、激光技术、微生物工业、人造晶体、新材料、核电站等方面更是世界之翘楚。俄罗斯在信息技术方面落后于西方发达国家，但其电子工业科研、生产潜力很大，目前已经研制开发出700多种具有世界先进水平的电子技术产品，计算机技术也已跻身大国行列。俄罗斯虽然在半导体集成等硬件方面的技术竞争中落后于美国，但是可以弥补运算速度慢这一弱点的软件却非常先进，波音公司在超音速客机开发项目中即采用了俄罗斯的计算方法和设计技术。俄罗斯还是世界上诞生数学家较多的国家之一，中国华为就充分利用了俄罗斯这一创新资源优势，在俄设立了算法研究中心，由一批俄罗斯顶尖数学家组成，其一项打通不同网络制式间算法的成果能够帮助运营商节省30%以上的成本。②

黑龙江省被国家科技部誉为"全国对俄科技合作的桥头堡、蓄水池和辐射源"，在对俄科技人才培养、对俄科技合作机构建设、对俄科技合作交流活动等众多领域都处于全国领先地位。早在2008年，在国家科技部对俄合作项目的支持下，哈工大奥瑞德光电技术有限公司就通过与俄罗斯合作，开展了直径大于300毫米大尺寸蓝宝石晶体的生长技术研究，并于当年7月成功制造出直径为325毫米、重量达68.68千克的高质量蓝宝石晶体，工艺达到世界领先水平，打

---

① 李京晓. 中国企业对外直接投资母国宏观经济效应研究［D］. 天津：南开大学，2013。
② 魏溪丁. "一带一路"沿线调研丨华为在俄二十年：中国企业如何扎根海外，https：//www.sohu.com/a/252139057_661660。

破了国外的垄断，替代进口，为大尺寸蓝宝石晶体在中国航空航天、半导体产业的广泛应用奠定了坚实的基础。① 对黑龙江省企业来说，积极实施对俄"走出去"战略，主动利用反向技术外溢效应，获取俄罗斯某些领域较为先进的科学技术，是促进黑龙江省技术进步和产业升级的重要路径。首先，可以直接促进省内高新技术产业的发展。黑龙江省企业通过对俄技术水平较高产业的"逆向投资"，在俄建立研发中心和子公司，能够更为直接和主动地利用俄先进的技术提高企业自身技术水平，并采取企业内部交易方式将相关技术和知识转移到母公司。其次，在传统产业中，黑龙江省企业通过对俄投资在延长盈利期的同时，也为省内高新技术产业发展腾出了空间，从而推动黑龙江省高新技术产业的发展。

但是从实际效果来看，黑龙江省对俄投资并没有与省内技术进步形成规模化结合，对省内技术进步的拉动作用不强。主要原因是：第一，对俄投资领域主要是能源和矿产资源、林业、农业、加工业和园区建设、建筑工程等，而对高新技术领域的投资很少，直接到俄科技发达的地区去建立研发中心或者通过跨国并购的方式收购俄高新技术企业的情况更为少见，因此难以形成由技术寻求型对外投资引发的研发反馈机制、技术扩散机制和收益反馈机制。又由于难以在省内形成技术传播和扩散效应，因此对相关产业和经济增长的带动作用十分有限，难以形成有效的公共效应。第二，在黑龙江省的对俄科技合作中，高校及科研院所是主要的科技研发主体，因此双方的科技合作成果多局限于理论研究层面，应用型成果相对来说并不多。第三，黑龙江省企业对俄科技成果的引进、消化、吸收及再创新的能力不强。以哈尔滨市为例，哈尔滨市通过哈尔滨国际科技成果展览交易会（简称哈科会）及其他渠道共引进独联体国家科技项目6000余项，但几年来转化的科技项目仅为150余项。第四，从俄方引进的技术成果转化时间长，技术转化为生产力对相关产业的带动作用也极为有限②。因此，今后要重点鼓励一批具备条件的企业到俄罗斯开展技术寻求型投资，通过在俄设立分支机构和研发中心，或并购当地高新技术企业等多种方式，充分利用反向技术外溢效应和公司内部交易，将所获取的先进技术转移到省内，再通过研发反馈机制、技术扩散机制、收益反馈机制和公共效应机制等渠道提升产业整体技术水平。

---

① 彭溢. 黑龙江省成对俄科技合作桥头堡，实现效益近35亿元 [N]. 黑龙江日报, 2008-09-03。
② 刘珣. 黑龙江省对俄科技合作现状研究 [J]. 对外经贸, 2017（2）。

7.

黑龙江省对俄投资的战略思路与投资模式选择

俄罗斯是一个机遇与风险并存的国家，黑龙江省企业的对俄投资前景广阔、充满机会，但同时也伴随着很大的投资风险，因此，发展对俄投资要有明确的战略思路，选择最佳的投资领域和投资方式，才能最大限度地规避风险，赢得商机。

7.1 投资区位选择

俄罗斯地域十分广阔，各地区之间的自然条件、经济基础、政策环境存在着较大的差异，因此确定对俄投资的区位是一项十分复杂、涉及面广的工作。事实上，区位选择是建立在国际经营环境分析的基础上的，不仅要求全面评价东道国或地区的经营环境，考虑其经济因素、政治法律及自然资源等诸方面的情况，而且还要结合投资企业微观和宏观的目标与条件，加以综合比较，择优进行。

7.1.1 投资区位选择的理论依据

7.1.1.1 国际生产折衷理论与区位选择

邓宁在国际生产折衷理论中将区位理论与对外投资相结合，突出强调了区位因素在对外投资中的重要性,认为区位优势和所有权优势、内部化优势同样都是企业对外投资的决定性因素。其中,所有权优势和内部化优势是企业对外投资的必要条件,而区位优势则是企业对外投资的充分条件。决定区位优势的宏观因素主要包括两个方面:一方面是先天优势,主要表现为东道国要素禀赋优势,比如劳动力成本、基础设施、资源优势、资本优势等;另一方面是后天获得优势,主要表现为东道国的制度优势,比如政治制度、法律法规等。

7.1.1.2 内部化理论与区位选择

内部化理论认为,企业能否通过对外投资实现内部化取决于四个因素,分别为:公司特定因素,主要包括不同公司组织内部市场管理能力等;产业特定因素,主要包括产品的性质是属于哪种类型,是否存在规模经济效应和外部市场结构类型;国家特定因素,主要包括国家的政治制度、财政制度等;地区特定因素,主要包括地理距离、文化差异、社会特点等。这四个因素中后两类属于区位选择的范畴。

7.1.1.3 边际产业扩张论与区位选择

边际产业扩张论认为,当一国的某产业在本国已经失去发展空间,或即将处于劣势地位,则该产业属于本国的边际产业,一国应从边际产业开始依次进行对外投资。由于各国经济发展阶段不一样,虽然该产业在本国属于边际产业,但在另外一些国家可能是优势产业,具有一定的发展空间。这样,由于同一产业在不同国家之间发展水平不同,就存在这些产业处于劣势的国家向处于优势地位的国家进行投资的可能性。20世纪70年代,日本的海外投资产业顺序的演进符合边际产业扩张论,即按照资源密集型产业—劳动密集型产业—重化工业的产业结构依次对外投资。

7.1.1.4 投资诱发要素组合理论与区位选择

该理论的核心观点是:任何形式的对外投资都是在投资直接诱发要素和间接诱发要素的组合作用下发生的。

所谓直接诱发要素,主要是指各类生产要素,包括劳动力、资本、资源、技术、管理及信息知识等。直接诱发要素既可存在于投资国,也可存在于东道国。如果投资国拥有技术上的相对优势，可以诱发其对外投资，将该要素转移出去。反之，如果投资国没有直接诱发要素的优势，而东道国却有这种要素的优势，那么投资国可以通过对外投资方式来利用东道国的这种要素。如一些发展中国家通过向技术先进的国家投资，可以获得一般的技术贸易和技术转让方式得不到的高新技术。可见，东道国的直接诱发要素同样也能诱发和刺激投资国的对外投资。

所谓间接诱发要素是指除直接诱发要素以外的其他诱发对外投资的因素，主要包括三个方面：一是投资国政府诱发和影响对外投资的因素。如鼓励性投资政策和法规、政府与东道国的协议和合作关系等。二是东道国诱发和影响对外投资的因素。如东道国政局稳定，吸引外资政策优惠，基础设施完善，涉外法规健全等。三是全球性诱发和影响对外投资的因素。如经济生活国际化以及经济一体化、区域化、集团化的发展，科技革命的发展及影响，国际金融市场利率和汇率波动等，其中汇率与投资相互关系理论，可以在一定程度上解释20世纪80—90年代以来外国对美国投资在短期内剧烈波动的现象。

一国企业对外投资往往是建立在直接诱发要素和间接诱发要素的共同作用之上的。在一般情况下，直接诱发要素是对外投资的主要诱发因素，因为对外投资本身就是资本、技术、管理和信息等生产要素的跨国流动。但是，单纯的直接诱发要素不可能全面地解释对外投资的动机和条件。尤其是对大多数发展中国家和地区的企业而言，在资本、技术等直接诱发要素方面往往并不处于优势地位，其对外投资在很大程度上是间接诱发要素作用的结果。

7.1.1.5 国家竞争优势理论与区位选择

国家竞争优势理论，又称"钻石理论"，由哈佛大学商学院教授迈克尔·波特提出。波特认为，影响行业和区域国际竞争力的主要因素为生产要素、需求要素、相关与支持产业和企业竞争四个基本因素，还有政府和机遇两个辅助要素。东道国生产要素的丰裕度决定成本，而企业对外投资区位选择考虑的重要因素就是成本和基础设施质量，此外还包括教育水平、技术禀赋等方面；东道国的需求规模大，有利于企业实现规模经济和范围经济效应，使大批量生产成为可能。蒋冠宏（2012）、闫雪凌（2014）等通过实证检验，也验证了东道国市场需求与中国的对外投资呈正相关；东道国相关和支持产业是企业对外投资选择区位时考虑的因素之一。对外投资企业与东道国前向和后向关联企业的发展关系密切，外资企业对作为上游供应商的本土企业具有溢出效应，而本地企业对下游的外资企业的生产效率具有促进作用。冯晓岚、武常岐（2010）也认为，东道国的本土企业为外资企业提供相关服务，为外资企业提供原材料，会促进外资企业及其上、下游企业的生产率，促进供应链上、下游国内外企的共同发展；有效的竞争能提高市场效率。在面对众多企业竞争时，外资企业和东道国企业为了争取生存和发展机会，都会从产品质量和经营效率等方面不断提高自身实力，以提高生存能力。

7.1.1.6 技术创新产业升级理论与区位选择

坎特威尔和托兰惕诺的技术创新产业升级理论指出发展中国家对外投资在地理区位分布上的特点，即倾向于"周边国家—发展中国家—发达国家"的渐进式发展模式，通过对周边国家投资增加对外投资经验，逐步向发展中国家投资开辟市场并获取自然资源，最后转向对发达国家投资获取先进的技术和管理经验。这一理论也较好地解释了20世纪80年代以后新兴工业化经济体和其他发展中国家的对外投资活动以及随之产生的产业结构变化、技术水平提升的效应。后来，除了地理距离外，由于文化差异导致的文化距离和心理距离也受到了众多学者的关注。科斯托瓦（1999）认为，跨国公司偏好到与母国心理距离和文化距离小的国家投资，原因在于这样跨国公司比较容易适应东道国的生产营商环境，有利于提高生产经营效率。弗洛里斯和阿吉莱拉（2007）的研究表明，美国的对外投资企业倾向于与美国文化距离近的国家和地区。古索等（2009）研究表明，国家之间的文化差异会影响双边信任的形成，从而会影响到双边贸易与投资等经济交流。

7.1.2 影响对外投资区位选择的主要因素

7.1.2.1 东道国方面的影响因素

（1）地理距离与历史联系。从国际投资发展史来看，一国在对外投资的初期阶段，大多会从地理上临近或者有历史渊源的国家开始进行投资。因为地理距离越接近、历史上联系越紧密的两个国家之间语言和文化差距越小，消费偏好越相似，沟通交流产生的障碍越少，相应的交通运输成本和经营管理成本就会越小，尤其是加工制造型的跨国公司受地理距离的影响更大，越远的地理距离对应着越高的原材料和制成品的运输及交易成本，而文化差异引发的文化距离和心理距离，会增加企业跨国经营的管理成本和投资风险。衣长军等使用2003—2012年中国向69个国家（地区）投资的面板数据，研究了海外华商网络对吸引中国投资的作用，证明其对对外投资存在显著正效应；袁海东和朱敏使用2008—2013年中国对53个国家海外投资数据和Bootstrap中介检验华人网络对投资的作用也得到类似结论。[①]

（2）市场容量及市场竞争。一国的市场容量是影响外资进入的重要因素。尤其是对于市场寻求型的跨国公司来说，一个人口众多、消费能力较强、市场需求量较大的东道国区位，有利于企业降低生产成本，实现规模经济和范围经济效应。姆贝肯（1997）认为规模较大及有潜力的市场对一国的对外投资具有深远的影响。查克拉巴蒂（2001）的研究发现，东道国市场规模与其吸引的对外投资规模成正比，市场寻求型企业投资时不仅要对当前的市场进行考虑，还需要考虑市场前景，可以通过GDP的年增长率预测市场前景。蒋冠宏（2012）、闫雪凌（2014）等通过实证检验，验证了东道国市场需求与中国对外投资的正相关关系。另外，市场容量大的地区往往存在着激烈的竞争，其中既有来自投资国与东道国企业间的竞争，也有来自其他国家企业的相互竞争。有效的竞争能提高市场效率。东道国的企业为了争取生存和发展机会，会从产品质量和经营效率等方面不断提高自身实力，这就促进了外资企业在东道国的前向和后向关联产业，因此对外投资企业可以从竞争中获益。

（3）要素禀赋及市场进入成本。东道国的要素禀赋包括自然资源、资本、劳动力、技术、管理及信息等生产要素的丰富与有效性。资源寻求型对外投资会选择自然资源丰富的区位作为投资对象；效率寻求型投资会选择土地、劳动力等要素成本低廉的东道国区位；战略资产寻求型投资会选择技术和管理优势明显的东道国区位。除了要素禀赋具有吸引力以外，东道国的市场进入成本也关系着跨国公司的投资区位选择。这些成本并非单纯指跨国经营所耗的直接支

---

① 刘琬，肖德. 中国企业对外投资区位选择影响因素研究综述［J］. 湖北文理学院学报，2018（5）.

出，还包括相对成本以及与其他市场投资经营成本的对比情况。东道国市场进入成本和要素禀赋状况密切相关。发达国家所提供的先进的科技信息、发达的资本市场以及丰裕而便宜的资本供给，良好的基础设施、交通运输及其他服务等构成国家特定的比较优势，因此对国外资本具有很强的吸引力。

(4) 制度环境及引资政策。制度环境包括政府制度、法律制度、经济制度等诸多方面。跨国公司进行区位选择时应该特别考虑目标市场能否在较长时间内保持政治、社会、法制和经济发展的稳定性，注意防范投资风险。如果企业进入不稳定的国家，不仅难以取得投资收益，甚至连资产的安全也难以保证，东道国如果存在政府腐败、政局不稳定以及政府工作效率低下等问题，会给外资企业增加不确定的额外成本，减少企业的利润。格洛伯曼（2002）、弗雷德里克森（2007）等学者通过实证研究表明，政府效率和经济自由度等制度因素与对外投资区位选择有正向影响。米什拉等（2007）实证分析了法律、政局稳定性以及官僚主义对东道国吸引外资的影响，结果表明，良好的制度环境能够吸引更多的外国投资。一些国家尤其是发展中国家政府出于吸引外资的需要，常常给外国投资企业一些特殊的优惠政策，比如在一定时期内减免所得税，给予优先贷款权，等等，因此选择这样的国家进行投资，企业不但能够分享该国的区位比较优势，还可以获得超过当地企业的超额收益。

7.1.2.2 投资国方面的影响因素

(1) 对外投资的战略目标。这是影响区位选择的重要因素：如果对外投资的战略目标是开发利用国外的自然资源，应选择那些自然资源丰富、价格低廉、开采和运输条件好的国家和地区；如果对外投资的战略目标是开拓和占领东道国或第三国市场，应选择市场容量大且有潜力、销售渠道畅通、市场基础设施比较完善、进入障碍少、靠近第三国的国家和地区；如果对外投资的战略目标是获取国外先进技术和管理经验，应选择科学技术先进、管理水平高、研发人才丰富、科研机构众多、技术开放的发达国家和地区。

(2) 对外投资企业自身的竞争优势。传统的国际投资理论强调企业对外投资的必要条件是具备垄断优势，这种垄断优势是相对于东道国的同类竞争对手而言，因此，对外投资的区位选择是在该领域发展逊色于投资国的国家或地区。后来的小规模技术理论、技术地方化理论、技术创新产业升级理论等解释了不具备垄断优势的发展中国家企业进行对外投资的区位选择原则。对那些技术不够先进、经营范围和生产规模不够大的发展中国家企业来说，可以通过对发达国家进行投资来进行技术的主动消化、吸收、改进和创新，从而给引进技术的企业带来新的竞争优势。由于发展中东道国市场的一个普遍特征是需求量有限，发达国家大规模生产的技术在这种小规模的市场中无法获得规模收益，而来自发展中国家的跨国公司拥有适合小规模生产的技术，比较适合发展中国家小规模市场的需要。此外，发展中国家企业还会拥有一些具有鲜明民族文化特色的特殊产品与技术，这也是在与之有历史或者文化渊源的特定东道国市场上所拥有的特殊优势。

（3）对外投资的发展阶段。技术创新产业升级理论分析了发展中国家对外投资的地理分布规律，发展中国家企业在很大程度上受心理距离的影响，遵循"周边国家—发展中国家—发达国家"的渐进发展轨迹。即先向种族联系密切的周边国家投资，然后向其他发展中国家投资，再向发达国家进行逆向投资。从亚洲"四小龙"等新兴工业化国家和地区对外投资的历程可以看出，一国对外投资的发展阶段也影响到投资区位的选择。在这些国家和地区对外投资开展的初期，由于企业的实力有限，对外投资经验不足，所以选择地理距离较近、运输条件较便利、文化和历史联系较紧密的邻近国家和地区。随着投资国（地区）产业结构升级，企业实力增强，对外投资经验日趋丰富，对外投资逐渐由近向远展开，增加对地理距离较远、文化历史联系较少的国家和地区的投资。从中国对外投资的发展轨迹来看，也出现从发展中国家市场扩散，并开始向发达国家逆向投资的趋势。

7.1.3 俄罗斯各地区投资环境评价

目前，针对俄罗斯投资环境进行评估的研究成果比较常见，例如，中国商务部每年都会出台《对外投资合作国别指南》（俄罗斯），中国出口信用保险公司于 2005 年起陆续发布的《国家风险分析报告》中也有"俄罗斯投资与经贸风险分析报告"，都从俄罗斯联邦整体层面对向俄罗斯投资和经营环境做出了较为细致的介绍。但是，俄罗斯为联邦制国家，地域广阔，各联邦主体经济、社会和政治发展极不平衡，各地投资环境也不尽相同。因此，对于中国对俄投资企业来说，还需要对俄罗斯各地区的投资环境进行考察。

阎洪菊（2004）曾用投资潜力与投资风险两项评定加综合配比法，对俄罗斯各地区的投资环境进行了综合评定和排行。她在地区投资潜力评定中设置了8个单项潜力：劳动力潜力、消费潜力、生产潜力、财政潜力、制度潜力、创新潜力、基础设施潜力、资源潜力。分类标准是：地区潜力在俄联邦总潜力中占2.5%以上为高等潜力，1.0%~2.5%之间为中等潜力，1.0%以下为低等潜力。地区投资风险评定中设置了7个单项风险：法律风险、政治风险、经济风险、财政风险、社会风险（指地区社会稳定状况）、治安风险、生态风险。分类标准是：地区风险值为俄联邦平均风险值10%以下为最小风险，10%~120%为中度风险，120%~200%为高度风险，200%及以上为极高风险。从投资潜力上看，莫斯科市、圣彼得堡市、莫斯科州、斯维尔德罗夫斯克州、下诺夫哥罗德州等属于高潜力地区，远东的哈巴罗夫斯克（伯力）、滨海边疆区等地的投资潜力也较高，其他远东和西伯利亚的大部分地区属于中、低潜力地区。从投资风险上看，俄罗斯各地区按投资风险程度划分为五大类型：最不稳定地区，如车臣共和国、印古什共和国、科里亚克自治区等6个地区；不稳定地区，如伊尔库茨克州、新西伯利亚州等24个地区；潜在不稳定地区，如别尔哥罗德州、弗拉基米尔州、沃罗涅日州等39个地区；相对稳定地区，如彼得格勒州、伏尔加格勒州、罗斯托夫州等15个地区；稳定地区，如莫斯科州、莫斯科市、圣彼得堡市等5个地区。总之，俄罗斯联邦内约有一半以上地区属于投资风险程度较高的地区。

徐昱东（2015）基于评价地区投资吸引力的直接法和间接法，对俄罗斯各地区投资吸引力的排名及变化进行分析，结果显示，莫斯科市、鄂木斯克州、莫斯科州、克拉斯诺达尔边疆区、鞑靼斯坦共和国、斯维尔德洛夫斯克州、罗斯托夫州、下诺夫哥罗德州、萨马拉州、新西伯利亚州10个地区最具投资吸引力；除了车臣共和国和印古什共和国，包括哈卡斯共和国、卡巴尔达-巴尔卡尔共和国、库尔干州、犹太自治州、北奥塞梯共和国、卡尔梅克共和国、达吉斯坦共和国、卡拉恰伊-切尔克斯共和国、图瓦共和国在内的9个地区要注意合理规避。考察俄东部地区投资潜力和投资风险的单项指标，可以发现，治安风险、行政管理风险较小的地区即利佩茨克州、沃罗涅日州、坦波夫州、楚瓦什共和国、克拉斯诺达尔边疆区5个地区对风险规避型的中小型私营企业而言，具有较大吸引力；而对旨在获取战略资源的大中型国有企业而言，可以推荐的地区仅为克拉斯诺达尔边疆区。

7.1.4 黑龙江省对俄投资的区位选择

7.1.4.1 俄东部地区是黑龙江省对俄投资的主要区位

根据上述研究结果，俄罗斯的各个地方主体中，投资环境较好的大多集中在欧洲地区，如莫斯科、圣彼得堡、罗斯托夫州、下诺夫哥罗德州等地，而俄东部地区除新西伯利亚州、滨海边疆区、鄂木斯克州等地的投资吸引力较高外，其他投资环境大多比较落后。但是，我们对黑龙江省对俄投资区位选择的分析与建议仍然主要集中在俄远东与西伯利亚地区，而且在今后相当长的一段时间里仍然会维系这种格局。其原因主要有以下几点。

第一，从地理位置及历史、文化基础来考虑。黑龙江省共有18个市、县与俄罗斯的滨海边疆区、哈巴罗夫斯克边疆区、阿穆尔州和犹太自治州接壤，对俄水路、陆路和航空口岸通畅快捷，在发展对俄经贸合作方面具有得天独厚的地缘优势。黑龙江省与俄边境地区交往具有悠久的历史，音乐、文学、戏剧、建筑、饮食无不带有浓厚的俄式韵味，哈尔滨被称作"东方莫斯科"，"哈夏"音乐会已经成为中俄两国艺术家的共同舞台，成为中俄两国人民的文化盛宴，很多哈尔滨人都会唱几首俄罗斯歌曲。自2015年起，哈尔滨精心打造"中俄文化艺术交流周"这一文化品牌，力求从文化上再现哈尔滨的"欧陆风情"；黑龙江省对俄教育合作硕果累累，与俄高校之间展开越来越多高端、广泛的学术与科研交流，每年接收的俄罗斯大学生数量居全国之首，多所高校与俄罗斯大学共建合作项目，覆盖了文、工、医、教育、经济、管理、艺术7大学科门类。黑龙江大学、哈尔滨师范大学、黑河学院在俄罗斯的符拉迪沃斯托克、共青城、布拉戈维申斯克分别建立了3所孔子学院。[1]

---

[1] 对接"一带一路"挺立开放前沿[N]. 黑龙江日报，2017-10-10。

第二，从"龙江丝路带"与俄罗斯远东开发的战略对接来考虑。自2014年末以来，搭乘"一带一路"倡议、中蒙俄经济走廊和俄远东开发战略的东风，"龙江丝路带"建设与俄罗斯远东开发的对接工作全面展开。黑龙江省与俄罗斯有关方面就滨海跨境走廊、远东自由港和跨越式发展区等开发战略合作进行了深入沟通，取得高度共识。关于黑龙江省参与俄罗斯跨越式发展区和自由港建设已经形成初步方案，部分黑龙江省境外园区企业已经入驻自由港。特别是在"滨海1号"跨境运输走廊方面，黑龙江省积极向国家提出建议，参与有关会谈，配合国家开展调研论证工作，并通过多种渠道向俄方提出修改完善建议，在两国政府对接过程中发挥了重要的推动作用。在俄联邦政府2016年末批准发布的"滨海1号""滨海2号"跨境运输长廊建设方案中，黑龙江省很多建议已被俄方采纳，对接工作取得了实实在在的效果。

第三，从黑龙江省对外投资的发展阶段来考虑。如前所述，一国（地区）对外投资的发展阶段也影响到投资区位的选择。尤其是发展中国家在对外投资开展的初期，由于企业的实力有限，对外投资经验不足，适宜选择地理距离较近、运输条件较便利、文化和历史联系较紧密的邻近国家和地区。从经济发展水平来看，黑龙江省属于典型的发展中经济体，而且目前正处于对外投资的起步阶段，因此对外投资的区域选择应以周边国家为主。

第四，从黑龙江省对外投资的比较优势来考虑。在俄经营的大部分黑龙江企业经营规模较小，竞争能力不强，且大多集中于技术、资本含量不高的劳动密集型行业。因此，在生产技术、管理经验、融资能力、销售技巧等方面很难与西方发达国家的跨国公司展开竞争。俄罗斯的欧洲部分是西方资本在俄罗斯的主要聚集之地，因此，黑龙江企业将资本投向相对偏远的东部地区，可以避开与西方企业的直接竞争，保持相对领先的比较优势（尤其是在纺织、服装、家电、机械制造等黑龙江省技术较为成熟的领域）。

第五，从俄方优惠政策及投资经验来考虑。俄罗斯是联邦制国家，实行多级分权管理。根据法律，俄罗斯各联邦主体有权按自身特点，为吸引外资而制定投资法规。为此，东部地区各联邦主体为吸引外国投资，加大招商引资力度，也先后制定了一些投资法规，如萨哈共和国制定的《萨哈（雅库特）共和国外资法》、哈巴罗夫斯克边疆区的《哈巴罗夫斯克边疆区投资活动法》、滨海边疆区的《滨海边疆区投资活动法》和阿穆尔州的《阿穆尔州投资法》等，均列有向投资者提供税收优惠，减免其纳入地方财政的利润税等条款。俄罗斯还在远东设立了18个跨越式发展区，并将符拉迪沃斯托克自由港政策覆盖到邻近的5个地区。在跨越式发展区内，入驻企业可以享受到4年免缴矿产资源税（通常税率为3.8%至16.5%）、所得税率前5年不超过5%、后5年不超过10%（基础税率为20%）的优惠政策，入驻企业还能享受到海关免税、国家监管简化等便利措施。在符拉迪沃斯托克自由港，外国投资者可以享受到关税和签证简化措施，所得税率在前5年同样不超过5%，并且免征房产税和土地使用税。

第六，从经济增长潜力及市场进入成本来考虑。目前，俄罗斯政治和经济环境稳定，东部地区经济发展加快，市场容量增大。据统计，2017年，俄罗斯投资增长率为4.4%，远东地区则为17%，是俄罗斯投资增速最快的地区。2014年至2017年，俄罗斯远东地区经济增速明显领先于全国平均水平。2014年，俄罗斯经济增长0.7%，远东地区增长2%；2015年，俄罗斯经济下降3.4%，远东地区则是增长3%；2016年，俄罗斯经济增长0.6%，远东地区增长4.5%。2017年，俄罗斯工业、农业和建筑业增长率分别为1%、2.4%和-1.4%，而远东地区则分别为2.2%、8.8%和7.2%。[1] 从市场进入成本来看，虽然俄东部地区基础设施落后，自然环境严峻，但近些年俄政府已经加大对该地区的投资力度，基础设施得到一定程度的改善。另外，俄东部地区的劳动力成本、水电油气成本、土地及房屋价格等均低于欧洲部分。居民数量少，但是受教育程度普遍较高，科研实力很强，不仅拥有多所培养高科技人才的综合性大学，还有包括13名院士和20名通信院士的俄罗斯科学院远东分院的科研机构，如太平洋地理研究所、太平洋海洋学研究所、远东地质学研究所、海洋生物研究所、太平洋生物有机化学研究所、自动化装置与程序控制研究所、远东历史考古与民族学研究所和太平洋国际合作发展研究中心，等等。这些科研机构在海洋、生物、化学、地理等学科领域的研制、开发与生产能力令全世界瞩目，其最新科研成果吸引着世界各国尤其是亚太地区的投资商与其开展科技研发合作。

---

[1] 远东开发初现成效 俄罗斯经济仍存挑战 [N]. 21世纪经济报道，2018-09-26。

7.1.4.2 俄东部地区各联邦主体的投资环境评估

从具体范围来看,远东地区包括哈巴罗夫斯克边疆区、滨海边疆区、犹太自治州、阿穆尔州、萨哈林州、勘察加州、楚科奇自治区、雅库特共和国、马加丹州9个行政区;西伯利亚地区分为东、西两个经济区,西西伯利亚经济区包括克麦罗沃州、阿尔泰边疆区、秋明州、新西伯利亚州、鄂木斯克和托木斯克州6个行政区;东西伯利亚经济区包括克拉斯诺亚尔斯克边疆区、伊尔库茨克州、外贝加尔边疆区、布里亚特共和国和图瓦共和国5个行政区。我们根据俄罗斯评级机构"专家"(«Эксперт РА»)出版的1996—2014年历年年度报告,整理得出俄远东与西伯利亚地区具体的投资环境评价结果(见表7-1)。

表7-1　　1996—2014年俄远东、西伯利亚各地区在俄89个联邦主体中的投资环境排名情况

	联邦主体名称	投资吸引力排名 (2014)	投资潜力排行 (1996—2014年平均)	投资风险排行 (1996—2014年平均)
远东地区	哈巴罗夫斯克边疆区	3B1	27	54
	滨海边疆区	3B1	22	53
	犹太自治州	3C2	79	64
	阿穆尔州	3B2	55	56
	萨哈林州	3B1	60	59
	勘察加州	3C2	76	78
	楚科奇自治区	3C2	74	74
	雅库特共和国	3B1	20	57
	马加丹州	3C2	70	77
西西伯利亚经济区	克麦罗沃州	2B	13	53
	阿尔泰边疆区	3B1	26	52
	秋明州	3B1	35	42
	新西伯利亚州	2B	17	41
	鄂木斯克州	3B1	32	36
	托木斯克州	3B1	45	27

续表

	联邦主体名称	投资吸引力排名（2014）	投资潜力排行（1996—2014年平均）	投资风险排行（1996—2014年平均）
东西伯利亚经济区	克拉斯诺亚尔斯克边疆区	2B	8	63
	伊尔库茨克州	2B	17	62
	外贝加尔边疆区	3C1	62	73
	布里亚特共和国	3B1	55	60
	图瓦共和国	3D	80	79

注：投资吸引力等级划分：1A　最大潜力—最小风险、2A　中等潜力—最小风险、3A1　低等潜力—最小风险、3A2　轻微潜力—最小风险、1B　高等潜力—中度风险、2B　中等潜力—中度风险、3B1　低等潜力—中度风险、3B2　轻微潜力—中度风险、1C　最大潜力—高等风险、2C　中等潜力—高等风险、3C1　低等潜力—高度风险、3C2　不明显潜力—高度风险、3D　下等潜力—超高风险。

投资潜力排行：位次由小到大表示投资潜力越来越小。

投资风险排行：位次由小到大表示风险越来越高。

资料来源：徐昱东．俄罗斯各地区投资环境评价及投资区位选择分析［J］．俄罗斯研究，2015（1）。

由表7－1可见，整体而言，远东与西伯利亚地区属于俄罗斯境内投资吸引力和投资潜力较差、投资风险较高的地区，因此需要黑龙江省企业谨慎鉴别和选择。在远东与西伯利亚的20个联邦主体当中，投资环境最好的当属克麦罗沃州、新西伯利亚州及克拉斯诺亚尔斯克边疆区、雅库特共和国，但2014年以后滨海边疆区的投资吸引力急剧上升，哈巴罗夫斯克边疆区、阿尔泰边疆区、秋明州、鄂木斯克也拥有相对较好的投资环境。因此黑龙江省企业对俄投资可以优先考虑这些地区；而犹太自治州、勘察加州、楚科奇自治州、马加丹州、外贝加尔边疆区、图瓦共和国等地属于投资潜力极低、投资风险极高的地区，尤其是黑龙江省对俄投资企业中相当一部分是中小型私营企业，规模小、抗风险能力弱，对包括社会治安、民族情绪等在内的各类风险因素较为敏感，因此在做投资决策时对这些地区要尽量予以规避。

7.2　投资领域选择

我们这里将《中共黑龙江省委黑龙江省人民政府"中蒙俄经济走廊"黑龙江陆海丝绸之路经济带建设规划》与《中俄在俄罗斯远东地区合作发展规

划（2018—2024 年）》进行战略对接，就可以发现二者在许多领域和行业都具有紧密的利益契合点，毫无疑问，这将成为今后相当长一段时期内黑龙江省发展对俄投资的优先选择。

7.2.1 俄远东跨越式发展区与自由港政策为中国投资者提供的机遇

根据俄罗斯远东开发的各项措施和引资政策，黑龙江对俄投资可以优先考虑在跨越式发展区和自由贸易港内进行。在《中俄在俄罗斯远东地区合作发展规划（2018—2024 年）》中，俄方建议中国投资者在以下跨越式发展区实施项目。

"阿穆尔—兴安岭"跨越式发展区（犹太自治州）：与黑龙江跨境铁路桥运输相关的物流项目；

"巨石"跨越式发展区（滨海边疆区）：与建设俄最大民用船厂《红星》相关的项目；

"山区空气"跨越式发展区（萨哈林州）：冬季休闲和豪华旅游项目；

"堪察加"跨越式发展区（堪察加边疆区）：四季休闲和旅游项目，建造旅游基础设施、交通物流、水产养殖项目；

"共青城"跨越式发展区（哈巴罗夫斯克边疆区）：木材深加工、航空和船舶制造、农业、旅游等；

"米哈伊洛夫斯基"跨越式发展区（滨海边疆区）：生产农业原料、商品和食品项目；

"阿穆尔河畔"跨越式发展区（阿穆尔州）：与黑龙江跨境公路桥运输相关的物流项目；

"自由"跨越式发展区（阿穆尔州）：建设亚太地区最大天然气加工厂相关的天然气化工及其配套项目；

"别洛戈尔斯克"跨越式发展区（阿穆尔州）：生产加工、农产品加工、建材生产、林业加工等项目；

"哈巴罗夫斯克"跨越式发展区（哈巴罗夫斯克边疆区）：生产技术、农业和物流项目；

"南区"跨越式发展区（萨哈林州）：渔业资源深加工和物流领域的项目；

"南雅库特"跨越式发展区［萨哈（雅库特）共和国］：大型焦煤矿开发相关的项目。

中国投资者也可研究在其他跨越式发展区和领域实施项目。

俄方欢迎中国投资者在适用符拉迪沃斯托克自由港政策的以下市政地区实施投资项目。

——滨海边疆区的符拉迪沃斯托克、阿尔乔姆、纳霍德卡、乌苏里斯克、哈桑区、纳杰日金区等10个地区：海港及无水港、"滨海1号"和"滨海2号"国际交通走廊、面向亚太地区出口的生产企业。

——堪察加边疆区的堪察加—彼得罗巴甫洛夫斯克市：渔业深加工、无水港、旅游业，以及供应瓶装饮用水项目。

——哈巴罗夫斯克边疆区的瓦尼诺区和苏维埃港区：海港基础设施、货物转运码头建设、渔业加工等领域项目，以及建立出口导向型产业。

——萨哈林州的科尔萨科夫和乌格列戈尔斯克市：渔业深加工、货物转运码头建设项目。

中国投资者不受上述项目及领域限制。在自由港区内，可以实施俄罗斯法律不禁止的任何投资项目，投资金额在500万卢布及以上。

7.2.2 中国对俄远东地区投资的优先领域

自"一带一路"倡议提出以来，俄罗斯政府持越来越积极的态度，把它看成是带动俄远东地区经济发展的新机遇。2015年10月28日，俄罗斯政府批准了《俄罗斯远东联邦区和贝加尔地区等边境地区发展构想》。其中，对中国投资者来说可以重点关注的投资机会主要有四个方面。第一，促进发展国际运输走廊，使它与东北亚运输网络一体化，建立有利的投资和商业环境，以扩大对过境运输的需求和发展相应的运输基础设施。其中包括发展"滨海1号"和"滨海2号"国际交通走廊，建设通过黑龙江的布拉戈维申斯克—黑河、下列宁斯阔耶—同江、波克罗夫卡—洛古河的跨界河桥梁。建设中国东北地区企业通向哈巴罗夫斯克边疆区的海港，发展外贝加尔边疆区和布里亚特共和国过境运输走廊，以实现它们与中国的进出口和过境运输潜力。第二，发展农畜产品生产和加工合作。其中包括生产大米、玉米、饲料，以及发展畜牧业，开展肉类生产和加工合作。第三，原材料生产加工，建立木材加工企业，联合生产各种机械设备，建立药物和食品类生产企业。第四是发展旅游、疗养和温泉医疗，建设旅游基础设施等。

《中俄在俄罗斯远东地区合作发展规划（2018—2024年）》（以下简称《规划》）是继《中华人民共和国东北地区与俄罗斯联邦远东及东西伯利亚地区合作规划纲要（2009—2018）》之后的中国对俄投资指导性文件，《规划》推介在俄远东地区开展中俄经贸合作的七个优先领域，包括天然气与石油化工业、固体矿产、运输与物流、农业、林业、水产养殖和旅游。[①]

7.2.2.1 石油化工和天然气领域的投资机会

俄罗斯油气开采和出口处于世界领先地位。在世界能源贸易体系中，俄罗斯能源出口占世界石油贸易的12%、世界天然气贸易的25%。能源动力综合体是俄罗斯经济的重要支柱产业。2016年俄罗斯的能源产量占国内总产值的22.6%，能源收入占国家出口收入的58%和预算收入的40%。俄罗斯东部地区是石油、天然气、煤炭、电力等能源的重要产地。2016年俄罗斯东西伯利亚和远东地区开采原油6900万吨，近5年原油产量增加了40%。按照俄罗斯2035年能源战略和开发计划，将分阶段进行远东地区能源开发。到2035年，石油产量将增加到70%，达到1.18亿吨。远东地区也是最有前景的天然气开采地区，萨哈林州和萨哈（雅库特）共和国是两个主要开采区。5年来远东地区天然气开采量增加了近10%，2016年达到328亿立方米。到2035年远东地区天然气开采量将增加近2.5倍，达到每年800亿立方米。[②]

《俄罗斯2030年前能源战略》计划在俄罗斯不同地区新建6个大型石化产业集群，包括伏尔加、里海、西西伯利亚、东西伯利亚、西北和远东地区。其中拟利用远东地区油气储量丰富、油气管道运输能力强、原料转运铁路网直通不冻港、临近消费市场的优势，在远东建设俄罗斯最大的天然气和石油化工集群，也是亚太地区较大的集群之一。目前，一系列大型项目已经在建，如阿穆

---

① 本部分（7.2.2）主要内容与资料均来源：中俄在俄罗斯远东地区合作发展规划（2018—2024年），https://www.docin.com/p-2152377853.html。

② 刘清才、齐欣．"一带一路"框架下中国东北地区与俄罗斯远东地区发展战略对接与合作，http://www.sohu.com/a/225302934_618422。

尔天然气处理厂、东方石化综合体、亚马尔液化天然气项目等。"西布尔"集团阿穆尔天然气化工综合体、北极液化天然气2号项目等也处于拟建阶段。经过确认的俄企业投资额超350亿美元。

俄远东地区天然气和石油化工集群的合作优势在于：

——亚太地区最大油气储量（截至2016年，已探明石油储量11亿吨，天然气5万亿立方米，天然气凝析油2.68亿吨）；

——干线管道。现行的"东西伯利亚—太平洋"石油管道的泰舍特—斯科沃罗季诺段输送能力将扩大至8000万吨/年，斯科沃罗季诺—科兹米诺港口段输送能力扩大至5000万吨/年。在建的"西伯利亚力量"天然气管道输送能力达380亿立方米/年。"萨哈林—哈巴罗夫斯克—符拉迪沃斯托克"干线管道设计输送能力为280.4亿立方米/年；

——拥有原料转运基础设施发达的铁路运输网，其中，包括正在扩建的贝阿铁路与西伯利亚铁路干线，保证输出至不冻港；

——临近快速发展的亚太地区市场（从远东港口海运不超过6天，从中东港口运送需23天，从东南亚港口运送需1天）。

俄方欢迎中方投资者在远东的石油化工和天然气领域实施以下项目：

——阿穆尔州阿穆尔天然气处理厂附近的聚乙烯与甲醇生产；

——滨海边疆区纳霍德卡矿物肥料厂附近的醋酸生产；

——哈巴罗夫斯克边疆区对二甲苯生产；

——滨海边疆区聚乙烯薄膜生产；

——阿穆尔州聚乙烯管生产；

——滨海边疆区注塑成型塑料产品生产；

——符拉迪沃斯托克自由港组装生产，用于制造、储存、运输和卸载液化天然气的设备。

7.2.2.2 固体矿产开发领域的投资机会

在矿产资源领域，俄远东地区分布着亚太地区规模最大的煤矿、锡矿和世界级的大型多金属矿，以及占整个亚太地区81%的钻石储量，还有32%的黄金储量。俄罗斯远东联邦区的各行政区都有煤炭资源。已探明的煤田约100处，探明煤炭储量298亿吨，占俄罗斯探明储量的40%。萨哈共和国是俄罗斯远东最大的产煤区，俄罗斯远东47%的探明煤炭储量均集中在这里。南萨哈煤田是俄罗斯远东最重要的焦煤煤田，所开采的焦煤是俄罗斯远东重要的出口物资。西伯利亚地区煤的地质储量为1600亿吨，占世界总储量的16%。西伯利亚联邦区蕴藏着有色金属、黑色金属、贵金属、稀有金属和非金属矿，资源储量巨大。仅东西伯利亚北部诺里尔斯克就集中了世界铂类矿储量的40%、镍的35.8%、钴的14.5%、铜的9.7%和大部分的钯矿。此外，西伯利亚的耐火黏土储量为1334.99亿吨、石灰石储量为21.27亿吨、白云石储量为4.45亿吨。俄方计划实现远东地区经济多元化，提高非原材料产业比重，同时继续为固体矿产开发领域的投资项目提供全面支持。凭借远东地区金、银、铜、锡、褐煤、石煤、铁矿石等储量丰富的优势，俄罗斯已经规划以乌多坎铜矿为中心的矿产原料集群、阿穆尔地区采矿和冶金集群、雅库特东北矿产集群、堪察加半岛北部矿物原料集群等项目。

远东地区在固体矿产开发领域的合作项目包括：

——蕴藏巨大的、尚未分配的矿产储量（630多吨金矿，6000多吨银，33.7万吨铜，110万吨锡，142亿吨褐煤，79亿吨石煤，12亿吨铁矿石，以及50多种其他矿物）；

——拥有原料转运基础设施发达的铁路运输网，其中包括正在扩建的贝阿铁路与西伯利亚铁路干线，保证输出至不冻港；

——为具体矿物、矿区开发提供国家基础设施建设支持。

俄方欢迎中国投资者根据俄外国投资法和俄矿产资源法在俄远东地区实施以下项目：

——开发萨哈（雅库特）共和国"秋楚斯"金矿；

——开发堪察加地区"库姆洛奇"与"罗德尼科"金矿；

——开发哈巴罗夫斯克边疆区"康德尔"白金矿；

——开发萨哈（雅库特）共和国"丘利马坎"与"杰尼索夫斯基"煤矿；

——开发楚科奇自治区"阿玛姆"煤矿；

——开发滨海边疆区"苏城"煤田；

——开发阿穆尔州库恩—曼尼硫化镍矿；

——开发马加丹州奥罗耶克矿区铜矿；

——开发滨海边疆区的阿达姆索夫煤矿，在纳杰日金区建设煤炭切割和采矿选矿厂；

——开发哈巴罗夫斯克边疆区普拉沃尔米锡矿，建造"诺尼"采矿选矿综合体和采矿选矿厂；

——开发萨哈（雅库特）共和国"季列赫佳赫溪流"锡矿。

7.2.2.3　农、林、渔业领域的投资机会

（1）农业。远东地区拥有丰富的农业资源，包括250万公顷耕地以及超过400万公顷的牧场和草场，远东南部地区的植物生长期为130～200天。俄罗斯远东和西伯利亚地域辽阔，土地资源丰富。土地面积为4.2亿公顷，但其中有很大一部分位于北极圈内，因此，农业用地面积还不到全部土地面积的1/6。据统计，俄罗斯远东和西伯利亚的农业用地面积为6531万公顷，人均2.4公顷，占俄罗斯农业用地面积的30%左右。其中耕地面积为3218万公顷，人均1.2公顷，约占俄罗斯耕地面积的25%。俄罗斯远东和西伯利亚农业用地的结构特点是草地和天然牧场比重大，占农业用地的50%以上。另外，这里还有1200万公顷适于农业用土地尚未开发，主要分布在俄罗斯远东的哈巴罗夫斯克边疆区和阿穆尔州以及西伯利亚的鄂木斯克州、托木斯克州、伊尔库茨克州和克拉斯诺亚尔斯克边疆区境内，但绝大部分不在现有的农业发达地区，开发成本较高。

俄远东地区在农业领域的合作优势包括：

——土地储备丰富，包括超过250万公顷播种面积和400万公顷牧草和干草区，可养殖家禽、奶牛和肉牛，种植大豆、玉米、小麦、水稻、大麦和油菜；

——在远东地区种植的农产品为绿色生态产品；

——远东地区化学和矿物肥料使用量大幅低于其他亚太地区国家；

——与俄其他地区相比，远东地区更靠近中国、日本、韩国和东盟国家，这些国家每年粮食进口量超过2800亿美元；

——远东地区蔬菜自给率为58%，谷物79%，肉类25%，牛奶44%，较低的自给率为投资者创造了更多的机会；

——支持中方企业在俄远东地区开展农业全产业链合作，并将举办系列洽谈，以加大对俄远东地区农业生产投资力度；

——双方支持中方企业在滨海边疆区实施养殖综合体项目，并将在检疫和通关方面提供必要协助。

俄方希望中方投资者在俄远东地区实施以下项目：

——由 Rusagro 与 Mercy Agro 滨海公司参与的滨海边疆区养猪综合体建设工程；

——滨海边疆区本地甜菜制糖业与甘蔗加工厂现代化改造工程；

——一次性储量为 5 万吨的滨海边疆区农产品批发集散中心建设工程。

俄方将根据俄现行法律提供所需土地与融资优惠政策，为中国投资者参与的农业领域项目提供必要保障。

（2）林业。俄罗斯是世界上森林资源第一大国，森林面积和林木储积量都占世界总量的约 23%。而俄罗斯东部地区土地辽阔、人口稀少，是俄罗斯也是世界上森林资源最丰富的地区。俄罗斯远东和西伯利亚森林面积为 7.64 亿公顷，其中远东地区 3.16 亿公顷，西伯利亚 4.48 亿公顷。两区的木材储量为 707 亿立方米，其中远东的木材储量为 223.1 亿立方米，西伯利亚的木材储量为 483.9 亿立方米。俄罗斯远东的贵重木种在俄罗斯占第一位，其中有大量的冷杉和云杉，是生产纸浆和纸张的最好原料。还有朝鲜雪松、黄檗、刺楸、俄罗斯远东桦、辽东桦、胡桃楸等珍贵树种。

俄远东地区林业加工领域的合作优势包括：

——原木每年允许采伐量为 9380 万立方米，实际采伐量为 1640 万立方米，占比为 17.4%；

——林地可以在不通过招标的情况下或按照较低的租赁费率提供给计划进行木材深加工的投资者；

——基础设施发达的铁路网，包括正在扩建的贝阿铁路与西伯利亚铁路；

——俄远东地区距亚太地区国家的距离更近，亚太地区国家每年进口木材超过 200 亿美元；

——俄联邦政府批准了针对远东地区原木出口的新关税政策，鼓励在俄境内进行原木加工。

中俄在俄远东地区开展经贸合作的优先方式是增加自远东地区对华木材出口量，增加深加工产品以实现出口产品多元化。双方将支持两国企业在木材深加工领域开展合作。

俄方欢迎中国投资者在南雅库特、阿穆尔州和萨哈林州建立木材加工综合企业。

（3）水产养殖。远东海域是俄罗斯最重要的捕鱼区，俄罗斯四大温水海中的3个位于该海域，包括白令海、鄂霍次克海和日本海，年捕鱼量约占国家总量的50%。俄罗斯远东海洋渔船队总部就设在邻近中国的滨海边疆区首府符拉迪沃斯托克（海参崴）市。在日本海和鄂霍次克海南部远东沿岸附近拥有超过15万公顷闲置海域适宜水产养殖，而且水产养殖品种如海参、扇贝在中、日、韩具有广阔的市场。俄罗斯目前正考虑在远东建立水产养殖跨越式发展区，并正在进行相关调研[①]。

俄远东地区在水产养殖领域的合作优势是：

——日本海和鄂霍次克海南部俄沿岸附近拥有超过15万公顷闲置海域适宜水产养殖；

——该海域拥有亚太地区市场价值高且畅销的水产养殖品种，如海参、扇贝等；

——进行水产养殖的海域将按照透明的电子拍卖程序提供使用；

——提供水产养殖业项目国家支持的专项措施。

俄方欢迎中方投资者在俄远东地区实施水产养殖项目，并将对项目提供必要支持。

7.2.2.4 服务业的投资机会

（1）旅游业。俄罗斯远东及西伯利亚地区拥有多个国家自然保护区和国家公园，众多独具特色的自然风光与世界自然遗产（贝加尔湖、堪察加半岛与千岛群岛活火山、沿海岸线分布的大型针叶林及广阔的无人区），以及大量历史与民族文化古迹。俄远东地区距中国、日本、韩国约2小时航程，旅游业潜在顾客群巨大。2017年到远东地区的旅游客流超过600万人，其中外国游客86.7万人，增长速度超过30%；俄远东发展部网站2019年12月26日消息称，据俄信息评级机构和《俄罗斯假日》杂志年度评选结果，俄滨海边疆区在2018年全俄最佳旅游地区评选中位列第八名。萨哈林州、哈巴罗夫斯克边

---

① 高际香. 中俄在俄罗斯远东地区合作发展规划（2018—2024年）[J]. 俄罗斯研究，2019（1）.

疆区、布里亚特共和国、堪察加边疆区和阿穆尔州 5 州区入选特色旅游排行榜。滨海边疆区被认为是远东最具旅游潜力的地区，2015 年到访该地区的国内外游客达 200 万人次，2017 年超过 400 万人次，占远东游客总量的 70%以上。

远东地区在旅游领域的合作优势包括：

——远东地区是欧洲文化在亚洲的"前哨"，距中国、日本、韩国约 2 小时航程，这些国家每年有 1.7 亿公民出国旅游，消费额超过 2500 亿美元；

——远东地区拥有很多独特的自然和文化历史遗址，吸引着世界各地的游客，包括堪察加的火山和喷泉、萨哈林的山脉、锡霍特山脉的火山奇观、滨海边疆区的海湾和萨哈（雅库特）共和国的"勒拿河柱状岩"自然公园；

——符拉迪沃斯托克自由港执行简化签证入境，可为 18 个国家的公民提供落地 8 天电子签证；

——2022 年底前，俄远东酒店服务业免缴企业利润税。

俄方欢迎中国投资者在远东地区实施旅游合作项目。鼓励为中国公民举办有关使用电子签证制度在内的远东地区旅游宣传活动。

（2）运输和物流。远东地区是欧亚交通走廊中的重要一环，是俄罗斯最大的铁路干线西伯利亚大铁路及贝阿铁路的起始端，合计运输能力超过 1 亿吨，并将在 2020 年前再提高 6500 万吨。远东地区海岸分布着 29 个海港，其中包括符拉迪沃斯托克港、纳霍德卡港、东方港、瓦尼诺港、苏维埃港等大型海港，上述港口占俄港口货物吞吐量的 1/4。通过远东地区有一条从亚洲到欧洲的最短航道，途经北冰洋海域。据俄专家估计，2050 年后，船只可在不采取抗冰加强措施的情况下实现该航道的全年通航。目前该航道在东北亚货物运输中已具备一定竞争力。俄方计划对该航道基础设施进行现代化改造，逐年提升运量，至 2024 年提高至 8000 万吨。这较中国与欧洲间经苏伊士运河的货运时间将有所缩短，也将提升俄北极项目的吸引力。《规划》中，双方欢迎联合实施国际运输走廊项目，通过滨海边疆区港口，实施中国东北部省份货物运输，以及一系列跨界河桥梁建设。

俄方欢迎中方投资者在远东地区实施以下投资项目：

——萨哈（雅库特）共和国勒拿河公路大桥建设工程；

——东方港港口装煤综合体建设工程；

——纳霍德卡海港改造工程；

——雅库茨克国际机场改造工程；

——马加丹国际机场改造工程；

——哈巴罗夫斯克国际机场改造工程；

——滨海边疆区阿尔乔姆市货车生产和配送厂。

7.2.3 俄远东开发中的中俄战略合作项目和基础设施项目

《中俄在俄罗斯远东地区合作发展规划（2018—2024年）》详细介绍了俄远东地区中俄战略合作项目和基础设施项目。

7.2.3.1 发展"滨海1号""滨海2号"国际交通走廊

"滨海1号"连接黑龙江省与俄滨海边疆区的港口，具体路线为：哈尔滨—牡丹江—绥芬河—波格拉尼奇内—乌苏里斯克—符拉迪沃斯托克港/东方港/纳霍德卡港。"滨海2号"连接中国吉林省与俄滨海边疆区的扎鲁比诺港，具体路线为：长春—吉林—珲春—扎鲁比诺港。"滨海1号"和"滨海2号"国际交通走廊的开发，基于中俄毗邻地区的大宗货流，通过减少物流费用及降低相关风险的制度安排，提高上述走廊运输效率，属于互利双赢项目。双方将创造和保持通过滨海边疆区港口转运中国货物的竞争力。

2016—2017年，俄方已经为实现上述目标采取了一系列措施，包括实行符拉迪沃斯托克自由港口岸昼夜工作制、设置单一货物报关管理机构、实行货物电子申报、明确最长等待期限及运输工具海关检查期限等。另外，自中方转口货物集装箱到达地点确定为扎鲁比诺港、波斯耶特港、符拉迪沃斯托克港、东方港及纳霍德卡港。2017年7月4日，在中俄领导人见证下正式签署了《关于"滨海1号""滨海2号"国际交通走廊共同开发的备忘录》。该文件规定，在上述走廊开发框架内，吸引两国企业及金融机构参与实施基础设施项目，相互简化各种程序，减少转口货物报关费用及时间，扩大进出口货物名录。双方将全力落实上述备忘录，协助中国货物通过"滨海1号"和"滨海2号"国际交通走廊及滨海边疆区港口进行无缝转运，为明确项目建设方案开展可研，并建立统一运营商，向货物转运公司提供一站式服务，明确双方参与项目合作的主要条件等。中方将鼓励本国企业通过滨海边疆区港口进行货物过境运输，参与项目必要的可研，明确发展"滨海1号""滨海2号"国际交通走廊基础设施的经济效益；俄方责成远东吸引投资和出口支持署作为项目协调单位。

7.2.3.2　跨境桥梁建设

（1）俄方将全力确保同江—下列宁斯阔耶铁路桥在2019年实现全面运营（截至2019年7月该桥已实现全线贯通，正式开通运营进入倒计时）。双方提出将逐步扩大同江—下列宁斯阔耶铁路桥货运量。双方将研究补充方案，提高其使用效率。双方鼓励中国投资者实施与同江—下列宁斯阔耶铁路桥运营相关的产业和物流投资项目。

（2）双方将全力确保黑河—布拉戈维申斯克公路桥于2020年实现全面运营。双方指出，根据特许经营建设黑河—布拉戈维申斯克公路桥项目的模式，可以作为其他跨境基础设施项目实施的典范。双方鼓励中国投资者在产业、物流及旅游业领域实施与黑河—布拉戈维申斯克公路桥运营有关的投资项目。

（3）双方将加快东宁—波尔塔夫卡公路桥政府间建桥协定草案的准备工作。

（4）双方将全力确保黑河—布拉戈维申斯克跨境索道在2022年全面实现运营。

7.2.3.3　黑瞎子岛开发

双方认为，黑瞎子岛是一个独特的区域，可以成为吸引世界各地游客的中心。双方各自制定黑瞎子岛本方一侧发展方案，并在此基础上探讨岛上基础设施建设对接问题，包括防洪护岸工程。根据俄罗斯部分的开发构想，该岛将被分为三部分。距边境最近的区域将着重开发邮轮游艇旅游、教育教学和体育运动。第二块区域将用于建设农业和科研活动项目及马术运动综合体，第三块区域将开发自然休闲区。岛屿开发构想框架下还拟建长达8千米的防护堤。俄方还计划在大乌苏里岛俄罗斯一侧设立客货两用通关点。预计到2025年前，该点年货运量将突破200万吨。

7.2.3.4 俄罗斯岛开发

俄方有意将俄罗斯岛开发成为亚太地区的国际科学教育和技术集群。近年来，俄方为此提供了以下基础条件，包括：建设现代化的符拉迪沃斯托克国际机场，修建该岛与符拉迪沃斯托克内陆连接的现代化斜拉桥，在俄东部建设高等教育机构——远东联邦大学；实行符拉迪沃斯托克自由港制度，使得在岛上开展业务享有商业和行政方面的优惠政策，并可为18国公民提供简化的入境签证手续；该岛已成为东方经济论坛等俄远东地区重要国际会议和活动的举办场地；建设必要的市政基础设施，可满足岛内未来发展需要。俄方支持高科技公司将总部或研发机构落户于俄罗斯岛内，并正在积极探讨鼓励中国高新技术公司积极探讨在俄罗斯岛内设立总部或研发机构的可能性。俄方将研究为中俄高科技初创企业上岛开展业务提供支持措施。俄方还提出了在远东联邦大学建设中国留学生专用校园的建议。

7.2.4 "龙江丝路带"规划中对俄投资的重点任务与优先领域

在《中共黑龙江省委黑龙江省人民政府"中蒙俄经济走廊"黑龙江陆海丝绸之路经济带建设规划》中，强调了对俄投资合作的重点任务，包括以下几方面。

构建哈满俄欧铁路跨境运输体系：在开通中欧铁路国际班列的基础上，开展以哈尔滨为中心，以经济带覆盖和辐射地区为主要货源地的中（俄）欧跨境运输。推进建立统一全程运输协调机制，加快货运枢纽体系建设。组织物流企业向国内外目标客户推介中（俄）欧黑龙江通道跨境货物运输产品优势。开展招商引企，组织国内外货源，吸引大型商贸物流、货运企业通过"黑龙江通道"进行跨境运输。

加快基础设施互联互通：加强与俄罗斯交通建设规划、技术标准体系对接，共同推进基础设施互联互通。完善黑龙江对俄铁路通道和区域铁路网。推进口岸界河公路大桥建设。拓展黑龙江省与中国东南沿海、俄远东地区、日韩、东南亚等江海联运和陆海联运新通道。进一步加强和巩固哈尔滨机场对俄远东地区门户机场功能，新增和加密通往俄罗斯、日韩及东北亚地区的国际航线、航班。

加强配套服务设施建设：完善商贸物流体系，建设一批物流园区、节点和配送中心，培育一批大型物流集团和专业物流企业，打造现代智能物流产业集群。发展跨境电子商务，创建开放的跨境电子商务综合服务平台，打造跨境电商物流基地。提高金融服务水平，探索建立政府引导、社会参与的对俄合作投融资平台，引导社会资本进入金融服务领域。改善通关条件，加快电子口岸建设，不断提高口岸通关便利化水平。

加大能源资源、生态环境保护合作：深化能源、矿产资源勘探开发合作。拓宽农业合作领域，积极推进农业经济技术合作，深入开展土地资源、作物栽培技术、农林牧品种等领域区域性合作。深化林业资源和生态环境保护合作。

加强跨境产业园区、产业链建设：鼓励合作建设跨境经济合作区，以投资带动贸易发展。组建产业合作联盟，加强跨境投资合作。积极建设中俄双向贸易和加工基地，形成跨境产业良性循环。

广泛开展人文科技交流合作：推动黑龙江省高校与俄罗斯高校开展教学科研合作，建设双方高校联盟，加快培养对俄语言、教育、文化、科技等领域人才。支持科研院所、高等院校和企业研发机构扩大对俄科技交流。加强文化旅游合作。

综合《中共黑龙江省委黑龙江省人民政府"中蒙俄经济走廊"黑龙江陆海丝绸之路经济带建设规划》和《中俄在俄罗斯远东地区合作发展规划（2018—2024 年）》，我们重点分析黑龙江企业在以下领域的投资机会。

7.2.4.1 交通运输和基础设施建设领域

中俄毗邻地区落后的交通运输和基础设施已经成为制约地区经济发展和双边经贸合作的瓶颈，因此"龙江丝路带"建设的首要任务就是实现两国边境地区的互联互通，这个领域最能体现两国人民共同的利益诉求，也因此成为中俄在远东地区合作的优先领域。

近几年，在"龙江丝路带"建设的推动下，黑龙江省对俄基础设施互联互通在加速推进。2015 年 6 月—2016 年 4 月不到一年的时间里，黑龙江省政府推动"哈欧班列""哈俄班列"和中俄韩"哈绥符釜"陆海联运三大通道相继开通，标志着"龙江丝路带"跨境运输体系框架基本形成。据统计，截至2017年底，从哈尔滨始发的哈欧班列已累计发运665班，总货值11.8亿美元。① 截至2017年底，黑龙江省对俄罗斯直通的公路里程达到了6342.8千米，其中，高速公路总里程为388.4千米，一级公路里程为585.6千米，二级公路里程为3007.5千米；在水运通航方面，黑龙江省对俄罗斯的通航里程达到2981千米，其中，三级以上的航道里程为2586千米，在三级以上航道上可以通行千吨级的船舶。截至目前，黑龙江已开通对俄国际道路运输线路67条，其中客运33条、货运34条。2017年，经黑龙江各边境口岸出入境车辆13.1万辆次，完成客运量93.3万人次、货运量155.3万吨。② 同时，还有一批跨境基础设施建设正在全力推进。

2017年9月，中国首个国际冷链物流专列——齐齐哈尔国际冷链物流专列正式开行，满载着齐齐哈尔地产圆葱的"龙海号"冷链专列从齐齐哈尔集装箱货场启程，直抵俄罗斯莫斯科。该专列的开行建立起以齐齐哈尔为中心的新鲜农产品集散大动脉，构建起连通俄罗斯、欧洲的绿色产业集群。2018年9月，申通等三家中资企业已获批入驻远东地区唯一的工业物流园——纳杰日金斯基"跨越式发展区"，致力打造中国与俄罗斯进出口和加工运输中转基地、电商平台。

2017年11月1日，中俄又达成共建"冰上丝绸之路"的共识，决定共同开发北极航道。"冰上丝绸之路"建设是中俄区域经济合作向纵深发展的典范，使中俄区域经济合作发生结构性的改变，从过去的经贸合作领域向投资领域、基础设施建设领域转变。另外，共建"冰上丝绸之路"在一定程度上将促进"滨海1号"和"滨海2号"国际交通走廊建设。

2019年，作为"一带一路"倡议与欧亚经济联盟的重要对接项目、中俄互联互通的重要基础设施，两国界河黑龙江（俄罗斯称"阿穆尔河"）上，计划有一座铁路桥、一座公路桥竣工通车。2019年3月20日，中俄同江铁路大桥最后一块钢梁合龙，标志着大桥全线贯通，为年内投入运营打下了坚实基础。这座铁路桥连接了黑龙江省同江市和俄罗斯下列宁斯阔耶，是黑龙江省第

---

① 搜狐网. "龙江丝路带"一路向北，http://www.sohu.com/a/240941149_275039。
② 东北网. 黑龙江：互联互通架金桥 对俄开放更畅通，http://mini.eastday.com/a/180207072302633-2.html。

一座与俄罗斯相通的跨境铁路大桥。大桥全长7193.71米，设计铁路年过货能力2100万吨。预计可以使同江口岸货物吞吐能力扩大5倍，黑龙江省至哈巴罗夫斯克、莫斯科的铁路运距将缩短500~700千米，节省运输时间7~10个小时，每吨货物成本降低6~8美元。①2019年5月31日，中俄首座跨黑龙江公路大桥——黑河—布拉戈维申斯克黑龙江公路大桥顺利合龙，该桥全长19.9千米，中方境内长6.5千米，俄方境内长13.4千米。设计由中俄双方合作完成，项目概算总投资24.7亿元人民币，由中俄两国共同出资建造，黑龙江省政府与阿穆尔州政府共同提出的成立中俄合资公司"贷款建桥、收费还贷"新模式，为中国界河桥梁的建设管理积累了宝贵经验。大桥建成后将形成一条新的国际公路大通道，实现中俄两个地级市直接互通互联。②

虽然中俄跨境基础设施建设取得了实质性的进展，还有一些战略合作项目和基础设施项目也得到了中国企业的密切关注，但黑龙江企业参与投资仍有不小的难度和问题，尤其是在俄罗斯境内的投资项目。一是资金问题，俄方境内公路、铁路、港口等交通基础设施的改建、扩建、升级改造需要投入大量资金，俄方希望中方企业投资。但鉴于这是商业项目，如何确保投资安全和收益，需要研究与协商，找到可行的运营模式。二是收费问题。目前已有中国企业通过"滨海1号"铁路线运输货物。据了解，俄方对铁路过境运输收费较高。这加大了中方企业的负担，也导致列车返回时只能空驶。因此要保证充足、稳定的货源，降低收费势在必行。三是时间问题。缩短货运时间本是该项目的优势，但目前看，在这方面仍是短板。由于通关手续复杂，加上海运安排等因素，货物从绥芬河经符拉迪沃斯托克至上海港至少需要2周时间。

7.2.4.2 能源领域

能源与矿产资源开发是中俄两国经贸合作的重要内容，也是"龙江丝路带"对接俄远东开发战略的主要途径。中俄两国在能源领域的合作符合双方的共同利益，是一种互惠共赢的合作。黑龙江省作为传统的老工业基地，虽然能源储备较为丰富，但是在以能源消耗为代价的粗放型经济增长方式中消耗了大

---

①② 搜狐网．中俄合建首座跨境公路大桥合龙，http://www.sohu.com/a/317874294_120054683．

量能源，因此也急需获取优质的外部能源；与之毗邻的俄罗斯东部地区自然资源丰富，储藏量大，但是自然条件艰苦，开采难度较大，又缺少必要的开采技术和资金，因此这些地区资源的开发和利用率很低，近年来俄陆续出台一些政策以吸引外资，明确提出要吸引外资参与能源开发。一些地方政府也会把条件较好的油气田、矿山、渔场和林地等资源租让给外国投资者，这就为黑龙江企业参与俄东部地区的资源开发提供了便利条件。

（1）石油化工领域。这是远东地区对外国投资较具吸引力的领域。俄远东地区蕴藏着俄罗斯 2/3 的石油资源。这里分布着苏尔古特、下瓦尔托夫和南苏尔古特三大油区。当前俄罗斯正积极为远东地区的石油、天然气领域吸引外资，许多俄罗斯专家明确表示最欢迎中国的投资。黑龙江省虽然石油产量丰富，并且相关技术较为先进，但是，由于过度开采造成储量迅速减少，对进口石油的需求日益强烈。黑龙江省在中俄两国油气合作中具有天然的地缘优势和产业优势：地处中国对俄能源合作的最前线，石化产业是黑龙江省传统支柱产业，不仅能为国民经济运行提供需要的能源和基础原材料，而且可以促进相关产业升级、拉动投资和经济增长、解决就业、增加居民收入；石化产业规模大、产值高、产业链长、子行业多，是技术密集和规模效益非常明显的产业。因此，在"龙江丝路带"建设中积极发展对俄石油化工合作是振兴龙江经济、促进产业升级的重要途径。

中俄原油管道项目是两国石油合作的标志性事件。2011 年 1 月，中俄原油管道投入运营，俄每年通过管道对华输送 1500 万吨原油，合同期 20 年，作为交换，中国国家开发银行向俄罗斯提供 250 亿美元的贷款。2016 年 8 月，中俄原油管道二线工程（漠河—大庆）启动建设，工程由中国石油管道公司建设并管理，2018 年 1 月 1 日正式投入使用，中俄二线的建成投产，可及时填补东北地区的石油资源供应缺口，进一步保障国家能源供应安全，优化国内油品供输格局，使我国每年从俄罗斯整体原油进口增至 3000 万吨。①

（2）天然气领域。中俄天然气合作潜力巨大，前景广阔。据统计，俄罗斯在 2005 年的天然气产量占世界总量的 21.6%，在天然气方面的剩余探明可

---

① 新华网. 中俄原油管道二线工程全线贯通 年增输油 1500 万吨，http：//www. xinhuanet. com//energy/2017 - 11/15/c_1121961535. htm。

采储量占世界总量的 26.6%，居世界第一位，其天然气的储采比远高于世界平均水平，达到了 81.5。预计到 2030 年，俄罗斯联邦天然气总产量将达到 8850 亿~9400 亿立方米，东西伯利亚和远东地区的天然气产量将达到 1300 亿~1520 亿立方米，产量份额将占俄罗斯总额的 14.7%~16.2%；中国天然气探明的储量占世界总量的 1.2%，居世界第 17 位，其储采比略低于世界平均水平，值为 54.7。目前天然气产量占到世界总量的 1.5%。受中国能源结构减煤增气的政策推动，天然气成为中国近年来需求增长最快的能源产品，2018 年中国社会科学院发布了《中国能源前景 2018—2050》研究报告，预计到 2050 年国内天然气消费需求有望增长超过 8000 亿方，届时天然气在一次能源消费中的比重将提高至 25% 以上。基于此需求预测，未来 30 年，中国的能源进口需求也将从以油为主逐步过渡到以天然气为主，预计到 2050 年，中国进口天然气将增至 6300 亿方以上，进口依存度达到 78.5%。[①]

中俄天然气合作起步较早，但进展较慢，过程艰辛复杂。

早在 1997 年，俄罗斯天然气工业股份公司和中国石油天然气集团公司就签署了《关于实施向中国东部地区供应俄罗斯天然气项目》的备忘录，奠定了双方在天然气领域的合作基础。但是直到 2014 年 5 月，双方才签署了《中俄东线供气购销合同》。合同规定，从 2018 年起，俄罗斯开始通过中俄天然气管道东线向中国供气，输气量逐年增长，最终达到每年 380 亿立方米，累计 30 年。2014 年 9 月，中俄东线天然气管道俄境内段开工。2015 年 6 月，中俄东线天然气管道中国境内段开工。中俄天然气管道东线工程总长度为 3968 千米，经过伊尔库茨克州、萨哈（雅库特）共和国和阿穆尔州。中国境内段途经黑龙江、吉林、内蒙古、辽宁、河北、天津、山东、江苏、上海 9 省区市，拟新建管道 3170 千米。中俄东线天然气合作有利于两国输气管道沿线地区经济的发展，是中俄能源合作互惠互利的重大项目。

2017 年 6 月，中国石化炼化工程签约首个俄罗斯 EPC 合同——俄阿穆尔天然气处理厂公用工程项目（AGPP – P3）EPC 合同。AGPP 项目是世界天然气巨头俄罗斯天然气工业公司投巨资建设的世界级规模天然气处理厂项目，位于俄罗斯阿穆尔州斯沃博德内区，距离中国黑河约 200 千米，设计能力为年加

---

① 社科院. 我匡能源需求总体已达峰 能源过渡已天然气为主, http://www.sohu.com/a/237383632_800688。

工天然气 420 亿立方米,年产氦气 600 万立方米。中国石化炼化工程公司中标的 P3 包是该项目公用工程部分,为 P1 包和 P2 包提供公用工程服务。AGPP – P3 项目是中国石化炼化工程公司在俄罗斯执行的第一个 EPC 项目,对开拓俄罗斯市场具有里程碑意义。

2017 年 8 月,位于阿穆尔州自由城跨越式发展区的阿穆尔天然气加工厂正式开工建设。项目总投资额为 13440 亿卢布,天然气、乙烷和氦的年生产量分别为 420 亿立方米、260 万吨和 6000 万立方米。中国葛洲坝集团和中国石油工程建设公司分别承包了该项目的第一和第二标段项目。作为俄罗斯最大的天然气加工厂,阿穆尔天然气加工厂在中俄天然气合作中起着重要作用,是俄罗斯向中国供应天然气的重要保障。

2017 年 12 月 8 日,被誉为 "北极圈上的能源明珠" 的中俄能源合作重大项目——亚马尔液化天然气项目正式投产,这个项目是目前全球在北极地区开展的最大液化天然气工程。亚马尔项目是中国 "一带一路" 倡议提出后实施的首个海外特大型项目,也是中国在俄最大投资项目。该项目总投资约 270 亿美元,中国进出口银行和中国国家开发银行为项目提供了 120 亿美元贷款。它由俄罗斯诺瓦泰克公司、法国道达尔公司、中国石油天然气公司和中国丝路基金共同拥有,持股比例分别为 50.1%、20%、20% 和 9.9%。亚马尔液化天然气每年可以向中国输气 400 万吨,第一条生产线(生产能力为 650 万吨/年)已于 2017 年 12 月 8 日正式投产,2018 年 8 月该项目第二生产线正式投产,其首批液化石油天然气产品装船启运,这比原计划提前了半年。亚马尔项目共计划建成三条天然气生产线,生产线全部建成后,项目每年的液化天然气产量将突破 1740 万吨,凝析油年产量将突破 120 万吨。[①]

(3) 电力领域。中俄两国还在电力领域开展能源合作。目前,中国的人均用电量不足世界平均水平的 50%,而人均生活用电量不足发达国家的 1/10。作为中国的老工业基地,黑龙江省电力需求极大。随着经济发展及生活水平的提高,电力供应不足现象开始逐年显现,已经成为制约黑龙江省经济社会发展的瓶颈之一。相比之下,俄罗斯电力资源具有较强优势,其统一电力集团拥有 73 家地方子公司,约 600 个热电站、100 个水电站和 9 个核电站,发

---

① 央视财经. 中俄亚马尔液化天然气项目 第二条生产线液化气首次装船 [N]. 2018 – 08 – 11.

电量仅次于美国,居世界第二。并且,俄罗斯丰富的电力资源大部分集中在东部地区。大型的火电站集中在西伯利亚的库兹巴斯、新西伯利亚、克拉斯诺亚尔斯克、伊尔库茨克、赤塔等地,大型水电站则集中在西伯利亚的叶尼塞河及其支流安加拉河。通过开展对华电力合作,既可以使西伯利亚现有的发电功率满负荷运转,有效利用发电设备,同时,还可以通过这些项目给西伯利亚地区的燃料能源综合体提供动力和发展机会。因此中俄的电力合作潜力巨大。

中俄电力合作由来已久。1992年,中俄两国共同建设的第一条跨国输电线路110千伏布黑线(布拉戈维申斯克变—黑河变)正式合闸送电,开启了中俄两国电力能源合作的先河。对缓解黑河市及周边地区的电力短缺起到了积极作用。

2005年,国家电网公司与俄罗斯统一电力系统股份公司签署长期合作协议。正式拉开了中俄电力合作的序幕。2006年,对俄购电工作上升到国家层面。

2012年1月9日,中俄500千伏黑河直流联网输电项目建成投运,500千伏阿黑线(俄罗斯阿穆尔变—中国黑河换流站)于2012年4月1日正式投入商业运营。该工程是我国首个国际直流输电项目,也是目前我国境外购电电压等级最高、输电容量最大的输变电工程。对促进中俄边境贸易、能源工业发展和口岸城市制造业电力需求的快速发展提供了长期、稳定、可靠能源保障。截至2016年4月14日,国网黑龙江电力通过500千伏阿黑线累计完成对俄购电83.617亿千瓦时,相当于节约标准煤280余万吨,减少二氧化碳排放790余万吨。[①]

2012年4月28日,为进一步发挥中俄500千伏直流背靠背联网工程在中俄能源战略合作中的主导地位,提升俄罗斯远东地区能源利用率,国家电网公司与俄罗斯统一电力东方能源公司签署长达25年的长期购售电合同,购买俄罗斯电能共计1000亿千瓦时,约50亿美元金额。12月5日,双方再次签署《2013年供电量和电价的补充协议》,确定2013年中方通过110千伏布黑线、220千伏布爱甲乙线(布拉戈维申斯克变—爱辉变)和500千伏阿黑线(阿穆

---

① 段立东. 中俄电力合作再升级 [J]. 能源评论, 2013 (5).

尔变—黑河换流站）购进俄电 33.5 亿千瓦时，较 2012 年增长 28.35%。①

2016 年 2 月 17 日，黑龙江火电三公司承建的俄罗斯特洛伊茨克超临界 660 兆瓦 10 号机组一次并网发电成功，标志着中国首家企业承建俄罗斯首台大容量机组建设实现里程碑工期。

2016 年 3 月 30 日，国家电网公司、韩国电力公社、日本软银集团、俄罗斯电网公司在北京签署了《东北亚电力联网合作备忘录》，积极推动东北亚联网，实现地区可再生能源的大规模开发利用。

2016 年 6 月 25 日，国家电网公司与俄罗斯电网公司签署双方设立合资公司开展电网业务的股东协议。根据双方签署的股东协议，该合资公司将在俄罗斯开展输配电网投资、建设、运营和 EPC 业务，进一步加强电力能源的深层合作。

2017 年 6 月 21 日，中国在俄最大电力能源类投资项目——华电捷宁斯卡娅电站顺利投产。这是中国在俄首个大型电源投资项目，由中国华电香港有限公司和俄罗斯第二地区电力股份公司共同出资建设，俄罗斯第二地区电力股份公司在该项目中持有 51% 的股份，中国华电集团有限公司持有 49% 的股份。项目采用 BOO 模式开发，即建设、拥有、运营。工程设计单位为俄罗斯 NC 设计院，中国能建旗下黑龙江火电三公司为施工总承包单位，中电工程东北院为主要分包设计院之一。②

2019 年 5 月，中国公司在新古比雪夫斯克市郊投资 1 亿元建设的太阳能发电站投产发电，这是俄境内较大的发电站。黑龙江天狼星电站设备有限公司子旗下的 Solar Systems 公司是项目的投资方。除 1 亿元资金外，该公司还提供了电站主要模块的组装。该座 75 兆瓦的太阳能发电站不仅能够减轻火力发电站的负荷，每年还能减少 1400 吨有害物质和 4.5 万吨温室气体的排放。项目预计投资回收期为 10 ~ 15 年。发电站于同年 5 月 21 日正式投产。③

从上述中俄能源合作项目可以看出，中俄能源合作中大项目多，许多项目都是在黑龙江境内和俄东部地区开展。因此，黑龙江是中国对俄能源合作的前

---

① 段立东. 中俄电力合作再升级 [J]. 能源评论，2013 (5)。
② 人民日报. 打造中俄电力合作新标杆，http://www.xinhuanet.com/world/2017-06/22/c_129638186.htm。
③ 俄罗斯龙报. 中国在俄投资一亿元建设的太阳能发电站投产，http://www.dragonnewsru.com/news/rc_news/20190527/91952.html。

沿阵地，在中国实施能源战略过程中发挥着极其重要的作用。但是，从另一方面来看，中俄能源合作目前仍是大型央企的主战场，由地方性企业主导的大型对俄能源合作项目还很少。随着《中俄在俄罗斯远东地区合作发展规划（2018—2024年）》的正式出台，黑龙江省企业应该抓住难得的历史机遇，积极参与到对俄能源合作进程当中。

7.2.4.3 矿业领域

矿业是黑龙江省基础性、支柱性产业，也是其有竞争优势和较大发展空间的潜力产业。黑龙江省是矿产资源大省，资源种类较多。截至2015年底，全省共发现各类矿产135种（含亚矿种，下同），其中探明储量的有84种，正在开发利用的有59种。2015年，黑龙江省储量位居全国前十位的矿产有50种，其中石墨和水泥用大理岩等列第一位，石油、金矿（砂金）等4种列第二位，钼矿、铂族金属等4种列第三位。黑龙江省金属矿产资源虽然丰富，但存在着大宗矿产短缺、地理分布不均衡、勘察难度大等问题。①"十三五"期间，国内外矿业形势也发生巨大的变化，矿产资源需求增速逐渐放缓。受大宗矿产品价格大幅下跌影响，以煤炭为代表的传统资源产业面临困境。在全球经济低迷、中国经济进入新常态和黑龙江省建设"龙江丝路带"的新背景下，充分发挥黑龙江省矿业领域多年来积累的技术、资金和产业优势，通过并购和重组等手段积极推进对俄矿业投资，推进黑龙江矿业企业的国际化进程，是培育经济增长新动能、实现黑龙江省矿业结构转型升级、振兴龙江老工业基地的重要途径，也是中蒙俄经济走廊和"龙江丝路带"建设的重要内容。

紫金矿业、中国黄金、中国有色、复星国际等中国企业均已进驻俄罗斯，涵盖了金矿、铁矿、铜矿、铅锌矿等矿产的勘探和开采。中企在俄罗斯主要有以下矿业项目。

2005年，紫金矿业集团和黑龙江龙兴集团共同投资，成立龙兴有限责任公司，其中紫金矿业持股70%，黑龙江龙兴持股30%，开发建设俄罗斯图瓦

---

① 黑龙江省政府. 黑龙江省矿产资源总体规划（2016-2020年），http://www.hlj.gov.cn/wjfg/system/2018/03/28/010867022.shtml.

百度网. 收购俄罗斯矿业，紫金、中国黄金纷纷布局，全球矿业格局将变？https://baijiahao.baidu.com/s?id=1629055409363836383&wfr=spider&for=pc.

共和国克兹尔—塔什特克多金属矿,该项目也是中国在俄矿山开采领域较早项目之一。克兹尔—塔什特克多金属矿床位于俄罗斯图瓦共和国境内,为高品质特大型矿山。2015年6月25日,紫金矿业控股俄罗斯龙兴克兹尔—塔什特克铅锌多金属矿项目投产。①

2005年黑龙江省矿业集团有限责任公司在俄罗斯马加丹州注册了龙马矿业有限责任公司,购置了地质中心开放式股份有限公司注册资金61.76%的股份,拥有了比奥涅尔金矿区的矿权。该矿区伊古缅诺夫斯克岩金矿现有已探明的黄金金属储量为8.1吨,平均品位约8克/吨;杰尼斯特河谷砂金矿现有远景黄金金属储量2.5吨,品位0.5克/立方米。整个比奥涅尔金矿区面积50平方千米,预估远景资源量约100吨(黄金金属量)。②

2017年,中国复兴国际以9亿美元获得俄罗斯世界级金矿Polyus PJSC公司10%的股权,用以开发苏克霍伊罗格。该金矿的储量占俄罗斯黄金储备的28%,且具备进一步增加的潜力,是目前已知的世界较大金矿之一。

2018年9月21日,中国黄金集团购买俄罗斯克鲁奇公司70%的股权,首次实现中国国有企业对俄罗斯战略级资源控股。克鲁奇金矿资源好,矿体厚大,基础设施完善,具备良好的开发建设条件。但由于其黄金资源储量超过50吨,被俄罗斯政府列为战略级资源。按照俄罗斯法律要求,外国国有企业对俄罗斯战略资源的持股比例不得超过25%。自2016年以来,中国黄金不断尝试斡旋,最终,俄罗斯政府同意"中俄克鲁奇金矿开采项目合作协议"草案;次年8月,该项目正式取得俄罗斯法律上的豁免。克鲁奇金矿项目作为中国黄金行业第一个进入俄罗斯战略资源的大型金矿开发项目,对中国国有企业进入俄罗斯、开发俄罗斯战略资源具有里程碑式的重要意义。③

2019年3月14日,中俄投资基金(由俄罗斯投资基金和中国投资有限公司共同出资设立,主要是用于投资中俄两国及两国在第三国和地区的合作项目)、俄罗斯投资基金(RDIF)、中东主权财富基金联合收购俄罗斯矿业公司英泰杰(Intergeo)的9.53%的股权。该矿业公司目前正在开发两大矿业项目,分别是俄罗斯第二大镍矿金纳希(Kingash)矿床和俄罗斯五大铜矿之一的阿

---

①②③ 百度网. 收购俄罗斯矿业,紫金、中国黄金纷纷布局,全球矿业格局将变? https://baijiahao. baidu. com/s? id = 1629055409383836383&wfr = spider&for = pc。

克苏格（Ak – Sug）矿床。Kingash 矿床位于俄罗斯克拉斯诺亚尔斯克地区，是俄罗斯第二大镍矿，预计将于 2024 年投产；Ak – Sug 矿床位于西伯利亚南部图瓦地区，该铜矿的储藏量超过 490 万吨，是俄罗斯五大铜矿之一，预计将于 2023 年投产。根据协议，未来三方将成立一家新公司，专门向中国供应基础金属（除了金、银等贵金属之外的所有金属）。

可见，尽管俄罗斯对矿产资源领域尤其是其战略性资源的外资进入有严格的限制，但是受制于本国开发条件的制约，黑龙江省对俄矿业类投资仍然大有可为。近年来，黑龙江省已经在积极打造以多边矿产资源开发合作为主体、以促进中俄蒙经济走廊和"龙江丝路带"建设为目标的对俄矿业交流合作平台。黑龙江省拥有一批实力雄厚的矿业龙头企业，例如黑龙江省龙煤矿业集团、黑龙江龙兴国际资源开发集团有限公司、七台河宝泰隆煤化工股份有限公司等。在煤炭开发合作中，可重点选择萨哈煤田、滨海边疆区煤田、哈巴罗夫斯克边疆区煤田和阿穆尔州煤田。在贵重金属和有色金属开发领域，可与滨海边疆区、马加丹州、萨哈（雅库特）共和国、哈巴罗夫斯克边疆区、伊尔库茨克州、克拉斯诺亚尔斯克边疆区合作，参与乌多坎铜矿和伊尔库茨克钾石盐矿的开发。另外，考虑俄罗斯矿产资源领域的市场准入情况，可以优先选择俄方鼓励中国投资者在俄远东地区实施的投资项目。

7.2.4.4 森林采伐与木材加工领域

对俄林业领域投资是黑龙江省对俄投资较为重要的领域之一。数据显示，2016 年黑龙江省大约有 400 家企业进行林业投资，总金额达 23.330779 亿美元，① 无论是企业数量还是投资金额，均超过了矿业和农业投资，居各行业首位，原因在于中俄两国林业发展的高度互补性。

俄罗斯是世界上森林资源较为丰富的国家之一。远东地区约拥有全俄 30% 以上的森林以及 40% 的木材储量，但由于资金、技术、设备、劳动力等缺乏，特别是交通运输等基础设施条件很差，造成每年的木材采伐量很低，大量的过熟林因无人采伐而烂在山中，长期以来森林资源得不到有效利用。为改变落后的林业生产状况，提高森林资源利用效率，促进林业可持续发展，俄罗

---

① 黑龙江省商务厅对俄合作处。

斯工业和贸易部对 2035 年前的林业发展战略进行了调整。①

（1）将西伯利亚联邦区和远东联邦区作为重点地区，支持在托木斯克、鄂木斯克、伊尔库兹克和哈巴罗夫斯克等地建设木材产业集群，优先发展刨花板、锯材和经济用材林等高附加值产品的生产并提供贷款优惠和财政支持。

（2）以木结构住房为切入点，刺激国内木材市场需求和供给，为利用木材及相关技术建设公共设施的企业提供采伐配额、贷款项目等。

（3）恢复木材工业的科研开发基地建设，鼓励先进性、创新型产品（如纳米纸浆、生物质燃料、高质量纸与纸板等）的研发和生产。

（4）依法加强森林经营管理，制定林业环境标准并保证实施，挤压非法采伐木材的市场。

中国是木材及木制品消耗大国，但人均森林面积和人均木材蓄积量仅相当于世界人均水平的 1/5 和 1/8。近年来，随着房地产、家具、装修等市场需求的快速增长，带动了木材加工行业的快速发展。2015 年中国消耗木材约 5.7 亿立方米（含板材换算部分），消耗量年均增长 17.3%，对森林资源过度的采伐加上中国天然林保护工程的实施，导致木材的供需缺口越来越大，目前国内木材产量仅能满足 50% 的需求量。黑龙江省在森工领域拥有较为成熟的技术、低廉的劳动力成本以及众多知名木材加工企业，与俄罗斯东部地区在林业领域互补性极强。②

从长期来看，黑龙江省参与俄东部地区的森林资源开发和木材加工不仅能够满足国内日益增长的木材需求，同时也能为俄罗斯带来巨大的经济利益。2008 年之后，俄罗斯政府为了拉动国内就业和保护国内森林资源，频繁出台限制原木贸易的政策，多次上调原木出口关税，使黑龙江省的木材进口形势日益严峻。随着中国供给侧改革的不断推进，尤其是 2014 年黑龙江森工林区木材商业性采伐全面停止之后，大批黑龙江林业企业转向俄罗斯投资于森林采伐和木材加工，为老工业基地的森林工业带来了新的生机。截至 2016 年，黑龙江企业在俄东部地区共获得森林采伐权 1200 万公顷，累计木材蓄积量为 31.1

---

① 姚予龙等. "一带一路"倡议下中俄林业合作格局与资源潜力研究［J］. 资源科学, 2018（11）.
② 黑龙江省人民政府网. 黑龙江省人民政府办公厅关于转发省发改委等部门黑龙江省林业产业发展规划（2016—2020 年）的通知, http://www.hlj.gov.cn/wjfg/system/2016/06/13/010777936.shtml.

亿立方米，可采伐资源量大。① 省内出现一批对俄林业投资的龙头企业，如华诚公司、吉信集团、华宇公司等，形成俄罗斯龙跃林业经贸合作区、华泰林业木材加工园、伊曼木材工业园区、坎斯克森林资源产业园区等多个在俄境外林业园区，林业型境外园区占黑龙江省对俄境外园区总数的约1/4。

黑龙江省森工总局联合其他企业参与共建了俄罗斯犹太州龙跃林业经贸合作区，建设形式为"一园三区"，即阿穆尔园区、伊曼园区和帕科沃园区，园区以林业资源开发利用、木材加工和产品营销为主，总投资13亿美元。森工总局还投资450万元人民币，在2014年租赁了俄罗斯犹太州斯米多维奇区39万平方米的土地，用于森工园区建设，计划引进木材精深加工、建材等项目。2014年海林林业局与阿穆尔公司合资在阿穆尔园区建设了储德湖有限公司胶合板厂，海林局投资1020万元，占股本51%，年产2万立方米胶合板项目，柴河林业局与乌马河林业局注册合资股份制公司，在俄罗斯境内与马来西亚常青集团成立合资公司，独立开展业务并享受常青集团在俄政策优惠。2013年4月，绥阳林业局投资500万元的丘古耶夫卡市源通公司国外分公司启动。2013年6月，4条生产线、月生产加工地板坯料1200立方米的一期工程竣工并投入使用。②

目前，黑龙江企业在远东地区已经形成点种、采伐、加工、出口、单列运输、采伐设备销售和维护等相对完整的产业链。但是对俄森林资源开发深度合作仍然不足，除了少部分有政府背景实力雄厚的企业外，大多林业企业还集中于简单的收购、粗加工、销售等环节，极少从事木材采伐、技术合作、木材深加工等。原因是：木材采伐、深加工、技术合作等方面投入大、风险高，现在在俄申请采伐证难，基础设施建设和设备投入占用资金大，技术工人难以从国内招聘，生产安全风险大，天气变化影响作业，交通运输困难，等等。因此许多规模、实力有限的中小企业，只能重点进行木材粗加工、销售环节的经营，这样投入少，资金回收周期短，相应风险可控。今后，政府要采取针对性的扶持政策，支持林业企业通过拓展对俄林业投资的广度和深度，形成"两头在外"的林木精深加工产业格局，具体来说就是在境外积极开发利用木材资源，

---

① 黑龙江省人民政府网. 黑龙江省人民政府办公厅关于转发省发改委等部门黑龙江省林业产业发展规划（2016—2020年）的通知，http：//www.hlj.gov.cn/wjfg/system/2016/06/13/010777936.shtml.
② 停止了商业砍伐的黑龙江森林工人：对俄经贸成立了新希望［N］. 俄罗斯龙报，2015－06－26.

建设境外木材加工基地，在省内，逐步由木材开采和粗加工转向木材精深加工，去粗存精，加大高档家具、工艺品等高附加值产品的开发力度，提高木材加工率。在"走出去"战略的推动下，通过对俄林业领域的投资来帮助化解黑龙江省木材供给不足问题，解决生产要素短板，帮助传统产业重新焕发生机，促进黑龙江省的产业结构优化升级。

7.2.4.5 农业领域

近年来，俄罗斯农业生产条件不断改善，2017年的粮食产量创下1.355亿吨的历史纪录，当年的小麦产量为8600万吨。农业的迅速增长及农产品贸易出口成为俄罗斯经济中的一大亮点。目前，俄罗斯的农产品贸易出口创汇能力，已经占到天然气出口创汇的约1/4、武器出口创汇的约1/3。[①] 在世界粮食市场，俄罗斯的存在感不断增强。在此背景下，粮食出口的扩大或将成为该国经济兴衰的关键。俄罗斯远东和贝加尔地区如阿穆尔州、哈巴罗夫斯克边疆区、滨海边疆区等地耕地面积较多，土壤肥沃，适宜种植玉米、大豆等粮食作物。但是，由于地广人稀、劳动力匮乏、资金投入不足，该地区有近一半的耕地处于闲置状态。另外，由于港口和内陆运输网的建设滞后，无法出口的多余粮食在国内堆积如山，因此俄罗斯政府部门非常重视远东地区的农业发展，并希望吸引外资共同发展现代农业。中国有着巨大的农产品消费市场，2016年，中俄农产品贸易突破40亿美元，俄罗斯向中国出口的农产品规模大幅增长，达到出口总额的22%。中国已经成为俄罗斯食品的最大进口国。[②] 目前，中俄农业合作正度过磨合期，逐渐从过去的单一贸易合作进入项目投资、产业升级快速发展的新阶段。2017年7月，中俄两国高层确定将农业合作作为中俄经济合作的重要动能和新的亮点。2018年11月，中俄签署了《中国东北地区和俄罗斯远东及贝加尔地区农业发展规划》，作为指导两国边境地区开展农业合作的重要文件。

黑龙江省是传统农业大省，具有农业开发和发展现代农业丰富经验和技

---

① 黑龙江省商务厅. 中俄农产品贸易将得到进一步发展, http：//www.hlj.gov.cn/ztzl/system/2017/09/13/010847105.shtml。

② 中俄资讯网. 中俄就农业合作战略规划达成共识, http：//www.ccpit.org/Contents/Channel_3974/2017/1016/894899/content_894899.htm。

术，掌握熟练技巧的农业从业人员数量众多，在发展对俄农业合作方面可谓独具优势。俄罗斯远东地区的农业生产成本比黑龙江省低得多。远东地区农业土地租金每亩约为 10 元/年，每公顷 150 元/年，平均人民币对卢布的汇率在 8 到 9 之间，每公顷租金低于 1350 卢布/年。而在哈尔滨农业土地每亩租金不低于 500 元/年，每公顷租金约为 7500 元/年。俄罗斯的柴油价格是中国柴油价格的 60% 不到。① 这为黑龙江省农业企业的 "走出去" 提供了非常优越的成本优势。按照国家 "一带一路" 倡议和 "龙江丝路带" 建设要求，黑龙江省农业企业正在加快建设农产品出口基地，推进对俄境外农业园区建设，积极扩大农产品出口路径，有效促进农业跨境产业链接。目前，全省对俄境外农业开发合作区域已由边境口岸较近地区逐步向俄远东地区腹地及周边发展，包括阿穆尔州、滨海边疆区、犹太自治州、哈巴罗夫斯克、克拉斯诺亚尔斯克、萨哈林等 10 个州区；对俄境外农业开发合作已由过去种植蔬菜向大豆、玉米、水稻、小麦等主要粮食作物种植拓展，并由种植业向畜牧业、粮食、饲料加工、仓储、物流运输及农产品批发市场建设等多个领域延伸。到 2017 年，全省对俄合作种植土地面积累计近 870 万亩，在俄从事农业开发企业达到 204 家，已形成从种植、养殖，到加工、仓储物流、批发的全产业链发展态势。② 截至 2016 年末，黑龙江省在俄 18 个经贸合作区中有 7 个是农业产业型园区，是各类型园区中数量最多的一种，分别是滨海边疆区的华信中俄（滨海边疆区）现代农业产业合作区、滨海华宇经济贸易合作区、新友谊境外农业产业园区、华洋境外绿色农业园区、犹太自治州的俄罗斯春天农业合作区、阿穆尔工业综合园区、阿穆尔州的黑河北丰中俄阿穆尔农业（畜牧）产业园区，其中中俄（滨海边疆区）现代农业经济合作区是国家级境外园区。中俄企业间合作方式主要分两种：一是中方租赁俄土地型，占 80%，其中土地租赁期最长 49 年；二是合资合作型，占 20%。俄方企业出土地，中方企业出机械、技术和劳务，一般按中方 60%、俄方 40% 比例合作，也有各按 50% 比例合作的。③ 2015 年 5 月，黑龙江省与中俄投资基金、俄罗斯投资基金签署成立中俄农业投资基金

---

① 中俄资讯网. 中国投资远东农业企业递增 吸引力何在，http://www.chinaru.info/zhongejingmao/lubuhuilv/56063.shtml。

② 人民网. 黑龙江省对俄农业合作呈全产业链发展态势，http://hlj.people.com.cn/n2/2018/0711/c220024-31804135.html。

③ 黑龙江省对俄农业合作硕果满枝头农业 "走出去" [N]. 黑龙江日报，2016-04-07。

（基金总额达20亿美元），专项用于中俄两国农业项目建设。2018年7月，哈尔滨东金集团与俄罗斯远东投资和贸易发展局、俄罗斯地方农业基金签订合作协议。根据协议，东金集团在哈巴罗夫斯克建设粮食专业港口，开发10万公顷土地用于农业种植，开发农业综合体设施仓储量为10万吨，项目投资总额约为1.2亿美元，该项目已被列为中俄"远东一号"现代农业（种植加工港口）综合示范项目。东金集团将陆续在俄罗斯投入7亿元，在俄远东地区打造融现代化农业种植、养殖、加工、仓储、港口、物流于一体的大型产业项目，项目建设期5年。东金集团的目标是构筑中俄跨境农业产业链——在俄远东地区形成现代化大型跨境农业产业示范区。[①]

今后，黑龙江省对俄农业投资的重点在于改善两国边境地区的农业基础设施，提高设备保障水平，发展农业科技，提高主要作物产量。应利用远东地区一些跨越式发展区的优惠政策，如米哈伊洛夫斯基跨越式发展区（滨海边疆区）、别洛戈尔斯克跨越式发展区（阿穆尔州）、哈巴罗夫斯克跨越式发展区（哈巴罗夫斯克边疆区）、南区跨越式发展区（萨哈林州），建设一系列粮食、油料加工、畜牧和渔业综合体。与俄方共同促进大豆、水稻生产，发展蔬菜种植、畜牧养殖以及养猪和养鸡业，共同建设牲畜和渔业养殖场，以及共同生产高附加值产品。此外，双方还应共同发展农产品物流设施，采用农业创新技术和科研成果，促进双边农业合作向纵深发展。

7.2.4.6 装备制造业领域

装备制造业是为国民经济各行业提供关键技术装备的战略性产业，是一个国家或地区科技水平、制造能力和综合实力的集中体现。近年来，随着全球经济与贸易环境的变化，先进、高端的装备制造产业，正在成为一些大国参与全球产业分工、争夺全球产业链最上游的角力场。俄罗斯是一个历史悠久的工业大国，继承了苏联时代的重工业基础，是世界上少有的几个具有完整的工业基础和军事工业体系的国家，在重工业和军工业具有世界领先的产业优势。在装备制造领域具有很强的技术和经验积累，尤其是一些高端装备制造业如航空和卫星及应用上优势突出。中国作为一个"制造大国"，目前国内工业领域出现

---

① 花卉大全网 . 2018年农业发展前景：中俄农业合作大有可为，https://www.168mh.com/292244.html。

严重的结构性失衡现象，一些中低端产品生产过剩，一些高端制造和技术供给不足。在《中国制造2025》的推动下，中国正极力从"制造大国"向"智造大国""创造大国"转变。这与部分工业品供应短缺和资本相对匮乏，又有着雄厚工业基础和先进军工技术的俄罗斯形成明显的结构性互补，为中俄两国在装备制造业领域的对接提供了基础和可能性。

  作为中国装备制造业大省，黑龙江省拥有明显的装备制造业基础和优势，"十三五"期间，"一带一路"倡议、"新一轮东北振兴""中国制造2025""中蒙俄经济走廊——龙江陆海丝绸之路经济带建设""国际产能合作"等重大政策的出台与实施，将有力助推黑龙江省装备制造业领域的对俄合作，扩大对俄装备制造业的投资合作。其中，要重点解决以下几个问题。①

  首先，要准确认识黑龙江省装备制造业的优势与潜力。一是有一批制造业优质存量释放比较优势。黑龙江省电站成套设备、轨道交通、数控机床及军工领域的产业体系较为完整，技术积累与商业模式成熟，部分产品具有较强竞争力。二是资源有优势，总需求增长领域潜力突出。高品质乳制品、肉制品、高端食品制造的消费需求升级、产品升级，市场空间巨大；加强煤化及石化产业链协作配套，延长产业链条，提升石墨、钼、铜等矿产资源精深加工，产业升级潜力较大。三是私营经济动力增强。借助国企改革发展混合所有制经济，市场主体规模不断壮大，承载制造业发展的基础更加牢固，开展"大众创业、万众创新"，催生的新业态、新模式，为制造业转型发展提供强大动力。四是科技成果转化引领增量扩张。科技成果转化机制不断完善，加快与资本市场对接合作，科技成果转化助推科技型企业加快成长，不断形成新的经济增长点。五是人力资源支撑潜力巨大。全省有81所普通高校、724家科研院所、80多万名专业技术人员、41位两院院士，近百万支撑制造业发展的技术工人和优秀企业家队伍，可为全省制造业发展提供重要的人才保障。②

  其次，要确定黑龙江省对俄装备制造业投资的重点领域。俄罗斯与黑龙江省装备制造业契合度高、合作愿望强烈、合作条件和基础好。《黑龙江省制造业转型升级"十三五"规划》指出，要依托黑龙江省的产业基础、资源禀赋、

---

①② 黑龙江省政府. 黑龙江省制造业转型升级"十三五"规划, http://www.hlj.gov.cn。

科技实力和人才优势，全面对接《中国制造2025》，瞄准新一代信息技术、高端装备、新材料、生物医药等重点行业，全面提升制造业研发设计、生产制造和经营管理水平，引导创新资源加速集聚，驱动制造业智能转型，着力推动有产业基础、有资源优势、有需求空间、有成果储备的制造业重点领域加快发展。具体来说，黑龙江省在电力装备、航空航天装备、轨道交通装备、高档数控机床、机器人、农机装备等领域具有明显的产业优势。因此可以重点推进电站成套设备、航空航天、新型农机、石油机械、轨道交通、高档数控机床、汽车、机器人、海洋工程装备等装备制造业的对俄投资合作，鼓励黑龙江企业参与央企重大国际产能合作项目，带动成套、配套装备及服务"走出去"；鼓励企业承接或参与央企境外资源开发项目，向俄罗斯输出石化、煤化工产能和装备。[①]

最后，要确定黑龙江省对俄装备制造业投资的重点区位。由于受地理因素制约，黑龙江省对俄合作多面向远东地区，同俄中部及欧洲部分交流合作相对有限。但相比俄东部地区，俄罗斯的中部和欧洲部分工业基础更加坚实，在航空航天、深海科研、机器人、大型重载工程机械制造等方面具有雄厚实力，例如俄罗斯的多家知名飞机制造商如米格、苏霍伊、图波列夫、伊留申、米里和卡莫夫等都聚集在俄罗斯的西南部；在卫星发射方面，俄美合资、俄罗斯控股的国际发射服务公司（ILS）在国际商业发射市场份额仅次于阿里安公司，其总部也坐落于俄罗斯的西南部。因此龙江企业要借助"一带一路"倡议的东风，扩大对俄投资合作的地理范围，加强与俄中部和欧洲部分地区的工业与技术合作，在装备制造、新兴产业、高新技术成果产业化等方面与之开展广泛深入的交流与合作。[②]

7.2.4.7 旅游领域

旅游业是现代服务业的重要组成部分，其产业链长，能够快速拉动地区经济增长。近年来俄罗斯对旅游业发展的关注度日益提升。俄罗斯政府于2010年正式批准《俄罗斯2011—2016年发展旅游业（境内游和出境游）联邦专项纲要构想（草案）》，2014年相继出台了多项激励旅游业发展的措施，颁布了

---

①② 黑龙江省政府．黑龙江省制造业转型升级"十三五"规划，http://www.hlj.gov.cn．

至2020年的旅游发展战略，2015年又启动了"观光俄罗斯"的旅游营销战略，旨在加快俄罗斯旅游业发展，提升国家旅游形象，拉动经济增长。[①] 目前，两国政府高度重视双方的旅游合作，将旅游定位为双边关系的优先方向，旅游合作已经成为两国关系发展新的增长点。2012年和2013年中俄两国互办旅游年，这是中国第一次与其他国家举办旅游年。2012年中俄双方签署了团队游互免签证协议，极大程度上刺激了双方游客数量的增长。2017年，中俄互访游客接近400万人次。俄罗斯成为中国游客前15位旅游目的地国家之一。而在来华旅游客源国排名中，俄罗斯位列第五。据俄罗斯旅游署统计数据，2017年赴俄中国游客量同比增长14.7%，达到147万人次。其中，免签赴俄旅游的中国游客量增长23%，达到94.4万人次。[②]

黑龙江省面临着对俄经贸合作转型升级的重任，发展对俄旅游业投资，可以改善对俄投资结构，提高现代服务业在其中的占比，因此应将其作为今后对俄投资的重点发展方向之一。黑龙江省发展对俄旅游业投资的机遇在于以下三点。

第一，俄东部地区旅游资源丰富，远东及西伯利亚地区拥有多个国家自然保护区和国家公园，众多独具特色的自然风光与世界自然遗产，以及大量历史与民族文化古迹。俄远东地区距中国、日本、韩国约2小时航程，旅游业潜在顾客群巨大。2017年，近俄罗斯滨海边疆区接待中国游客42万人次，按照简化签证程序赴俄远东旅游的中国公民数量已超过3000人次。符拉迪沃斯托克已成为仅次于莫斯科和圣彼得堡的中国公民第三大赴俄旅游目的地。[③]

第二，俄东部地区旅游基础设施比较落后，亟待加强投资加以改善。以在远东地区接待能力相对较好的滨海边疆区为例，虽然这里被认为是远东最具旅游潜力的地区，2017年接待的国内外游客超过400万人次，占远东游客总量的70%以上，[④] 但是其旅游中心符拉迪沃斯托克市也只有为数不多的几家标准旅游宾馆。因经济条件制约近十年来数量没有增加，在客源大量增加的情况下只能临时把大学的宿舍征为游客接待住处，甚至多人同住一室的现象很普遍；

---

① 王晶. 新时期黑龙江省对俄远东地区旅游发展分析与策略选择 [J]. 俄罗斯学刊, 2016 (3).
② 俄罗斯卫星通讯社, http://sputniknews.cn/russia_china_relations/201806271025750179/.
③ 杨劲松. 推动中俄地方旅游合作再上新台阶 [N]. 中国旅游报, 2018-09-14.
④ 中国经济网. 俄远东6州区入选2018年度全俄最佳旅游地区排行榜, http://www.ce.cn/culture/gd/201901/04/t20190104_31179913.shtml.

滨海边疆区的公路路况普遍较差，旅游车况不佳，旅游过程舒适度不高；涉及旅游的"食、住、行"条件都严重不足和落后，完全没有跟上中国游客日益增长的需求，这为龙江企业对其投资提供了广阔的空间。

第三，"龙江丝路带"建设和俄远东开发战略使得黑龙江对俄旅游业投资具有了政策叠加的良好机遇。2014年，"世界无国界"旅游协会制定并推出"友好中国"项目，宗旨是发展俄罗斯宾馆、贸易公司、旅行社等旅游业设施，为赴俄旅游的中国游客创造舒适环境。目前全俄约有100家成员加入了"友好中国"项目，其中过半为酒店业。俄罗斯在远东建设跨越式发展区，计划在远东联邦区堪察加边疆区、哈巴罗夫斯克边疆区的大乌苏里斯克岛和滨海边疆区的俄罗斯岛建设一批旅游休闲跨越式发展区，在符拉迪沃斯托克自由港执行简化签证入境，可为18个国家的公民提供落地8天电子签证，并计划在2022年底前，俄远东酒店服务业免缴企业利润税。俄方欢迎中国投资者在远东地区实施旅游合作项目，鼓励为中国公民举办有关使用电子签证制度在内的远东地区旅游宣传活动。①

7.2.4.8 金融领域

在"龙江丝路带"建设过程中，金融发挥着重要的保障和支撑作用，带动和促进了黑龙江省对俄贸易畅通、资金融通和基础设施互联互通。近年来，黑龙江省对俄金融合作快速发展，合作层次逐渐加深，合作方式不断创新，合作范围也不断扩大，在对俄金融合作机制、本币结算、现钞调运、跨境融资等方面取得了一些实质性成果。

（1）金融合作机制逐步完善。黑龙江省各级政府及相关部门逐渐建立了一系列运行及协调机制。人民银行哈尔滨中心支行建立自组团对俄出访机制，近3年来自组团对俄出访5次，与俄罗斯央行驻远东管理局等金融机构就俄罗斯外汇管理体系、金融稳定监管机制等方面开展双边座谈调研。此外还陆续出现一些民间组织，如哈尔滨银行联合俄罗斯联邦储蓄银行发起建立的中俄金融联盟等。目前，联盟有成员银行68家，合作内容涉及同业融资、资金清算等

---

① 中国商务部.中俄在俄罗斯远东地区合作发展规划（2018—2024年），http：//www.mofcom.gov.cn/article/guihua/201811/20181102807004.shtml.

十多个领域。①

（2）双边本币互换与结算向纵深发展，银行间业务合作日益密切。近年来，中俄两国开展的本币结算已由边境贸易领域扩大到一般贸易领域。2017年，黑龙江省各银行共办理中俄本币结算业务 7.9 亿美元。占中俄跨境收支总额的 35.3%，同比增长 23%。截至 2017 年末，黑龙江省有 9 家商业银行与俄罗斯 27 家商业银行共设立代理行账户 133 个，构建了包括美元、人民币、卢布在内的三位一体的资金清算网络。黑龙江省对俄跨境人民币业务规模从 2012 年的 8.6 亿元增至 2017 年的 71.4 亿元，累计增长 7.3 倍，占全国对俄跨境人民币结算量的 18%。黑龙江省对俄人民币结算以支出为主，主要集中在货物贸易和其他投资项下，占全部对俄跨境人民币结算量的 89.2%。②

（3）中俄银行间人民币业务逐渐拓展。中俄两国商业银行的合作逐渐拓宽，已由过去单一的结算业务推广到同业融资和银团贷款业务。截至 2017 年末，支持国家开发银行黑龙江省分行、哈尔滨银行与俄罗斯商业银行签订 5 笔总额 235 亿元人民币同业融资协议，目前已兑现 3 笔，实际融资 144 亿元，2017 年新增实际融资金额 44 亿元，融资资金主要用于中俄间贸易合作等 35 个项目。哈尔滨银行作为牵头行，与俄罗斯开发与对外经济银行签署的总额 100 亿元人民币的同业间银行授信协议计划进入提款阶段，正式由协议层面进入资金使用环节。③

（4）人民币现钞业务取得突破性进展。截至 2018 年，中国银行已与俄罗斯境内 34 家同业签署人民币现钞批发业务协议，成为俄罗斯境内人民币现钞流动性的提供者。哈尔滨银行 2015 年首次实现经北京机场海关空运，通过代理行模式向俄远东地区调运人民币现钞，截至 2018 年第一季度，已向俄境内累计调运 1 亿元人民币。龙江银行完成了该省首笔对俄陆路口岸人民币现钞跨境调运业务。2017 年，针对人民币现钞跨境调运渠道单一问题，研究推动建立人民币现钞陆路跨境调运的新路径，经与东宁市海关、边检及公安部门协调，龙江银行与俄罗斯亚太银行合作，通过东宁口岸陆路调运人民币现钞工作已取得突破性进展。④

---

①②③④　搜狐网．黑龙江对俄本币结算、现钞调运、跨境融资等合作取得积极进展，http://www.sohu.com/a/246086952_99893481．

（5）跨境对俄投融资业务不断推进。2016年，中俄金融联盟与俄罗斯政策性银行首次开展合作，哈尔滨银行联合国内包商银行等9家银行与俄罗斯开发与对外经济银行签署了总额100亿人民币的银团贷款协议，用于支持"一带一路"沿线中俄合作重点项目。哈尔滨银行还成功投资俄罗斯全球排名第二大原铝及铝合金生产商在中国境内发行的人民币熊猫债，与俄罗斯外经银行创立发起"中俄高科技产业投资基金"，重点投向具备中俄元素的先进制造、航空等领域。龙江银行推出"贷款建桥、收费还贷"的方式，向黑龙江阿穆尔河大桥开发建设有限公司发放19亿人民币贷款。此外，国家开发银行黑龙江省分行与俄罗斯商业银行签订5笔总额400亿元人民币同业融资协议，截至2019年4月末，实际融资316亿元，融资资金主要用于中俄间贸易合作等35个项目，涉及冶金、矿业、交通、油气等。哈尔滨银行作为牵头行，和俄罗斯开发与对外经济银行签署的总额100亿元人民币的同业间银行授信协议正式进入提款阶段，截至2019年4月末，实际提款5.56亿元，主要用于火力发电和水力发电项目。①

（6）积极推进卢布现钞使用试点和跨境调运。2012年，哈尔滨银行通过北京海关首次以空运模式向莫斯科波罗的海发展银行跨境调运500万卢布现钞。此后，哈尔滨银行开辟哈尔滨—北京—莫斯科、哈尔滨—北京—符拉迪沃斯托克现钞调运渠道，截至2017年底，累计跨境调出11.9亿卢布现钞，调入1000万卢布现钞，实现了中俄卢布现钞的双向流动。2013年，绥芬河市被批准成为中国首个卢布现钞使用试点城市。截至2018年2月，绥芬河地区累计办理卢布现钞兑换3.6亿卢布。②

随着"龙江丝路带"建设的落实和推进，黑龙江省对俄金融合作还存在着亟须改善的一些问题。尤其是在西方制裁背景下对俄金融合作风险提升。另外，还有本币结算有待持续推进、现钞调运费用相对较高、反洗钱监管难度大、边境贸易企业融资困难等发展瓶颈。黑龙江省的对俄金融合作面临着深度挖潜和提档升级，从规模速度型向质量效益型转变的艰巨任务。

---

① 黑龙江省对俄金融合作迈入新时代［N］.黑龙江日报，2019-06-20。
② 黑龙江省金融运行报告，中国人民银行哈尔滨中心支行货币政策分析小组。

7.3 投资主体选择

投资主体是具有相对独立的投资决策权力、有比较充足的投资来源、对其投资所形成的资产享有支配权，并有能力承担风险的组织或个人。黑龙江省对俄投资主体的选择，决定着和黑龙江省对俄投资的质量和国际竞争力，因此是对俄投资战略中的一个重大问题。

7.3.1 重点培育一批具有垄断优势的大型跨国公司

大中型企业代表一国在国际市场上的形象和竞争力，是中国企业"走出去"的先锋队和主力军。在中国对俄投资发展进程中有一个鲜明的特点，即以政府推动的大企业、大项目合作为主。对于黑龙江省来说，要以"一带一路"和"龙江丝路带"建设为契机，鼓励一些有条件、相对于俄方具有规模或技术比较优势、产品适销对路的大中型企业加快对俄投资步伐。例如黑龙江省的哈飞集团、哈工大机器人集团、哈尔滨轨道交通装备公司、一重集团、哈电集团、哈药集团、葵花药业、誉衡药业、完达山集团等大中型企业，在各自的行业和领域都具有明显的竞争优势，处于龙头地位，具有较强的管理、资金、人才实力以及国际化运作经验。相对于数量众多的中小企业来说，它们能深度参与国际产业竞争，更快地积累起丰富的海外运作经验，培养一批国际化人才，初步具备进行国内国际业务整合、管理整合、文化整合的能力。因此，在未来，这些大企业的发展要更多体现带动力和国际性，体现创新能力和国际竞争力，要把这些大企业建设成为具有全球资源整合能力、对国内产业发展具有重要引导力和带动力、在国际产业竞争中具有主导权的国际一流跨国公司。

7.3.2 重点发展具有经营特色的中小企业

在黑龙江省对俄投资中，中小企业和私营企业数量众多，是对俄投资的重要力量。中小企业虽然并不具备大企业所拥有的垄断优势，却拥有独具特色的生产经营优势，如专有技术、差异产品、特有的工艺、独有的配方、灵活的营销方式和管理方式等。

具体来说，中小企业在国际市场上的竞争优势表现为三个方面。第一，成本优势。中小企业负担轻、人员精简、经营灵活，而且投入少、规模小，这是中小企业具有成本优势。第二，产权优势。相对于大型企业，中国的中小企业，或者是经过改制，产权关系基本理顺，或者是无产权之忧的私营企业。明晰的产权关系，使得企业的战略决策和日常经营均以安全和效率为前提。企业的高层经营者或以股权的形式，或按企业所得提成的形式获得自己的收入，这种与企业经营效率直接挂钩的设计使经营者具有充分的积极性。此外，中小企业在产权关系明晰的基础上就形成了简明、高效率的组织结构优势，这种优势主要体现在高效率的运行和快速地适应市场变化的能力等方面。第三，技术当地化优势。中小企业往往拥有符合当地市场需要的实用技术，这些技术是更接近于发展中国家市场的小规模生产技术和劳动密集型技术，有些是对较先进技术的改动，有些是专有技术或独有的配方，技术成本较低，规模技术的管理和使用费用也较低，而灵活性和适应性却更强。一般而言，投资企业与东道国的技术差距越小，就越容易在东道国实现投资。

中小企业的劣势主要有以下几方面。第一，抗风险能力差。中小企业因其规模小，经营单一，且资本不充足，在跨国投资中抵御风险能力很差，对非经济性风险（如战争风险，政治风险，国有化风险等）更是没有承受能力。而企业走向国外进行国际生产比产品出口要复杂得多，风险要大得多。第二，融资难。中小企业因其跨国投资风险大的客观性，必然会遇到融资难的困境。中小企业融资难，不仅在中国如此，在其他国家也存在相同的难题。这一方面会使中小企业难以实现对外投资，另一方面，已实现对外投资的中小企业因融资困难而增大了经营风险。第三，缺乏品牌。中小企业不具备规模经济，因而不能形成较广泛的影响力，客观上就不具有形成品牌的条件，即便是少数形成品牌的产品，其影响也不大，以致做出口贸易可能要比进行海外投资有效益。第四，获取信息的能力差。中小企业通常难以对投资地的投资环境、投资机会和有关法规等做详尽了解和研究，对国外市场的状况了解也有限，这必然给中小企业投资和跨国经营带来困难和风险。第五，缺乏必要人才。黑龙江省中小企业人员知识结构普遍偏低，更缺乏国际化经营人才。由于跨国经营管理是复杂的工作，因而需要具备丰富的知识、通晓国际惯例的复合型经营管理人才。人才的缺乏，常使中小型跨国公司经营受到限制，甚至陷入困境。这些问题若不尽快得到有效解决，势必影响黑龙江省对俄投资的稳定发展。

从中长期来看，黑龙江省的对俄投资必然要从现在的政府推动转化为市场驱动，大量的中小私营企业也必将取代国有企业成为该领域的主体力量。因此，政府要及时采取针对性的政策，推动中小企业"走出去"。对于目前中小企业对俄投资面临的现实困难，政府应该将政策与市场信息及时传递给它们，针对中小企业"走出去"面临的"融资难、融资贵"这一"顽疾"，为其开发专属金融产品、制定差别化信贷政策、加强银担合作及开展投贷联动试点等。中小企业也应充分发挥自身细分市场的优势，把握市场需求，进入符合自身发展需要的领域，既可以做小项目，也可以与大企业联动做大项目；同时，利用自身灵活的优势，发展有增长潜力的项目，积极融入对俄投资和俄罗斯市场中。

7.3.3 积极打造具有集聚效应的企业集群

企业集群是指以一个主导产业为核心的相关产业或某特定领域内大量相互联系的中小企业及其支持机构在该区域空间内的集合。中小企业发展的先天不足是企业规模小，市场接近难，市场竞争力弱，融资渠道少，人才储备不足，信息资源欠缺等。而企业通过"扎堆"，聚集在一起，可以形成整体优势和规模效应，建立和扩大共同的知名度和"品牌"效应，达成内部的优势互补和资源共享，从而有效地解决中小企业的先天不足问题。中小企业的集群发展是世界范围的一种重要经济现象，美国硅谷的繁荣、意大利经济的振兴、东部沿海乡镇的迅猛发展在很大程度上归结于当地企业集群的发展。

从国际上跨国公司成长的角度看，企业集群可以作为跨国公司发展过程中内部化优势的一种替代。虽然企业集群中的各企业是相互独立的，但是企业之间是在有序的市场规则下进行竞争和经营，通过专业分工、资源互补，依靠合作协议、承诺和信任进行经营，使集群内企业的经营效率和资源配置达到较好的效果，大大降低了交易成本和外部市场的风险，获得了同内部化优势一样的效应。此外，企业在集群内，地理上相对集中，缩短了相互之间的沟通时间和渠道，能够快速地相互学习，不断地进行创新和观念交流，形成了企业集群内部的一种自我加强机制。

由于俄罗斯市场风险较大，投资环境复杂多变，而黑龙江省对俄投资企业以中小企业居多，抵抗风险的能力较差，因此黑龙江省企业要想更快更稳地"走出去"，采用企业集群的方式不失为一种好的选择。由黑龙江企业在俄罗斯境内投资建设的各类园区成为企业集群的重要载体。一个运行良好的境外经贸合作区，可以帮助对俄投资的中小企业降低生产成本、规避投资壁垒、减少贸易摩擦。首先，牵头企业可以充分利用对俄经贸实践经验丰富，对俄方市场、法规、文化较为熟悉以及对俄经贸人才储备丰厚等优势，为区内企业提供稳定的服务和管理，创造良好的在俄经营环境。其次，围绕合作区内的主导产业，国内相关产业或者生产同类产品的企业在区内集聚，使得各类企业在业务功能上相互支持和配合，在资源、信息、设施、市场等方面共享收益、共摊成本，有利于形成规模经济效应与产业集群效应。再次，区内企业可以降低生产成本、规避贸易壁垒。合作区内的生产企业都在俄境内注册商标，生产、运输和销售程序均符合俄罗斯的法律、法规，可以不受俄方打击"灰色清关"政策的影响，有效规避了贸易风险。有些入驻合作区的企业采取在国内生产半成品，然后将半成品出口到俄境内的合作区，再加工成成品销售的经营模式，可以大大降低进口关税，减少运输费用，还能缩短到俄罗斯市场的运输时间，为中国企业占领市场抢占先机。有些企业充分利用俄罗斯的自然资源，采取先在合作区内进行资源初加工，再以低关税出口到国内进行深加工的生产方式，既有效保证了原料供应，避免俄对原料出口征收高关税的不利影响，还可以减少运输费用、节约生产成本。最后，通过境外经贸合作区形成的企业集体投资，相对于单个企业来说更容易引起俄方政府的重视。集群企业形成了一个整体，增强了竞争力，也增强了与东道国政府对话、谈判的能力，使中国企业从分散、无序、盲目地"走出去"，变为集中、有序、理性地"走出去"，有利于争取到俄方更为优惠的政策，降低企业国际化经营的成本和风险。

7.4　投资方式选择

当拟对外投资的企业确定了对外投资的区位和领域后，还需要对采取什么方式进入东道国市场做出选择。建立子公司还是分公司？采取跨国并购还是绿地投资？建立独资企业还是合资企业？不同进入方式在资源投入、控制水平和风险承担上对企业要求各不相同，这不仅决定企业对外投资的管理和控制，而且还影响企业的对外投资风险和绩效。企业对外投资方式选择就是围绕如何将企业国内优势高效地转移到国外，实现其战略目标，让这些优势充分发挥其价值的过程。

7.4.1 各类投资主体的设立条件与特点

外国投资者可以采取多种形式在俄罗斯市场进行经营，可以设立具有独立法人地位的外国资本子公司（包括有限责任公司和股份公司）或设立无独立法人地位的分公司或代表处。可根据具体需求不同（见表 7-2、表 7-3、表 7-4）选择设立。①

表 7-2　　　　　　外国企业在俄开设子公司的条件和要求

	子公司（独立法人地位，独立展开经营活动）		
有限责任公司（最常见的法人形式，对公司股东的强制性要求少）	股份公司（程序太复杂，设立较少）		
		上市	非上市
股东人数	不超过 50 人	无限制	不超过 50 人
责任承担	公司股东仅以其出资额为限对公司的债务承担责任	股东在其所有股份价值的范围内对与公司经营有关的亏损承担风险	
注册资本	最低 10000 卢布，在公司创立合同或公司创立决定中规定的期限内完成注册资本支付，但该支付不可迟于国家注册完成后的 4 个月	最低 100000 卢布	最低 10000 卢布
		应于公司完成国家注册后的三个月内支付不低于 50% 的股份。应在公司完成国家注册日起算的一年内支付全部注册资本，但公司创立合同中规定了更短期限的情况除外	
审计检查	可自行决定是否进行审计检查，除法律另有规定	每年应进行审计检查	

---

① 中国商务部，http://ru.mofcom.gov.cn/article/ddgk/201806/20180602751694.shtml。

续表

税务成本	一般纳税制：需缴纳所有规定的税种：增值税；个人（企业）所得税；财产税	
	简税制： ——按照收入的6%进行缴税； ——或按照利润（收入减支出）的15%进行缴税	不适用简税制
注册时间	目前有限责任公司国家注册时间为3个工作日，递交注册申请当日以及领取注册结果当日不计算在内	
办理注册需提供的文件及信息（以有限责任公司为主）	申请设立子公司的中国法人需提供： 1. 总公司注册证明文件，如法人设立证明或商业登记簿上的记录。 2. 总公司发起人协议或章程。 3. 总公司银行账户的证明。 4. 总公司税务证明。 5. 总公司营业执照。 申请设立子公司的中国自然人需提供： 1. 经公证的带签证的自然人护照或其他身份证明（临时登记证复印件或扫描件，移民卡复印件或扫描件）的翻译件。 2. 个人账户的银行证明（原件或公证过的复印件）。 3. 电话。 新设立的子公司的必要信息： 1. 子公司名称俄文全称（个别名称的使用应经相应机关批准）。 2. 子公司名称俄文简称。 3. 子公司经营范围（个别种类的经营活动需经许可）。 4. 子公司公司住所地址（应与其通信地址相一致，为进行税务登记，法人住所地址应由出租人出具的地址担保函或所有权证书予以证明）。 5. 子公司每位发起人的姓名以及标明登记地、国籍的护照复印件（自然人作为公司发起人的情况下）。 6. 子公司的机构组成： ——股东会； ——董事会； ——执行机关（总经理或管委会）。 除董事会外，其他管理机关均为必设机关。 7. 子公司总经理、管委会每个成员（如果公司组建管委会）、每个公司董事会董事（如果公司设董事会）姓名、护照复印件、任职期限、住址、国籍。 如果总经理为外国公民，则应取得工作许可。 8. 子公司总会计师姓名及其护照复印件。 9. 子公司注册资本额	
需提交至注册机关的文件	1. 注册申请书（需提供公证件，由申请人亲自前往递交或以电子版形式提交则不需公证）。 2. 有限责任公司章程，一式两份。 3. 成立公司决议。 4. 支付国家规费的收据。 5. 股东决议（非必须）。 6. 地址担保函；房屋所有人同意书。最好再附上国家产权登记证副本。 7. 变更为简税制（如需要）的通知函，一式两份	

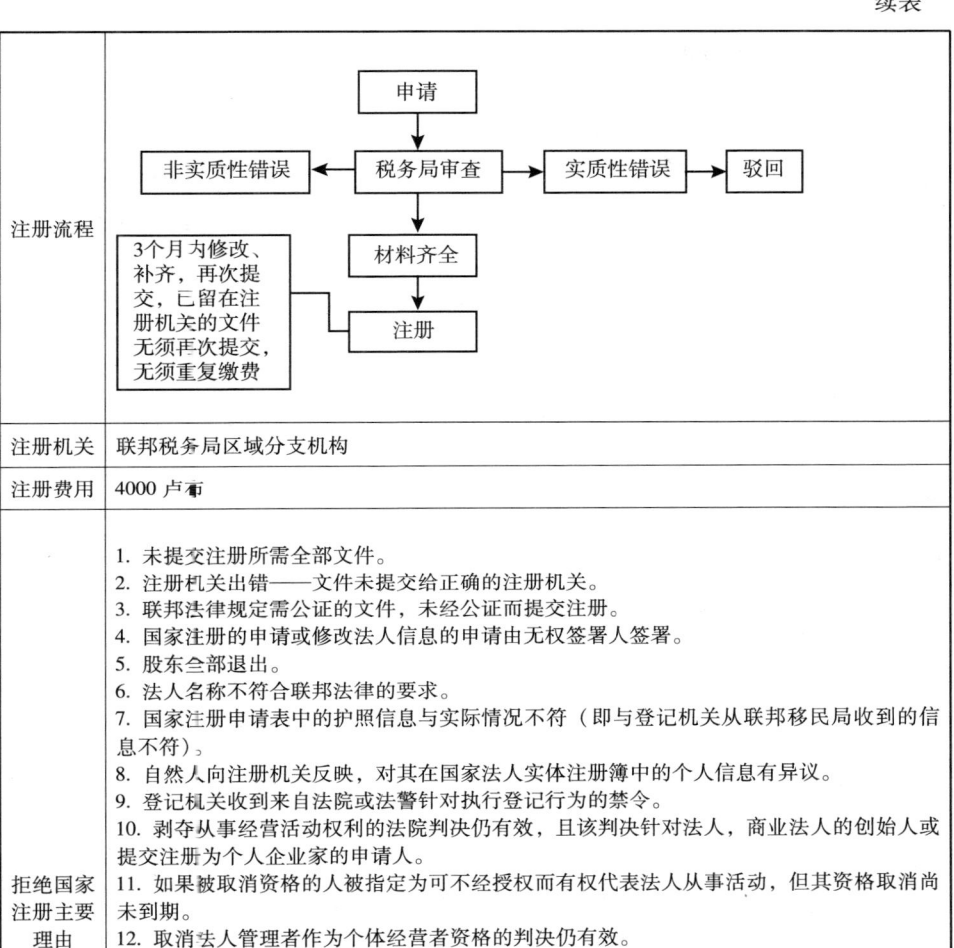

续表

注册流程	申请 → 税务局审查 → 非实质性错误 / 实质性错误 → 驳回 税务局审查 → 材料齐全 → 注册 3个月为修改、补齐，再次提交，已留在注册机关的文件无须再次提交，无须重复缴费
注册机关	联邦税务局区域分支机构
注册费用	4000 卢布
拒绝国家注册主要理由	1. 未提交注册所需全部文件。 2. 注册机关出错——文件未提交给正确的注册机关。 3. 联邦法律规定需公证的文件，未经公证而提交注册。 4. 国家注册的申请或修改法人信息的申请由无权签署人签署。 5. 股东全部退出。 6. 法人名称不符合联邦法律的要求。 7. 国家注册申请表中的护照信息与实际情况不符（即与登记机关从联邦移民局收到的信息不符）。 8. 自然人向注册机关反映，对其在国家法人实体注册簿中的个人信息有异议。 9. 登记机关收到来自法院或法警针对执行登记行为的禁令。 10. 剥夺从事经营活动权利的法院判决仍有效，且该判决针对法人，商业法人的创始人或提交注册为个人企业家的申请人。 11. 如果被取消资格的人被指定为可不经授权而有权代表法人从事活动，但其资格取消尚未到期。 12. 取消法人管理者作为个体经营者资格的判决仍有效。 13. 法人的法定地址不准确。 14. 重组、清算或减少法定资本时未通知法人的债权人。 15. 在法人清算过程中，其注册文件发生与其重组有关的变化。 16. 个人企业家被认定破产，剥夺其从事商业活动的权利一年之内。 17. 提交虚假文件或信息，或提供的创始人或董事的信息，该创始人或董事所在公司未被列入国家统一法人目录。 18. 提交给注册机关的文件不符合俄罗斯联邦政府联邦全权权力执行机关的相关要求。 19. 国家注册所必需的申请、通知或信息，未按照俄罗斯联邦政府联邦全权力机关所规定的要求，提交至注册机构，或未经申请人签字确认，或未公证确认签字是本人手迹，或申请人未指明其护照信息或符合俄联邦法律的其他能证明其身份的文件信息及纳税人识别号（如有）。 20. 所提交文件内容不准确

表7-3　　　　　　　　在俄罗斯开设非法人实体的要求和条件

非独立法人		
	分公司	代表处
概念	分公司是一个中国公司管辖的分支机构，是指公司在其所在地以外设立的分支机构，执行法人的所有或部分职能，包括履行代表处的职能。能展开经营活动	代表处同样是指中国公司在其所在地以外设立的分支机构，但仅能代表总公司的利益并维护其利益。不能展开经营活动
特点	分公司或代表处在法律、经济上没有独立性，其建立、权限、职能、关闭、总经理或首席代表的任命及授权均受其总公司管辖	
注册所需文件	1. 总公司章程； 2. 总公司从登记机关调取的公司基本注册信息或公司档案，需盖有登记机关公章； 3. 企业统一信用代码证明，若公司纳税人识别号与统一社会信用代码不一致，则需提供其他相关证明文件； 4. 总公司同意在俄成立分公司或代表处的决议； 5. 总公司出具的俄分公司或代表处总经理授权委托书； 6. 总公司营业执照； 7. 总公司任命俄罗斯分公司或代表处法定代表人的决议。 上述文件需自颁发之日起12个月内提交至俄联邦相关登记机关。所有文件需在中国境内进行翻译、公证和领事认证	
注册所需信息	1. 俄罗斯分公司或代表处地址信息； 2. 总公司银行账户信息（名称、Swift号码、现有银行账户的账号）； 3. 分公司或代表处电子邮件； 4. 分公司或代表处电话； 5. 分公司或代表处总经理护照翻译件	
注册流程	1. 编制并公证一系列必要文件，包括草拟分公司或代表处章程和委托代表人的委托书； 2. 前往俄罗斯联邦司法部国家注册局登记注册（25~30个工作日）； 3. 缴纳国家注册费用（120000卢布）； 4. 接收俄罗斯联邦司法部国家注册局下发的注册登记文件； 5. 前往税务局登记，接收税务局颁发的纳税人识别码（5天）； 6. 接收联邦国家统计局下发的注册登记文件（1~2个工作日）； 7. 前往预算外基金会（包括社保基金会及养老基金会）进行登记（5~6个工作日）； 8. 制作公章（1~2个工作日）； 9. 开设银行账户	
注册机关	俄罗斯联邦司法部国家注册局	
注册时间	国家注册需25~30个工作日，律所从收到客户全部所需文件和信息时算起，全部完成大概需要2个月	
注册费用	120000卢布	

表7-4　　　　　　　　各类型投资主体的优劣势分析

类型	子公司（包括有限责任公司及股份公司）	代表处	分公司
优点	经总公司同意，子公司可在俄罗斯境内进行完全自主的财务经济活动	无注册资本要求。代表处适宜在下列情况下设立，如果它的主要责任是： 1. 品牌产品推广； 2. 代表不同商业或国家机构的利益； 3. 解决在俄罗斯境内的疑难问题	无注册资本要求。能开展经济活动。相较代表处拥有更广泛的功能，具体来讲，适合开展财务经济活动
缺点	有注册资本的要求	不能开展经济活动，无法产生收益	与子公司相比权力较窄

7.4.2　各种进入方式的比较分析

对外投资按照海外企业的建立过程不同，可分为新建投资和跨国并购两种方式；按其海外企业的股权安排，可分为独资经营和合资经营两种方式。不同的投资方式有不同的优缺点，对外投资企业应扬长避短，相机而动，选择适合自身发展的对外投资方式。

7.4.2.1　新建投资与跨国并购的比较分析

新建投资又称绿地投资，是指国际投资主体依据东道国的法律，在海外目标市场通过创建新的企业，进行跨国经营的一种对外投资方式。跨国并购是指国际投资主体为了某种目的，通过一定的方式或支付手段，购买外国企业的部分或全部股份或资产，从而实现对其经营活动的实际控制或完全控制。它是伴随着跨国投资一起形成和发展的，是企业国内并购跨越国界的产物。

（1）新建投资与跨国并购的优缺点。新建投资与跨国并购这两种投资方式各有优缺点并且互为补充，其比较如表7-5所示。企业在对外投资时，选择并购还是新建，应以两种方式的特点为基础，再结合企业投资目的、产业特性、投资环境等因素做出正确的选择。

表7-5 新建投资与跨国并购的优缺点比较

项目	新建投资	跨国并购
资本估算	较容易估算	评估困难。会计准则不同，市场信息难以收集，可靠性低，商誉等无形资产价值估算成本高
资金投入	不需要一次性投入大量资本，可用专利、技术、材料、设备等资本投入来弥补外汇资金的不足	短期内投入大。需要一次性投入大量外汇现金。但同时也可以低价获得资产
项目策划可控性	可控性大。跨国公司能够独立选择适当的地点、规模、定位和设计工厂布局、生产设备	可控性小。必须被动地接受原有的企业布局，难以找到完全满意的收购对象
组织控制成本	组织控制成本比较小。可以无障碍地实施自己的行之有效的管理制度和风格理念	组织控制成本比较大。改造原有的管理制度会带来一定的风险，提高失败率
东道国限制	东道国限制少。很多东道国政府为了促进产业结构调整，往往鼓励新建投资	东道国限制多。东道国往往考虑并购会导致裁员和市场势力等经济方面的不利影响
进入目标市场速度	进入目标市场缓慢。项目期长，且较长的项目期往往会由于时间的拖延而错失良机	迅速进入市场。建设期短，迅速获得人力资源和生产设备
面临的竞争	竞争大。原有市场份额的重新分配会招来多面阻击，可能招致报复，风险大	竞争较小。利用原有的供应、分销渠道，迅速获得市场份额。如收购的是竞争企业，更可减少竞争
资源获得	难以获得	可以获得原有的经营资源、人才、技术、市场网络。有利于促进本国的产业结构升级

（2）选择新建投资和跨国并购的影响因素。第一，产业特性对对外投资进入方式选择的影响主要表现在产业的成长状况，如果对外投资于成长迅速、增长率高的产业，为了尽快抓住行业成长机会，迅速占领市场，一般更倾向于选择并购方式，以尽快满足跨国公司迅速成长对资源、信息、市场和规模的需求。第二，优势所有权的特性对新建投资与并购选择的影响有两个方面：一是企业在对外投资时，拥有技术、垄断性工业产权等特有资源，为了更有效发挥其特有资源的优势，一般采用新建企业的方式进行投资，尤其是以技术的独占

性为本质特征,通过技术的独占达到市场独占的对外投资,更是以新建投资的方式进入。二是企业受跨国投资的经营管理经验影响。由于跨国并购比新建投资简单,有时成本也更低,风险较小,故缺少跨国经营管理经验的企业更偏向于以并购方式对外投资。第三,企业对外投资如果是为了实现其多元化的跨国经营战略,往往采用并购方式进入国际市场,以众多的国外子公司从事范围较广又互不关联的行业经营。第四,东道国的政策影响。一般来说,各国政府都比较欢迎外国公司以新建投资的方式到本国进行投资,对外企收购本国企业则往往加以程度不同的限制。而发达国家的外资政策较为宽松,故在发达国家投资较多采用并购方式进入;相反,在工业化程度较低的国家或地区投资,则更多采用新建投资方式。

7.4.2.2 独资企业与合资企业的比较分析

(1) 独资企业与合资企业的优缺点。独资企业是指根据东道国法律,经东道国政府批准,在东道国境内设立的资本全部由外国投资者所有的一种企业经营方式。独资企业是目前国际投资的重要方式之一。合资企业是指两个或两个以上的国家的投资者在东道国境内,经东道国政府批准,依照东道国法律设立的合资各方共同投资、共同经营、共负盈亏、共担风险的股权式合营方式。独资和合资各有优缺点并且互为补充(详见表7-6)。

表7-6　　　　独资企业与合资企业的优缺点比较

项目	独资企业	合资企业
经营管理	可以独立进行经营管理,实现控制权进而实现全球战略	不能使企业获得为协调全球战略所需要的对子公司的控制,容易产生矛盾与冲突
竞争优势的保持	有利于保证先进的技术和管理方式不被泄露,保障企业的垄断优势	导致技术扩散
资金投入	一次性投入大	减少出资额
经营风险	风险较大,跨国公司不熟悉东道国的环境,不能适应变幻莫测的市场,且投入也大	经营风险相对较小,可以获得当地合作方的支持,并利用合作方的优势获取当地市场信息和当地政府的支持

续表

项目	独资企业	合资企业
东道国限制	东道国往往会对独资企业加以限制，也往往成为某些政治集团利益的牺牲品	由于存在东道国企业的经济利益，往往不会对合资企业加以限制，民众也容易接受
超额利润	独享	分享

（2）选择独资与合资的影响因素。第一，从资源需求的角度看。海外投资的规模越大、所需资源越多且投资者的投资能力有限时，会希望寻求合作伙伴，以分摊资源需求的压力。第二，从稳健安全的角度看。进入一个新市场的初期，由于对投资环境不熟悉，投资者一般不愿意大规模投入，且倾向于选择合资方式，对环境熟悉之后，投入海外的资源越多，越重视其投入资产的安全，希望对投入资产有控制能力，因此，更倾向于选择独资方式。目前中国企业的对外投资还处于起步阶段，对海外投资环境不了解，投资能力也有限，因此，大都选择合资或合营的方式。而发达国家的对外投资随着规模的扩大，更倾向于以独资方式投资。从外资企业在中国的发展明显可以看出这一趋势。在改革开放初期，外资进入多以合资方式为主进行试探性投资；但近年来，外商开始对合资企业逐步进行控股，不仅在新项目上出现更多的独资企业，对于已合资的项目，也通过增资扩股转为控股，甚至独资。第三，从产业特性看。如果所投资产业的预期利润率高，则适宜采用独资经营；如果预期效益较低，且克服风险成本的能力有限，则可考虑合资经营，以分散风险。第四，从所有权优势特性看。优势所有权的特性对独资与合资选择的影响有以下两方面：一是企业的特有资源。拥有技术、垄断性工业产权等特有资源的企业，为了更有效发挥其特有资源的优势，尤其是以技术的独占性为本质特征，通过技术的独占达到市场独占的对外投资，一般以独资的方式进入。二是技术知识的隐含性。许多有竞争价值的技术或组织知识，都隐含于组织日常的运作惯例中，比如，生产组织技术和经营管理经验等，它们不易在不同的组织间转移扩散，为了保有对这些技术或知识的控制与应用，投资者较倾向于以独资方式对外投资。第五，从投资动机角度考虑。企业的对外投资如果是为了执行其全球策略布局，进行生产合理化，或推动企业专属优势所有权在不同海外分支机构间的转移，则倾向于以独资方式进入海外市场；如果投资目的是熟悉和适应国际经营环

境，学习国外先进生产技术和管理经验，跟踪先进技术水平，推动国内产业结构升级，则选择合资方式更为有利。第六，从东道国的外资政策看。许多发展中国家基于某些政治及经济方面的考虑，对于外资的持股比例有所限制。很明显，东道国政府对外资的限制性政策和对外国投资商的戒备心理，促使投资者选择合资方式进入。

7.4.3 黑龙江省企业对俄投资进入方式的选择

黑龙江省企业在对俄投资时，是建立分公司还是子公司，是选择新建还是并购，是独资还是合资，应在权衡各种方式优劣利弊的基础上，结合影响企业对外投资方式选择的因素，从自身投资目的、产业特性、投资政策三方面着手做出正确的选择。

7.4.3.1 根据对俄投资的目的选择投资方式

黑龙江省企业对俄投资的目的主要是寻求自然资源、开拓俄罗斯市场和学习俄罗斯的先进技术，不同动因驱使下的企业对俄投资应选择不同的投资方式。自然寻求型对俄投资方式应以合资为主。第一，对于自然资源的开发，俄罗斯国内有严格的限制，与当地合作者合资有利于打破这些限制；第二，自然开发型的投资规模一般较大，合资有利于对投资成本的分担；第三，合资经营有利于与俄罗斯企业建立长期的、相互信任的合作关系，共担风险。市场寻求型对俄投资可以新建企业，独资为主。因为此类投资一般不需要一次性投入大量资本。采用新建企业和独资的经营方式，企业可用专利、技术、材料、设备等资本投入来弥补外汇资金的不足，而且企业经营的可控性大，能够独立选择适当的地点、规模、定位和设计工厂布局、生产设备，可以独立进行经营管理，实现控制权进而实现跨国经营战略。学习型企业对外投资应以并购、合资为主。并购和合资进入方式能够直接获得先进技术和管理经验，充分利用俄罗斯的人力资源，掌握先进技术，提高黑龙江企业的跨国经营能力。

7.4.3.2 根据对俄投资的行业特性选择投资方式

在一些黑龙江省有优势的行业内进行对俄投资的时候，企业应该以新建投资和合资进入方式为主。例如，黑龙江省的纺织、服装、家电、机械制造等行业技术比较成熟，在对俄投资中具有投资优势。首先，这些产品在俄罗斯有着广泛的市场需求和稳定的销售渠道，子公司的筹建时间并不会延误商机，子公司建成时可以直接利用原有的销售渠道，实现当地生产和当地销售；其次，由于这些产品在俄罗斯尤其是西伯利亚与远东地区的市场潜力很大，子公司的建立要考虑到长远的发展规划目标，黑龙江企业在这些产业上加工技术比较成熟，且大多拥有配套的生产加工设备、生产技术以及管理体系和制度，所以新建投资可以避免重组被收购企业并转移加工设备、管理制度等带来的成本和风险。

7.4.3.3 根据俄罗斯的投资政策选择投资方式

根据俄罗斯《外国投资法》第一条的规定，在俄罗斯境内的外国投资者可以是国外公司、企业、自然人，以及外国政府机构和国际组织。根据俄罗斯的相关法律，外资在俄罗斯可以创办外资企业、合资企业、分公司或外国公司驻俄代表处。外资企业或合资企业是有外国投资的法人机构，分为有限责任公司、封闭式股份公司、开放式股份公司，其中外国资本不少于10%，创立人可以是外国自然人或法人。俄罗斯禁止外资投资经营赌博业、人寿保险业；禁止外资银行设立分行，外国银行可在俄罗斯设立子行或者外资参股和控股。俄罗斯鼓励外资投资领域大多是传统行业，如石油、天然气、煤炭、木材加工、建材、建筑、交通和通信设备、食品加工、纺织、汽车制造等行业。但实际上只有木材加工、食品加工、纺织等俄罗斯传统行业对外资的限制较低，中国企业对于这些领域的投资多数采取设立子公司的投资方式，可以拥有境外企业50%以上的股东或成员表决权，控制力较强且收益较高。而中国企业在进入石油、天然气、煤炭、水电、钢铁、采矿、汽车制造等俄罗斯战略资源性领域时则只能采取跨国并购、设立联营公司或办事处等分支机构的方式进行投资，且最多只能拥有境外企业50%以下的股东或成员表决权，不具有控制权。

8. 结论与政策建议

在"龙江丝路带"建设中,黑龙江省对俄投资还面临着诸多困难与风险。我们根据前文所做的分析与研究,对黑龙江省对俄投资中存在的问题和障碍做出全面的归纳与总结。

8.1 黑龙江省对俄投资面临的风险与障碍

8.1.1 俄罗斯的投资环境仍然存在较高风险

俄罗斯对外资的吸引力集中在自然资源丰富,国内政治环境相对稳定,经济逐渐摆脱衰退,科技与教育水平高以及各级政府陆续采取的投资激励政策上。近些年尽管俄罗斯对外资的吸引力不断提高,但是在投资环境中仍然存在诸多风险。

从自然环境看,俄罗斯虽然自然资源丰富,但是地理环境复杂,许多资源开发难度较大,尤其是与黑龙江接壤的东部地区人烟稀少,冬季严寒而漫长,自然环境恶劣,劳动力严重匮乏。从政治环境看,俄罗斯政治腐败问题根深蒂固,政府决策效率不高,政策复杂多变。从经济环境看,俄罗斯经济结构极不合理,国内信贷成本高、高通货膨胀和卢布大幅贬值使得居民可支配收入与购买力水平大幅缩水。国内基础设施老化落后,许多地区甚至没有现代化交通工具。从国际环境看，俄罗斯自乌克兰危机之后国际经济环境持续恶化，在俄投资面临巨大的汇率风险和汇兑风险。从法律环境看，俄罗斯政策法规多变，国家法律、政府条例缺乏连续性，特别是针对外来投资方面的政策不够稳定，相关法律不够完善。

上述风险构成了中国企业进入俄罗斯的现实障碍。在2015年5月安永会计师事务所（EY）做的调研报告中，研究者访问了142家营业额超过3000万美元的中国企业，其中31家大型企业的营业额超过10亿美元。有将近25%的受访企业（34家）在俄罗斯设有代表处。中国企业家们认为投资俄罗斯的首要障碍是法治问题。在受访者中，有39%的人持这种意见，还有34%的受访者选择经济不稳定这一选项。在已经进入俄罗斯市场的中国企业中，有63%的受访者并不看好俄罗斯宏观经济形势。同时，只有15%的在俄中资企业抱怨找到感兴趣的投资项目难度较大，该指数明显低于22%的整体平均值（见图8-1）。

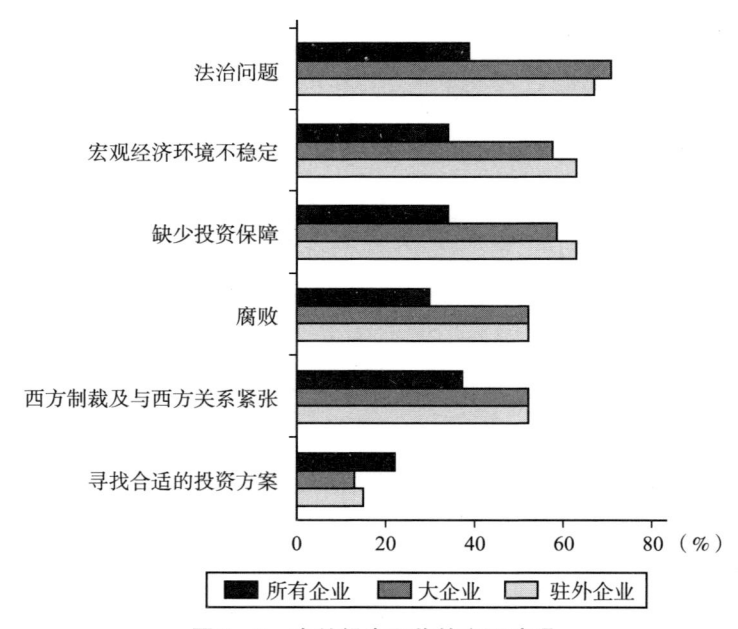

图8-1 在俄投资面临的主要障碍

资料来源：Китайские перспективы: как мнение о российском рынке влияет на инвестиционные страте-гии Китая/Ernst & Young—EY. 2015. C. 14. http://www.ey.com/Publication/vw LUAssets/EY-perspectives-from-china-survey-rus/ $ FILE/EYperspectives-from-china-survey-rus.pdf；转引自［俄］H. H. 特洛申. 俄罗斯与中国投资合作潜力［J］. 俄罗斯学刊，2018（4）。

8.1.2 黑龙江省对俄投资的地位不断下降

尽管黑龙江省对俄投资具有地缘优势、政策优势、资源优势、社会人文优势，但是，与中国南方发达省份相比，黑龙江省的对俄合作发展势头较为缓慢，在全国对俄投资中的地位有所下降，甚至有被边缘化的危险。作为俄罗斯传统商贸优势地区，黑龙江省曾经长期保持全国对俄经贸合作第一大省的地位，2007年，黑龙江省对俄贸易总额实现107.2亿美元，成为全国第一个对俄贸易突破百亿美元的省份，到2014年累计投资占全国对俄投资的1/3。但近些年黑龙江省对俄经贸合作的地位在逐渐下降。尽管从统计数据上看，黑龙江省仍是对俄贸易第一大省，但从贸易实质内容来看，对俄贸易形势不容乐观。例如，2013年黑龙江省对俄贸易额223亿美元，如果扣除其中石油进口额125亿美元，黑龙江省对俄贸易额实际只有98亿美元。而这125亿美元的石油贸易额是建立在高油价的基础上。综合来看，数字显示，在2007年，黑龙江省对俄贸易额已达107亿美元，也就是说，从2007年至今，黑龙江省对俄贸易总量几乎停滞不前。近年来，黑龙江省对俄贸易额的增长依赖于统计在黑龙江省贸易额之内地对俄罗斯石油进口。而早在2010年，南方的一些省份在对俄出口方面就已经超过了黑龙江省。2010年黑龙江省对俄出口总额已落后浙江、广东两省，屈居第3位，而排名第4位的江苏省与黑龙江省的差距逐渐缩小，大有赶超之势。①

从黑龙江省对俄投资的地位来看。首先，黑龙江省对俄投资在全部对外投资中的比重不断下降。如表4-4所示，2008—2017年十年间黑龙江省对俄投资占全省对外投资总额的半壁江山，在2008—2013年六年间，该比重年均高达68.8%，但2014年开始明显下降，2014—2017年平均值降为30.6%。2009年鼎盛时期占九成多，2016年最低只有18.6%。其次，黑龙江省对俄投资在全国对俄投资总额中的比重明显下降。在2008—2014年间，黑龙江省对俄投资占全国对俄投资的比重年均高达37.1%，但2014—2017年急剧下降为13.8%，其中在2012年、2013年达到巅峰，占比高达50%以上，而2015年

---

① 刘洁、蒋承志. 黑龙江对俄经贸"桥头堡"地位堪忧 贸易主体规模小结构单一成其"软肋"[N]. 中华工商时报，2017-12-07。

和2017年该比重则不足一成。① 可见，黑龙江省对俄投资的发展极不稳定，且乌克兰危机爆发之后整体呈低迷态势，无论是在全省对外投资总额中，还是在全国对俄投资总额中的地位均明显下降（见图8－2）。

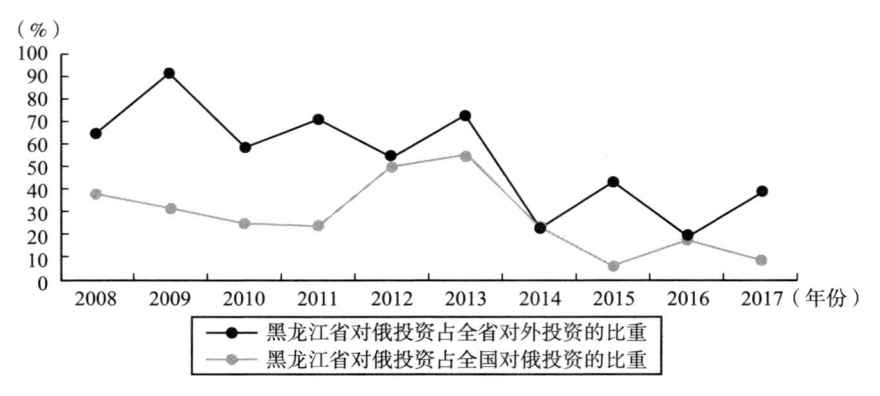

图8－2 黑龙江省对俄投资比重趋势

资料来源：根据中国商务部和黑龙江省商务厅相关数据整理。

8.1.3 黑龙江省对俄投资政策推动属性明显，市场内生动力明显不足

黑龙江省对俄经贸地位的下降有着诸多复杂的原因，例如卢布贬值导致对俄出口受到影响、原油量价相悖拖累进口等，但其中很重要的一个原因是，随着中国边境贸易优惠政策的取消，黑龙江省对俄经贸合作的地缘优势在逐步减少。例如，黑龙江省对俄木材进口主要是通过边境小额贸易完成的，为履行加入WTO的承诺，中国从2003年起逐步减少边境小额贸易进口关税和增值税减半的商品种类，自2008年11月起，边境小额贸易优惠政策全部被取消。随着边境贸易优惠政策的弱化，很多外省的木材企业不再经过陆路口岸进口木材，而是选择运费相对便宜的海运来完成。黑龙江省对俄投资同样具有政策推动的属性。主要表现在：中国对俄投资规模主要由两国政府签订的一些大合同、大项目来推动，例如中俄能源管道项目、中俄天然气管道项目、黑龙江省重点推

---

① 中国商务厅、黑龙江省商务厅对俄合作处。

进的"三桥一岛"互联互通项目等。这些项目投资金额大,拉动效应强,但是显然不具备长期持续性。近两年,中国对俄罗斯市场的投资规模减弱,其中一个主要原因就在于,两国政府于2011—2014年签署的大型投资合同已经逐步落实,而又很难指望这种大型项目具有持续性。中国在俄罗斯能源领域总投资的67%都源于2009—2015年间的积累,而近年来中国企业在俄能源领域投资收益下降,拉低了中国对俄投资总规模。① 对俄投资要想获得长期稳定的增长,最终还是应该依靠市场内生动力的推动。

8.1.4 黑龙江省对俄投资的各种经济效应并不理想

黑龙江省对俄投资对省内经济的带动作用不明显,在某种程度上甚至可以说,目前的对俄投资和全省经济运行间存在着"体外循环"和"两层皮"现象。

第一,对俄投资对黑龙江省资本形成整体上具有替代效应。从资金来源来看,因为黑龙江省对俄投资的资金来源一般都是自有资金,即使外部融资也大多来自省内,很少能争取到国家资金扶持,更难在俄罗斯和其他第三国筹到所需资金;从投资绩效来看,除了一些石油开采和矿业类项目以外,近几年黑龙江省在俄投资的一些林业类项目和众多中小企业的经营业绩大多较差,因此资本积累、调动、汇回对省内资本形成的正面效应有限;从对俄投资对省内投资的带动作用来看,由于大多数对俄投资项目的附加值和技术含量较低,省内加工程度不高,因此产业链条较短,没能起到带动省内相关领域投资增加的作用。综上所述,黑龙江省对俄投资的资本形成效应较差。

第二,从黑龙江省对俄投资的就业效应进行分析。由于黑龙江省对俄投资行业以建筑工程、资源开发、农林牧渔和加工制造为主,这些领域都需要大量的劳动力投入,这就决定了对俄投资可以带动省内对俄的劳务输出,因此具有较强的就业增加效应。但目前该效应的发挥也受到俄罗斯日益收紧的劳工配额的影响。例如2016年俄罗斯吸引的外籍劳工配额为213929人,相比2015年减少22.4%。2017年外籍劳工配额进一步降至177043人。这是2016年需求

---

① [俄] H. H. 特洛申. 俄罗斯与中国投资合作潜力[J]. 王志远,译. 俄罗斯研究,2018(4).

量的 82.7%。2018 年外国劳动力配额总数为 140423 人，比 2017 年又减少了 20.7%。2019 年俄罗斯企业中外籍员工的比例上限、外籍劳工配额的绝对值以及临时居留许可的颁发数量都有所降低。按照第 1365 号政府令的要求，除莫斯科、阿穆尔州、哈巴罗夫斯克州边疆区以外，2019 年俄罗斯各个地区建筑企业的外籍员工比例不得高于 80%，交通运输企业外籍员工的比例从 30% 降为 26%。① 这些劳工准入壁垒限制了黑龙江省对俄投资的就业效应发挥。

第三，黑龙江省对俄投资技术进步效应不强。这主要是因为黑龙江省对俄投资主要集中在能源矿产资源开发、农林牧渔业和劳动密集型的加工制造领域，技术含量低，而对俄罗斯高新技术领域的投资很少，没有形成规模，黑龙江企业到俄罗斯科技发达的地区去建立研发中心或者通过跨国并购的方式收购俄罗斯高新技术企业的情况就更少，因此难以形成由技术寻求型对外投资引发的技术进步效应。

第四，从黑龙江省对俄投资的贸易效应进行分析。黑龙江省对俄投资以能源、矿产资源开发和农林牧渔业为主。从我们的分析结果来看，资源寻求型对俄投资对中俄贸易尤其是自俄进口的带动作用最为明显；从投资的产业选择来看，黑龙江省对俄第一产业及采矿业的投资具有较强的贸易创造效应。但是对俄制造业投资的贸易效应比较复杂，贸易替代效应比较明显。

第五，黑龙江省对俄投资的产业升级效应不明显。黑龙江省对俄能源、资源领域的投资缓解了相关产业发展的资源瓶颈，另外还带动了机械设备等相关产品和服务的对俄出口。因此会促进黑龙江省石化、电力、冶炼、汽车、机械制造等重化工业的发展；通过对俄罗斯农林牧渔领域投资向俄输出了大量的林业工人和务农人员，并带动闲置林业设备和农机具的对俄出口，转移了这些省内过剩的生产要素和产品，但是在传统产业的沉淀要素得到释放后，并没有转向技术水平与附加值更高的行业与产业。对俄制造业和服务业领域的投资，由于规模较小，资本、技术含量较低，产业链条较短，产品附加值较低，因此对省内相关产业的连锁效应、竞争效应和示范效应均十分有限，即产业升级效应不明显。

---

① 中俄法律网. 2019 年俄罗斯将降低企业外籍员工的数量，http://www.sohu.com/a/291161907_120058819。

8.1.5 黑龙江省对俄投资主体规模小，竞争力低下

黑龙江省在俄企业投资规模普遍较小，平均投资额不足 200 万美元。生产性投资很少，主要集中在商业、饮食、服务业上。中小私营企业作为对俄投资主体，虽然有自身的特色和优势，但是规模小，融资能力差，跨国投资经验缺乏，绝大多数不具备跨国生产和经营能力。俄罗斯投资风险较高，一些中小企业很难适应对俄投资发展的要求。

中小企业对俄投资面临的最大难题是"融资难"，尤其是面对一些资金需求大、回收周期长、专业要求高、投资风险大的项目时，仅凭自有资金无能为力，但是国内银行贷款门槛高，大多数中小企业又难以成为上市公司，因此很难筹到所需资金。在黑龙江省对俄投资的众多小企业当中，许多都是由以前的边贸商贩发展而来，家族企业色彩浓厚，未建立现代企业制度，缺乏跨国经营的决策能力，缺少对外投资领域的专业人才，缺乏抵御跨国投资风险的能力，整体竞争力低下，不能适应复杂艰难的跨国经营环境。部分对俄投资中小企业经营秩序混乱，在境外往往展开无序竞争、短视经营。例如，许多省内企业和个人赴远东从事农业开发。为了获得更多土地，部分开发企业急功近利，哄抬地价，部分优质耕地每年的租金已被哄抬至每公顷 150 美元，是 2005 年的 6 倍多。调研中，多数企业表示，近年来边区地价上涨，很重要的原因就在于中国投资者抢地。一些中小开发者在短期利益驱使下，违反俄罗斯土地利用相关法律法规，采取"掠夺式"开发，过度使用耕地而不培肥地力，导致土壤退化；为了获得更高产量，使用违禁农药。此外，非法务工、灰色通关、偷逃税收等违法行为也时有发生。还有一些企业试图"走捷径""钻空子"，通过非正规渠道和非正规手段在俄境内进行投资经营，不仅抹黑了中国企业的形象，引起当地政府、社会和居民的反感，而且在投资过程中一旦遇到问题，难以得到中俄两国有效的政策和法律保护。例如一些企业未在国内有关部门登记备案，甚至在俄境内也是借用俄罗斯人的名义登记注册，因此既不能享受中国对"走出去"企业的优惠政策，在俄罗斯境内的合法权利也得不到政府的保护。由于存在这些明显缺陷，众多在俄经营的黑龙江企业陷入难以为继的境地，许多企业已经自消自灭或名存实亡，成功者寥寥。2018 年 6 月，根据《关于对

全省对外投资企业经营状况摸底调查的通知》要求，黑龙江省商务厅对全省对外投资企业进行了摸底调查。调查结果显示，在黑龙江省对外投资企业中，对俄罗斯投资企业已经69户失联①。

8.1.6 黑龙江省对俄投资结构不合理

从产业结构来看，黑龙江省对俄投资偏重于采掘和粗加工以及商务服务类，缺少对高端制造业和现代服务业的投资。在制造业领域，偏重于对劳动密集型加工工业的投资，忽视对资本、技术密集型制造业的投资；在服务业领域，偏重于对传统商贸服务业的投资，忽视对现代服务业的投资。另外，缺少对高新技术产业的投资，缺少省内连锁效应强、辐射面广的对俄投资项目。黑龙江省对俄投资集中的这些行业受国内外政策变动和国际市场波动的影响大，抵抗风险能力弱，尤其是近些年受国际金融危机影响，大宗商品需求骤减，价格骤降，给对俄投资企业的生产经营造成巨大影响。这种投资结构还直接导致黑龙江省对俄投资产业链短，技术含量不高，产业附加值低，对省内经济增长的带动效应有限。

从地区结构来看，黑龙江省对俄投资主要集中在与之毗邻的俄罗斯东部地区，而对俄中西部的欧洲地区投资很少。相比较而言，俄中西部地区经济发达、市场广阔，基础设施良好，工业基础更加坚实，科技水平更高。因此，黑龙江省对俄投资结构的转型升级，也要借助"一带一路"建设和欧亚经济联盟对接的契机，加强与俄中西部地区的工业与技术合作，在装备制造、新兴产业、高新技术成果产业化等方面与之开展广泛深入的合作。

不合理的投资结构不仅造成黑龙江省对俄投资的经济效应差，还引发了俄罗斯对中国资本的猜疑和担心，成为中国"威胁"论滋生的主要土壤。据调查，在俄罗斯，不同行业和不同地区对中国投资活动的社会认知不同。由于俄罗斯人认为中国大型企业缺少在边境地区建设大型、现代化、环保型项目的"成功案例"，而只是热衷于在边境地区农业、森林采伐业、渔业中的投资活动，即开采自然资源，因此对中国投资活动的固有印象还很深刻。他们害怕来

---

① 东北网. 关于对全省对外投资企业失联情况的公示，http：//wemedia.ifeng.com/64700965/wemedia.shtml。

到这里的中国人越来越多，会使一些边境地区从俄罗斯分离出去。此外，他们对中国企业在资源开采领域的掠夺性做法印象深刻。而对加工制造业的反感情绪则明显减弱，俄罗斯希望中国投资创建加工工业，这样可以广泛采用俄罗斯劳动力和现代化技术。对这样的投资，俄罗斯社会完全是另外一种态度，尤其是在远离边境的地区。例如，在媒体报道俄中两国投资集团投资建设"莫斯科—喀山"高铁项目后，得到正面积极的回应。①

8.2 黑龙江省发展对俄投资的政策建议

"龙江丝路带"建设为黑龙江省对俄投资提供了难得的历史机遇与发展平台，也对相关政府部门和对俄投资企业提出了更高的要求。

8.2.1 做好对俄投资战略规划

黑龙江省要借助中俄国家与地方层面战略对接的良好机遇，尤其是借助"龙江丝路带"建设的东风，做好对俄投资战略规划，提升对俄投资在黑龙江省经济发展中的战略地位，提升黑龙江省对俄经贸合作的层次和质量。在以往的中俄经贸合作中，对俄投资充其量只是对俄贸易的附属与补充，缺少必要的规划和足够的重视。今后，至少要把对俄投资提升到与对俄贸易并行的战略高度上来。为此，要求政府部门制定出切实可行的对俄投资战略性规划，为企业提供相关的政策指导。该规划应成为中国对俄投资战略的重要组成部分，是充分结合俄罗斯东部地区特点、对俄投资背景、国内外经济形势变化并能发挥黑龙江省优势的可操作性强、对投资主体具有指导意义的中长期规划。规划应确定对俄东部地区投资的发展目标，明确投资的重点方向和主要领域、行业，从时间上划分实施规划的阶段并规定各阶段的主要任务，制定完成规划的支持政策和保障措施，并且要制定对俄东部地区投资重大项目清单，为对俄投资企业提供切实可行的指导；在智库研究上，应调整对俄经贸合作研究方向，从以往

---

① 祖延科. 俄罗斯社会对中国在俄境内投资活动认知的演变 [J]. 西伯利亚研究，2015（5）。

的偏重宏观研究转入宏观研究与微观研究并重。应组织政策研究部门、社会科学研究机构的相关学者和专家，重点研究近些年黑龙江省在俄东部地区投资企业的经营情况，搜集大量案例，从多角度进行剖析，总结经验，吸取教训，为计划在俄投资的企业进行经验借鉴与政策指导。

8.2.2 制定完善的投资保护机制

俄罗斯投资风险较高，外商投资管理法规变动频繁，投资环境有待改善，一些中资企业因此蒙受损失，很多中国企业对到俄罗斯投资有较大顾虑。在俄罗斯投资环境短期内难以发生实质性改善的情况下，从中国政府角度讲，必须与俄罗斯联邦和地方政府在政治互信和达成共识的基础上，为中国企业对俄投资构筑坚实的法律保护基础。目前，中俄两国间的双边投资保护协定是在 2006 年签订的《中华人民共和国政府和俄罗斯联邦政府关于促进和相互保护投资协定》。其他的投资保护协定还有中国与俄罗斯为避免双重征税，于 1994 年签订、2015 年 3 月修正的《中俄政府间关于对所得税避免双重征税和偷漏税的协定》。中国与俄罗斯签署的其他协定有：《中苏政府贸易协定》（1990 年），《中俄政府间关于经济贸易关系的协定》（1992 年），《中俄政府间关于解决政府贷款债务的协定》（1998 年），《中俄政府间关于中华人民共和国公民在俄罗斯联邦和俄罗斯联邦公民在中华人民共和国的短期劳务协定》（2000 年），《中俄政府间关于共同开发森林资源合作的协定》（2000 年），《中华人民共和国商务部和俄罗斯联邦经济发展部关于电子商务合作的谅解备忘录》（2018 年），《中华人民共和国商务部与俄罗斯联邦经济发展部关于完成欧亚经济伙伴关系协定联合可行性研究的联合声明》（2018 年），等等。其中有些内容比较陈旧或者已经过时，远远不能解决新形势下出现的一些新现象、新问题，因此中俄两国政府应尽快展开投资协定谈判，对涉及中资企业赴俄投资的一系列问题以双边协议的形式明确下来。另外，直到现在，中国还没有制定一部统一的海外投资基本法或行政法规，中国企业对外投资所遵循的政策依据主要是国家发改委、商务部、国家外汇管理局等部门制定的行政规章，因此，中国政府应该尽快制定一部完整的对外投资基本法或者行政法规，为企业在海外的投资和经营活动提供完善的法律文本。①

同时还要重点解决黑龙江企业在俄经营的法律保护问题,及时为经营受到不合法因素干扰的企业尤其是抗风险能力薄弱的中小企业提供法律支援。这需要中国驻俄领事馆与外交部建立起对俄投资法律保护机制,及时采取外交行动维护中国在俄企业与投资人的合法权益。②要与俄远东地区各联邦主体商会、法律代理机构建立固定联系机制,加强信息沟通,提高服务水平;要充分利用现有的双边磋商机制解决投资合作中出现的问题,对于那些影响到中俄合作的大问题(例如,有些比较严重的反华排华做法、人员往来秩序和投资壁垒等问题)要适当纳入不同级别的政府间定期会晤机制中予以解决。

8.2.3 建立有效的投资风险防范机制

目前,中国主要由依据1985年通过的《多边投资担保机构公约》(以下简称《MIGA 公约》)成立的多边投资担保机构(Multilateral Investment Guarantee Agency,MIGA)和中国出口信用保险公司(以下简称中国信保)对中国企业海外投资中的非商业风险提供保障。两者互有侧重且互为补充。为了保障中国投资者的海外投资安全,早在2005年国家发改委和中国信保发布的《关于建立境外投资重点项目风险保障机制有关问题的通知》中就明确了中国信保提供境外投资风险(因征收、战争、汇兑限制或政府违约等政治风险遭受的损失)的保险。中俄 BIT 第7条对代位求偿权做了规定,一旦承保风险发生,中国信保做了赔付后有权依据代位求偿权要求俄罗斯政府进行赔付。尽管中国出口信用保险公司已初步展开海外投资保险业务,但是海外投资保险承保金额在中国信保各险种总承保金额中占比一直很低,远远低于出口信用保险,这表明中国海外投资保险业务受重视程度低,与中国在国际投资市场上日益提高的地位严重不匹配。另外,我国尚未出台相关法律、法规对海外投资保险制度予以法律上的确认,使得我国海外投资保险制度面临许多亟待解决的问题。

---

① 搜狐网. 中俄商谈投资协定条件逐渐成熟,http://www.sohu.com/a/162718745.99952383。
② 师成. 新形势下深化中国对俄投资合作:风险因素、风险评估与防范路径 [J]. 世纪桥,2018(6)。

8.2.3.1　完善海外投资保险机制

虽然 MIGA 机制是一套行之有效的机制，但是鉴于中国企业对俄罗斯投资的大型项目规模远超 MIGA 的承保限额，因此，中国政府在完善中国信保的相关机制外，还应推进依托亚投行或丝路基金建立中国主导的其他投资保险机构。对于中国信保的完善属于中国国内法范畴，中国完全可以自行解决，应明确将承保投资限于新建投资，而承保险种中的征收险除了直接征收外，还应涵盖间接征收。如果中国要依托亚投行或丝路基金成立投资保险机构，应借鉴 MIGA 的成功经验。这一成功经验值得中国在亚投行、丝路基金中建立投资保险机构时进行参考和实践。

8.2.3.2　适度运用国际投资仲裁机制

从中国投资者视角看，为了维护长远利益，一般不应将针对俄罗斯政府的投资仲裁解决方式作为解决潜在投资争端的首要方式。中国投资者对俄罗斯进行投资时应特别注意东道国风险预防和事先防范，并对可能采用的投资者诉东道国政府机制有一定了解。依据俄罗斯政府以往在国际仲裁和 WTO 争端解决机构的实践分析，俄罗斯政府在争端解决机制中表现比较复杂，但总体来说在解决相关争端和之后的执行中，还是基本尊重了国际法的基本要求[①]。

8.2.4　建立有效的金融支持体系

金融是现代经济的核心，是现代企业成长的助推器。"龙江丝路带"建设离不开金融的支持，相较于国内投资而言，企业的对外投资风险更大，周期更长，所需的投入更多，仅靠企业自有资金很难顺利开展，因此高效的资金融通和金融支持是其能否取得成功的关键性因素。在黑龙江省企业对俄投资的实践当中，融资难是许多企业公认的普遍性难题，尤其是众多中小企业。因此在宏观层面发展对俄金融合作，为对俄投资企业提供金融支持，是促进"龙江丝路带"建设和黑龙江企业"走出去"的关键性课题。

---

① 梁咏．"一带一路"倡议下中国对俄罗斯的投资法律保障与风险防范［J］．人大法律评论，2017（2）．

8. 结论与政策建议

金融支持应该是多种方式（各种类型的基金、贷款、债券融资等）和多个层面的（既有国家层面的援助资金，也有政策性的资金供给，还有商业性的资金）。目前，中国的"一带一路"建设已经形成了包括多个层面的资金支持体系：丝路基金由中国外汇储备、中国投资有限责任公司、中国进出口银行、国家开发银行共同出资，是一只以股权投资为主的中长期投资基金，在中俄能源合作中，丝路基金先后购买了亚马尔液化天然气一体化项目9.9%的股权并提供专项贷款，入股了垂直一体化天然气处理和石化企业西布尔公司；开发性、政策性金融继续发力：中国国家开发银行、中国进出口银行不断加大对沿线国家人民币专项贷款力度，用于支持"一带一路"基础设施建设、产能、金融合作，数量众多的商业银行积极跟进。作为"一带一路"倡议的积极参与方，不同的银行（包括政策性银行、商业银行），各种股权投资基金，都在进一步发挥资金融通的功能；2018年9月，中方设立首期100亿元、总规模1000亿元人民币的中俄地区合作发展投资基金，这是由国家电力投资集团有限公司、中国核工业集团有限公司等牵头发起，实行政府引导、市场化运作，重点支持中俄地区以及符合"一带一路"倡议的第三国及地区合作项目。中俄地区合作发展投资基金已确定未来重点投资领域，包括核能发电、清洁能源、民生、"一带一路"基础设施等。目前，经中俄双方的对接和筛选，基金拟投项目库中已储备近百个拟投项目。

然而，对于众多黑龙江省对俄投资企业来说，"龙江丝路带"建设中的资金支持仍然是明显短板。国内多数商业银行不愿给境外企业尤其是中小企业提供商业贷款，国家政策性银行贷款门槛高，国家进出口银行、国家开发银行等政策性优惠贷款只针对1000万美元以上的项目，因此数量众多的中小私营企业被挡在政策资金扶持的门外。另外，由于黑龙江省金融市场化程度低，企业整体规模和实力有限，对俄投资企业中的上市公司很少，对资本市场的直接融资功能利用程度不高，因此，制定符合黑龙江省对俄投资实践的金融支持体系刻不容缓。

首先，要积极争取国家的政策性扶持资金。国家政策性金融机构支持的主要是基础设施建设、能源、产能和金融等大项目合作，而在黑龙江省的对俄投资项目当中，此类项目为数不少，因此要积极争取国家进出口银行和国家开发银行等政策性金融机构对对俄投资项目提供的信贷支持，引导企业用好用足国家扶持政策。

其次，要积极推动境内银行"走出去"，在俄罗斯市场谋求自身发展的同时，为境外企业提供金融服务和金融支持。支持商业银行（包括私营银行）在俄罗斯设立分支机构，开展跨境金融业务和离岸金融业务，为在俄投资企业境外发展提供本地化金融服务。境内商业银行应通过扩大代理行关系的方式加强与俄方银行的区域合作，为对俄投资企业提供一定的融资支持。

最后，鼓励建立多种经济成分参与的对俄融资平台，建立包括股权投资、债权投资、银行贷款等多种方式的对俄融资体系。要积极探索对俄投融资的新模式，可以效仿丝路基金的做法，成立黑龙江省的对俄股权投资基金，同时，股权投资基金也可以和别的融资模式相配合，比如综合运营债权、贷款和基金等投资模式，形成不同的组合搭配，一方面满足企业和项目的资金需求，另一方面丰富投资品种，兼顾风险收益平衡。支持担保公司、保险公司为对俄投资企业提供信用担保和商业保险，建立政策性对俄合作企业融资担保中心，开展对俄投资企业以境外资产为抵押的融资担保业务，有效盘活中资企业在俄资产，为扩大对俄投资提供资金保障。

8.2.5 调整优化对俄投资产业结构，促进对俄投资转型升级

8.2.5.1 利用资源寻求型对俄投资，带动上游研发部门和下游深加工部门的发展

如前所述，能源和矿产资源类投资在帮助黑龙江省弥补资源缺口的同时，也会在一定程度上扩张重化工业的生产规模，因此它的产业升级效应并不十分理想。但由于事关全省乃至全国能源战略的实施，因此在一定时期内仍然会是黑龙江省对俄投资的重点。在这种情况下，最大限度地发挥它的产业优化效应，就要尽量延长其产业链条，提高产品加工程度与增值程度。具体来说，可以通过对俄投资将能源和矿产资源的勘探、开采移至境外，而省内企业则主要为其提供技术援助、信息咨询服务和管理培训，或者专注于最终产品的生产与研发，实现多层次开发、多层次增值，推动上、下游配套产业的发展。对农林开发领域的投资，关键也在于提高产品的加工程度与增值程度，如变原木初

工为木材精深加工，变传统农副业为绿色精细农业，从而促进产品结构的提升与产业升级。

8.2.5.2 提升对俄制造业投资的规模和档次，重点发展资本、技术密集型投资

由于目前黑龙江省对俄制造业的投资规模较小，且多半集中于劳动密集型行业，因此对省内产业升级的促进作用不明显。今后，在扩大投资规模的同时还要注意调整投资结构，一些资本与技术相对密集，同时与省内产业的关联程度较高，在境外子公司与省内母公司间垂直贸易量较大的行业，如高端装备制造业、汽车制造、电子产品等应该成为投资重点，并通过对俄投资带动配套产品的出口，刺激省内高端产品及核心零部件的研发与技术创新，从而推动省内的产业升级。

8.2.5.3 加强对俄高新技术领域的投资，促进省内高新技术产业的成长

黑龙江省产业调整的一个重要内容是培育新能源、新材料、节能环保、生物制药、电子信息、现代装备制造等战略性新兴产业，因此对俄罗斯相关领域的先进技术具有强烈需求。可惜的是，在目前黑龙江省的对俄投资中，以获取先进技术为目的的战略资产寻求型投资几乎处于空白状态。今后，要通过在俄建立研发机构和研发中心、并购俄方高新技术企业等途径，获取俄罗斯相关领域的高新技术成果，并通过向国内企业的转移和扩散，充分发挥技术的外溢效应和示范效应，带动省内技术密集型高端产业的发展，推动产业升级。

8.2.5.4 对俄服务业的投资要由传统服务业为主向现代服务业为主转变

20世纪90年代以后，国际投资的重点向服务业进行转移。从服务业国际投资的内部结构来看，传统的商业、交通运输和公用事业所占的比重不断下降，银行、保险、电信、咨询服务等现代服务业所占的比重不断上升。相比之下，黑龙江省对俄服务业的投资规模较小，且大多集中在批发零售、商务服务、劳务输出、交通运输和旅游餐饮等传统项目上，对现代服务业的投资很少，投资层次低，呈现明显的劳动密集型和贸易导向型特征。与俄罗斯相比，黑龙江省在金融、保险、信息服务、现代物流等行业具有一定的比较优势，加

快发展这些领域的对俄投资，不仅可以为第一、第二产业的对俄投资提供高质量的配套服务，还能提高黑龙江省服务业的整体效益和水平，加速实现省内产业结构由"工业型经济"向"服务型经济"转变。

8.2.6 培育一批有国际竞争力的市场主体

黑龙江省要继续推进国有企业和大中型企业开展对俄投资，重点培育一批在俄罗斯市场具有明显竞争优势的大型跨国企业集团，特别是扶持那些已在对俄经贸中做出突出业绩的优秀骨干企业，并吸收有实力的金融、保险等相关部门加入，组建对俄投资的大中型企业集团，使它们具备在俄罗斯市场上与发达国家跨国公司相竞争的能力。同时，要更加重视对私营企业的培育和扶持。与国有企业相比，今后私营企业在对俄投资中发挥的作用将越来越重要。因为私营企业是市场内生动能的产物，只有私营经济蓬勃发展，黑龙江省对俄投资才能稳定、健康、持续发展；另外，与大部分集中在能源、矿产资源开发领域的大型企业相比，私营企业一般从事加工制造业居多，这不仅有助于推动黑龙江省对俄投资结构的优化，也更受俄罗斯政府和民众的欢迎。私营企业的身份还使得它们在开展对俄投资时，要比国有企业面对的俄罗斯政府和公众的阻力小得多。因此，政府应在财政、税收、投融资、用汇、配额管理诸多方面给予私营经济非歧视待遇，为它们创造参与公平竞争的机会。

8.2.6.1 大力培养跨国经营人才

人才匮乏是制约黑龙江企业提高跨国经营水平的重要因素。发展跨国经营不仅需要外语人才、金融人才、法律人才、财务人才、技术人才、广告人才，更需要有战略头脑、懂现代企业管理、懂国际营销的一批高素质的复合型人才。俄罗斯市场非常复杂，要减少中国对俄投资的风险，就要对每一个项目的每一笔投资都要做好充分的信息咨询、市场预测和可行性分析，这就需要培养与之相适应的了解国际市场环境、懂得国际惯例，具有涉外经济知识和信息收集、信息处理、信息运用能力及较强管理能力的人才。因此，针对跨国经营不断发展的趋势，黑龙江省要通过高等院校和专门的培训机构来大力加强跨国经营人才培养工作。

8.2.6.2　提高质量，树立品牌，增强竞争力

质量和信誉是开拓市场，提高经济效益最基本的条件。知名品牌是企业进入并占领市场的一种有效的通行证。优化商品结构，提高技术含量与附加值，是抵御投资风险、提高商品竞争力的有效途径。而黑龙江省企业在对俄投资中，提供的大路货居多，产品档次低，不具有产品竞争力。因此，今后要依靠科技进步，积极提高境外企业产品的档次和深加工度，开拓和占领俄罗斯市场。培育那些有希望发展的高附加值的商品作为境外企业新的增长点，坚持以质取胜战略，注重提高产品质量，加速生产，提供适应俄市场需求的名牌产品，重新塑造中国商品和企业形象及声誉，从根本上增强黑龙江省企业开拓俄罗斯市场的竞争力。

8.2.6.3　适应形势，加速企业生产经营转型升级

近两年来，受国际金融危机和俄罗斯相关政策调整的影响，一些传统领域的在俄投资企业承受了极大的经营压力，企业转型迫在眉睫。对俄投资企业转变经营方式的关键是将产业链条向纵深延展。以农林领域投资为例：在农业开发领域，要大力发展农产品精深加工产业，推进对俄境外农业开发向种、养、加工综合开发转变，由传统的人力种植逐渐向科技含量高的机械化种植转变，对俄农产品出口贸易向生产、加工、贸易一体化转变。在林业领域，为促进木材深加工的发展，俄对开办木材深加工的外资企业减免税收，提供廉价原料，并负责经营所需的道路和基础设施等建设。黑龙江省企业可以在俄境内采取独资、合资或合作的形式建立家具厂、纸浆厂等木材深加工项目，产品除了在俄销售，还可以供应中国或者第三国市场。

8.2.6.4　灵活运用多种对俄投资方式

基础设施建设投资大、周期长，各类风险较高，黑龙江省可以与俄罗斯联邦和地方政府开展公私合营，采取以特许权协议为基础的多种运营方式，包括BTO（建设—移交—运营）和DBFO（设计—建设—融资—经营）、BOT（建设—经营—转让）、BOO（建设—拥有—经营）、DBOO（设计—建设—拥有—经营）、BOL（建设—拥有—租赁）、BOOT（建设—拥有—经营—转让）、

BBO（购买—建设—经营）、建立合资企业等。目前，俄罗斯计划在外资企业参与基础设施项目建设中采用 BOT 和 DBFO 方式。目前在俄罗斯开展 BOT/PPP 的外资企业主要来自芬兰、挪威、土耳其等国，中资企业在俄罗斯尚未开展此类项目。黑龙江省在能源和矿产资源领域要积极开展股权合作。支持黑龙江省大中型企业采取并购、参股、入股等方式，取得资源勘探权、开采权以及俄方资源加工企业股份、无形资产和其他实物资产，介入俄罗斯资源开发和深加工体系；在一些机械装备制造领域，鼓励企业在有条件的地区投资建厂，完善运营维护服务网络建设，加大工程机械、农业机械、石油装备、机床工具等制造企业的市场开拓力度，积极开展融资租赁等业务；在加工制造业领域，可以收购一些俄方的优质资产，采取合资或合作模式并进行本土化经营，实现企业设计、生产、销售三位一体的本土化发展模式，不仅可以更好地适应当地市场的需求，开拓市场规模，还可以带动当地就业，增加税收，促进相关产业的发展，更好地塑造中国企业的形象。在高新技术领域，黑龙江企业要积极在俄知识、技术密集的科技城、技术园区及科学中心，建立境外研发中心，由中俄科技人才组成研发团队，进行科技创新，开发高科技产品。

8.2.7 促进中俄两国民心相通

国之交在于民相亲，民相亲在于心相通。民心向通是中俄两国经贸合作的根本，是"龙江丝路带"建设的关键环节。当前，中俄关系具有两方面特点：一方面，两国战略协作伙伴关系处于"历史最好"时期；另一方面，现实的经济合作仍然处于较低水平。中国在俄罗斯的投资规模远远没有达到与两国政治关系相匹配的水平。中俄两国"政冷经热"，很重要的一个原因是，俄罗斯社会与民众中存在着对中国投资的猜忌甚至排斥的情绪。

在中俄开展经贸合作初期，俄罗斯社会对中国的普遍认知是中国商品质量低劣，他们对中国商人或农民的普遍印象是没有受过教育，粗野，嘈杂，衣着简陋。在权力真空、国家没有能力控制边远地区的背景下，媒体凭借某些专家的观点大肆渲染，散布不安情绪。进入 21 世纪以后，尤其是乌克兰危机爆发以来，俄罗斯社会对中国资本的认知已经发生了非常明显的变化。当前，俄罗斯社会对中国企业在采掘业（包括农业）的活动还是相当关注的，但是一些专家和企业界人士正在积极影响公众舆论的导向,情况将向好的方向发展。远东居民眼中的中国地位在不断提升。在远东居民看来,中国是快速发展的国家,与其合作必然具有广阔前景。所以目前,对中国投资者来说正是投资俄罗斯的绝佳时机①。

  黑龙江省要抓住这难得的历史机遇,借助"龙江丝路带"建设的良好契机,从政府层面进一步加强与俄罗斯的政治互信和人文交流,消除俄罗斯社会对中国投资的顾虑和猜疑。要最大限度地探索和寻求双方利益的共同点,推动构建中俄利益共同体、命运共同体和责任共同体,不断加强"一带一路"框架下对俄文化、旅游、媒体、教育等领域的友好交流与务实合作,促进民心相通,铺就文明之路。黑龙江省要组织各政府相关部门和有意向对俄投资的企业,有计划地进行政府和企业间的沟通与交流,努力树立良好的国家形象和企业形象,同时要定期编制境外企业的投资报告,重点介绍中国企业对俄地方财政、就业以及其他经济领域的贡献程度,并面向俄罗斯媒体、学界与社会进行推送与传播,以树立中国企业的良好形象。要加强舆论引导与学界言论引导,用行动抵消俄罗斯部分极端民族主义势力与亲西方势力在民众中所造成的负面影响。对俄投资企业要遵守俄罗斯当地的法律法规,尊重俄罗斯的社会与文化、风俗和习惯,规范企业经营秩序,并在投资所在地承担应有的社会责任,维持与当地政府和社会公众的良性互动。企业在对俄投资经营中应当处理好与当地社会的关系,尽量实现企业本土化经营。要处理好与地方政府、立法机构以及业内同行的关系,也要理顺与当地民众、政党、社会团体和行业协会等的关系,还可以积极参与社会公益活动,例如为学校、幼儿园以及养老院等机构募捐,塑造中国企业在俄罗斯社会与民众当中的良好形象。

---

① 祖延科. 俄罗斯社会对中国在俄境内投资活动认知的演变[J]. 西伯利亚研究,2015(5)。

参考文献

[1] 毕崇志. 对俄人民币境外直接投资的实践与探索 [J]. 理论观察, 2011 (1): 140 - 142.

[2] 陈漓高, 张燕. 对外投资的产业选择: 基于产业地位划分法的分析 [J]. 世界经济, 2007 (10): 28 - 38.

[3] 陈梁. 黑龙江省扩大对俄罗斯远东地区投资的问题、机遇及对策选择 [J]. 俄罗斯中亚东欧市场, 2011 (3): 46 - 50.

[4] 陈石清. 对外直接投资与出口贸易: 实证比较研究 [J]. 财经理论与实践, 2006 (1): 56 - 61.

[5] [俄] M. B. 亚厉山德罗娃、朱显平、孙绪. 中国对俄投资: 现状、趋势及发展方向 [J]. 东北亚论坛, 2014 (2): 11 - 20.

[6] [俄] 安德烈. 中国对俄直接投资对俄中双边贸易的影响 [D]. 沈阳: 沈阳理工大学, 2016.

[7] [俄] H. H. 特洛申, 王志远. 俄罗斯与中国投资合作潜力 [J]. 俄罗斯学刊, 2018 (4): 121 - 140.

[8] 冯双生. 我国实施跨国经营的必要性及战略分析 [J]. 企业经济, 2003 (3): 14 - 15.

[9] 高际香. 中俄在俄罗斯远东地区合作发展规划 (2018—2024 年) 述评 [J]. 俄罗斯学刊, 2019 (1): 48 - 61.

[10] 高欣. 中国企业对俄直接投资的区域布局与产业选择 [J]. 俄罗斯中亚东欧市场, 2013 (2): 29 - 38.

[11] 郭志仪, 郑刚. 突破"追赶式"发展的局限——对外投资促进中国产业结构升级的路径分析 [J]. 中国投资, 2007 (11): 32 - 37.

[12] 胡明. 中国企业对俄投资风险分析及对策研究 [J]. 国际贸易,

2016（8）：41-45.

[13] 黄晓玲，刘会政. 中国对外直接投资的就业效应分析 [J]. 管理现代化，2007（1）：45-48.

[14] 江东. 产业升级的再认识：一个分析框架 [J]. 现代商业，2010（5）：196-197.

[15] 江东. 对外投资与母国产业升级：机理分析与实证研究 [D]. 杭州：浙江大学，2010.

[16] 姜振军，孔祥顺. 黑龙江省对俄经贸合作：取得的成效及未来走势 [J]. 俄罗斯中亚东欧市场，2009（2）：8-12.

[17] 蒋昭侠. 产业组织问题研究 [M]. 北京：中国经济出版社，2005.

[18] 靖学青. 产业结构高级化与经济增长——对长三角地区的实证分析 [J]. 南通大学学报（社会科学版），2005（3）：5-5.

[19] 李传勋. 中国东北经济区与俄远东地区经贸科技合作战略升级问题研究 [J]. 西伯利亚研究，2008（3）：5-14.

[20] 李红. 黑龙江省超千万对外投资项目情况调查报告 [J]. 黑龙江金融，2010（1）：52-53.

[21] 李辉. 发展中国家对外投资决定因素研究：加入金融因素后的IDP理论与实证分析 [M]. 北京：中国人民大学出版社，2008.

[22] 李京晓. 中国对外投资经济效应分析 [D]. 天津：南开大学，2013.

[23] 李婧. "一带一路"背景下中国对俄投资促进战略研究 [J]. 国际贸易，2015（8）：25-29.

[24] 李荣林. 国际贸易与国际投资的关系：文献综述 [J]. 世界经济，2002（4）：44-46.

[25] 李蓉. 俄远东地区投资环境与黑龙江省对俄投资策略 [J]. 西伯利亚研究，2011（4）：28-32.

[26] 李蕊. 跨国并购的技术寻求动因解析 [J]. 世界经济，2003（2）：19-24.

[27] 梁咏. "一带一路"倡议下中国对俄罗斯的投资法律保障与风险防范 [J]. 人大法律评论，2017（2）：272-297.

[28] 刘波. 黑龙江省对俄远东地区投资合作问题研究 [J]. 西伯利亚研究, 2007 (3): 11-14.

[29] 刘春燕, 李占奎. 加强黑龙江省对俄贸易的思考 [J]. 西伯利亚研究, 2009 (6): 22-24.

[30] 刘红忠. 中国对外投资的实证研究与国际比较 [M]. 上海: 复旦大学出版社, 2001.

[31] 刘宏杰, 马如静. 资源获取型对外投资的历史阶段研究 [J]. 经济纵横, 2008 (4): 62-64.

[32] 刘辉群, 王洋. 中国对外直接投资的国内就业效应: 基于投资主体和行业分析 [J]. 国际商务 (对外经济贸易大学学报), 2011 (4): 82-87.

[33] 刘清才, 齐欣. "一带一路" 框架下中国东北地区与俄罗斯远东地区发展战略对接与合作 [J]. 东北亚论坛, 2018 (2): 34-51.

[34] 刘琬, 肖德. 中国企业对外投资区位选择影响因素研究综述 [J]. 湖北文理学院学报, 2018 (5): 32-37.

[35] 刘珣. 黑龙江省对俄科技合作现状研究 [J]. 对外经贸, 2017 (2): 54-56.

[36] 刘彦君. "一带一路" 战略下中俄区域经济合作研究 [D]. 大连: 东北财经大学, 2016.

[37] 马亚明, 张岩贵. 技术优势与对外投资: 一个关于技术扩散的分析框架 [J]. 南开经济研究, 2005 (4): 10-14.

[38] 牛燕平. 黑龙江省对俄东部地区投资合作问题 [J]. 西伯利亚研究, 2008 (4): 20-24.

[39] [日] 小岛清. 对外贸易论 [M]. 天津: 南开大学出版社, 1987.

[40] 邵景波, 张立新. 俄罗斯加入 WTO 后黑龙江省企业对俄投资策略研究 [J]. 商业研究, 2006 (6): 188-192.

[41] 师成. 新形势下深化我国对俄投资合作: 风险因素、风险评估与防范路径 [J]. 世纪桥, 2018 (6): 50-53.

[42] 宋雨时. 中国对俄投资的贸易效应研究 [D]. 哈尔滨: 哈尔滨工程大学, 2018.

[43] 孙建中, 马淑琴, 周新生. 中国对外投资的产业选择 [M]. 北京:

中国财政经济出版社，2002.

[44] 唐心智．中国对外投资的贸易效应分析［J］．统计与决策，2009（12）：120-121.

[45] 田刚，乔霞．黑龙江省对俄经贸合作发展战略及其政策取向［J］．东北农业大学学报（社会科学版），2009（2）：70-73.

[46] 汪琦．对外投资对投资国的产业结构调整效应及其传导机制［J］．国际贸易问题，2004（5）：73-77.

[47] 王海运．深化中俄在俄东部开发合作，需要消除"中国威胁论"的干扰［J］．俄罗斯学刊，2019（1）：5-14.

[48] 王晶．新时期黑龙江省对俄远东地区旅游发展分析与策略选择［J］．俄罗斯学刊，2016（3）：42-48.

[49] 吴德进．产业集群的组织性质：属性与内涵［J］．中国工业经济，2004（7）：14-20.

[50] 吴建军，仇怡．对外投资的技术进步效应：一个文献综述［J］．湖南科技大学学报（社会科学版），2012（4）：65-69.

[51] 吴进红．开放经济与产业结构升级［M］．北京：社会科学文献出版社，2007.

[52] 项本武．对外投资的贸易效应研究——基于中国经验的实证分析［J］．中南财经政法大学学报，2006（3）：9-15.

[53] 项本武．中国对外投资的贸易效应研究——基于面板数据的协整分析［J］．财贸经济，2009（4）：77-82.

[54] 肖卫国．跨国公司海外投资研究［M］．武汉：武汉大学出版社，2002.

[55] 邢建国．对外投资战略选择［M］．北京：经济科学出版社，2003.

[56] 徐昱东．俄罗斯各地区投资环境评价及投资区位选择分析［J］．俄罗斯研究，2015（1）：149-196.

[57] 闫曼华．2010年俄罗斯远东联邦区人口统计数据［J］．西伯利亚研究，2012（5）：93-93.

[58] 杨莉．俄罗斯新一轮远东开发进程及影响［J］．当代世界，2017（8）：65-68.

[59] 殷敏．"一带一路"倡议下中国对俄投资的法律风险及应对 [J]．国际商务研究，2018（1）：69－85．

[60] 于滨．黑龙江省对俄贸易现状探析 [J]．黑龙江对外经贸，2008（1）：15－17．

[61] 张如庆．中国对外投资与对外贸易的关系分析 [J]．世界经济研究，2005（3）：23－27．

[62] 张秀杰．对黑龙江省企业在俄罗斯跨国经营的思考 [J]．黑龙江社会科学，2004（1）：74－77．

[63] 赵春明，何艳．从国际经验看中国对外投资的产业和区位选择 [J]．世界经济，2002（5）：38－41．

[64] 赵伟，古广东．中国企业跨国并购现状分析与趋向预期 [J]．国际贸易问题，2005（1）：108－111．

[65] 郑治．黑龙江对俄贸易合作现状分析与对策探讨 [J]．商业经济，2009（7）：113－114．

[66] 周立春，靳英敏．黑龙江省走向俄罗斯市场的对策研究 [J]．西伯利亚研究，2002（4）：19－22．

[67] 邹秀婷．黑龙江省与俄东部地区能源投资合作研究 [J]．西伯利亚研究，2008（6）：23－26．

[68] 祖延科 И Ю，孙连庆．俄罗斯社会对中国在俄境内投资活动认知的演变 [J]．西伯利亚研究，2015（5）：56－58．

[69] Blomstrom M., Lipsey R. E., Kulchycky K. "US and Swedish Direct Investment and Exports" Trade Policy Issues and Empirical Analysis [M]. Chicago: University of Chicago Press, 1988.

[70] Engle R. F., Granger C. W. J. Cointegration and ErrorCorrection: Representation, estimation and testing [J]. Econometrica, 1987, 55 (2): 251–276.

[71] Helpman E. Multinational Corporations and Trade Structure [J]. The Review of Economics Studies, 1985, 52 (3): 443–457.

[72] Kojima K. Direct Foreign Investment: Japanese Model versus American Model [M]. New York: Praeger Publishers, 1978.

[73] Lipsey R. E., Weiss, Foreign Production and Exports in Manufacturing

Industries [J]. Review of Economic and Statistics, 1981, 63 (4): 488 – 494.

[74] Mariam C., Cecilio T. Estimating the Export and Import Demandfor Manufactured Goods-the Role of FDI [J]. Review of World Economics, 2004, 140 (3): 347 – 375.

[75] Mudell R. A. International Trade and Factor Mobility [J]. American Economic Review, 1957, 47 (3): 1269 – 1278.

[76] Pedroni P. Critical Values for Cointegration Tests in Heterogeneous Panels with Multiple Regressors [J]. Oxford Bulletin of Economics and Statistics, 1999 (61): 653 – 670.

[77] Pedroni P. Panel Cointegration Asymptotic and Finite Sample of Pooled Time-series Tests with an application to the PPP hypothesis [J]. Econometric Theory, 2004, 20 (3): 579 – 625.

[78] Petri P. A. The Regional Clustering of Foreign Direct Investment and Trade [J]. Transnational Corporations, 1994, 3 (3): 1 – 24.